股权设计与法律实务 一本通

徐芳◎编著

图解
全新版

中国铁道出版社有限公司
CHINA RAILWAY PUBLISHING HOUSE CO., LTD.

内 容 简 介

本书是一本介绍股权激励方案设计和法律实务的综合性书籍，书中为中小企业的股权激励方案提供了全面、系统及科学的指导意见。

全书共 12 章，主要包括四部分内容：第一部分介绍股权激励的基础准备工作；第二部分讲解股权激励的设计方法；第三部分阐述股权激励的实际运用；第四部分介绍股权激励法律风险的防范方法。

本书在讲解过程中重点介绍中小企业股权激励方案的方法设计、实施流程、效果评估及法律风险防御等方面的知识。同时，为了提升读者的阅读体验，本书采用全图解的方式介绍知识，并选取了不同行业的股权激励案例作为参考。无论是创业者还是中小企业的管理者，相信通过对本书的阅读，都可以更好地将股权激励的理论运用到实际工作中。

图书在版编目（CIP）数据

股权设计与法律实务一本通：图解全新版 / 徐芳编著 . —2 版 . —北京：中国铁道出版社有限公司，2019.9（2022.1 重印）

ISBN 978-7-113-26058-3

Ⅰ . ①股… Ⅱ . ①徐… Ⅲ . ①股权管理 – 中国 – 图解

Ⅳ . ① D922.291.914-64

中国版本图书馆 CIP 数据核字（2019）第 149460 号

书　　名：**股权设计与法律实务一本通**（图解全新版）
作　　者：徐　芳

策　　划：张亚慧　　编辑部电话：(010)51873035　　邮箱：lampard@vip.163.com
责任编辑：苏　茜
封面设计：MXK DESIGN STUDIO
责任印制：赵星辰

出版发行：中国铁道出版社有限公司（100054，北京市西城区右安门西街 8 号）
印　　刷：佳兴达印刷（天津）有限公司
版　　次：2018 年 1 月第 1 版　2019 年 9 月第 2 版　2022 年 1 月第 2 次印刷
开　　本：700 mm×1 000 mm　1/16　印张：18.75　字数：228 千
书　　号：ISBN 978-7-113-26058-3
定　　价：59.00 元

前　言

P　R　E　F　A　C　E

近几年来，股权激励凭借类型多元化、适用范围广以及激励效果显著等特点，从众多的激励工具中脱颖而出，越来越多的企业将股权激励作为首选的激励工具。

但是，不少企业在实施股权激励计划的过程中也遇到了各种问题，例如，股权激励导致财务危机、内部高管操控严重、股权激励沦为员工谋福利的工具。更严重的情况下，企业甚至会卷入法律纠纷中，影响企业的正常化运营和管理。

企业管理者不禁陷入深思："企业的股权激励计划为何会出现这些问题呢？"归根结底，在于企业管理者没有统筹设计股权激励方案，缺乏全局意识和法律意识，容易使激励对象"钻缝子"，从而导致股权激励计划的开展举步维艰。

因此，本书是在这样的背景和前提下编写的，目的是帮助企业管理者设计出符合企业当前发展的股权激励方案，防范法律风险，降低股权激励的法律纠纷，进而帮助企业管理者轻松实现企业的进一步发展。

本书包括 12 章内容，具体章节的内容如下。

◎ 第一部分：1～3 章

　　本部分主要介绍股权激励的基础性知识，包括股权激励的发展史、股权激励的实施环境、股权激励的设计方法以及股权激励的约束机制等内容，帮助读者全面了解股权激励。

◎ 第二部分：4～6 章

　　本部分主要讲解股权激励方案设计的知识，其中主要有股权激励的设计流程、股权激励的组合运用和股权激励的效果评估。其中重点介绍股权激励的 4 个设计步骤和方法。

◎ 第三部分：7～9 章

　　本部分重点突出讲解如何运用股权激励的知识，涵盖了中西方股权激励的精髓、循序渐进式股权激励、不同时期中的股权激励设计以及上市与非上市企业的股权激励区别。

◎ 第四部分：10～12 章

　　本部分着重介绍股权激励的法律风险的应对方法，主要包括股权激励的人事风险、股权激励的相关法律法规、股权激励法律专项服务、律师法律意见书和股权激励项目尽职调查等内容。

　　本书以全图解的方式代替了传统的文字讲解，让整个知识点之间的逻辑关系更清晰，让读者更容易理解，学习更方便。书中大量使用了股权激励成功和失败的案例，帮助读者从中汲取经验和教训。本书特别适合创业者、中小型企业管理者和希望学习股权激励知识的人士。

　　最后，希望所有读者能够从书中获益，掌握股权激励的设计方法及学会防范法律风险。由于编者能力有限，本书内容不完善的地方希望广大读者批评指正。

编 者

2019 年 6 月

目　录

C O N T E N T S

第1章　有备而来，股权激励的前期准备

许多企业希望借助股权激励来留住人才，但由于事先并没有充分了解股权激励，最终导致企业的股权激励之路进展十分艰难。之所以出现这种问题，根本的原因在于没有做好相关的准备工作就贸然开展股权激励。这里给广大的企业提个醒：股权激励的前期准备是至关重要的。

第2章 理论指导，股权激励的设计之道

股权激励也是一门学问，企业在实施激励计划之前一定要深入了解相关的理论知识，包括股权激励的模式、股权激励对象的选择、股权激励的有效期、股权激励的数量及股权激励的价格。企业管理者应以理论作为指导，设计出符合企业发展的股权激励方案。

第3章 规范行为，股权激励的约束机制

股权激励的初衷是激发员工的工作积极性，捆绑员工和企业的利益，进而提升企业的凝聚力和战斗力。但是在实际的操作过程中，股权激励计划也存在着一定的风险，例如，员工套现离职、合同纠纷及泄露商业机密等。为了降低企业运营的风险，股权激励必须设置强有力的约束机制。

第4章　落到实处，股权激励的落地

企业实施股权激励需要按照一定的操作步骤进行，从成立股权激励团队到完善股权激励配套文件，再从修改公司章程到股权激励正式实施，这一系列的操作流程都是比较固定的。为保证股权激励的效果，企业要遵循操作流程。

第5章　拓展发力，股权激励的延伸

企业在实施股权激励计划的过程中会受到外部客观环境的影响，由于不同企业实施股权激励的方式不同，可能会导致股权激励的发挥具有一定局限性。为了充分发挥股权激励计划的功效，企业可以将股权激励进行拓展，即同时使用多种激励工具。

第 6 章　效果评估，股权激励的效果考评

股权激励计划在实施一段时间后，企业就应该对股权激励计划进行考评，考评的指标有反映股东价值的每股收益、净资产收益率和经济增加值等指标；反映公司成长性的净利润增长率和主营业务收入增长率指标；反映公司收益质量的主营业务利润率和现金运营指数等，这些数据能够直观地反映出股权激励的效果。

第7章 学以致用，股权激励的实践

股权激励工具的种类较多，不同的企业适合于不同的激励工
具。为全方面拓展股权激励的形式，企业管理者还需要不断
学习，使企业的股权激励计划更加实用，最终实现股权激励
的目的。

第8章 与时俱进，股权激励不同时期的布局

企业始终处于不断发展的状态，这就要求股权激励计划应该顺应企业发展而进行"升级"，即在不同的发展期设计出不同的激励方案。因此，本章将讲解企业在创业期、成长期和成熟期的激励方案。

第9章　差别比较，上市与非上市的股权激励

股权激励并不是上市企业的专利，非上市企业也可以利用股权达到激励员工的目的。因为企业存在上市与否的性质差别，所以其股权激励方案的设计也有所不同。

第 10 章　风险控制，股权激励的调控与防御

股权激励计划的实施可能会受到各方面因素的影响，例如，企业绩效考核、内部治理结构及人事变动，这些看似不经意的细节都可能会成为影响股权激励计划开展的"地雷"。所以，企业必须树立风险防控意识，降低股权激励计划开展的风险。

第 11 章　防范地雷，股权激励涉及的法律风险

股权激励也会涉及一系列的法律问题，例如，股权激励涉及的法律文件、创始股东的股份被稀释、股权激励的税务问题及股权激励的法律环境等。企业必须对这些法律问题引起重视，否则很容易踏进法律的"雷区"，严重情况下甚至会产生股权纠纷，影响企业的正常化运营和管理。

第12章　化险为夷，股权激励纠纷的解决方案

若企业在实施股权激励计划过程中遇到了问题，最重要的是要使用一定的方法来化险为夷。概括而言，企业需要合理解决激励前、激励期间和激励后3个阶段所遇到的问题，并实施可行性较高的策略，帮助企业顺利地渡过难关。

第 1 章

有备而来，股权激励的前期准备

许多企业希望借助股权激励来留住人才，但由于事先并没有充分了解股权激励，最终导致企业的股权激励之路进展得十分艰难。之所以出现这种问题，根本的原因在于没有做好相关的准备工作就贸然开展股权激励。这里给广大的企业提个醒：股权激励的前期准备是至关重要的。

你真的了解股权激励吗

尽管很多企业都利用股权激励来激励和留住核心人才，希望通过股权激励捆绑员工和企业的利益，进而实现企业的长期目标，但往往事与愿违。因为企业管理者根本不了解股权激励，导致股权激励并没有达到预期的效果，本小节中将讲解股权激励的基础知识。

◎ 了解股权、股份和股票

很多企业管理者之所以不了解股权激励，不能够正确灵活运用，是因为他们对股权相关的基础知识了解得并不清楚，对于关键性的概念比较模糊。股权激励中涉及股权、股份以及股票3个概念，为了保证股权激励能顺利实施，企业管理者首先需要了解清楚这3个概念。

理解股权

到底什么是股权

?

> 股权是指股东基于股东资格而享有从公司获取经济利益，并参与公司经营管理的权利。股权的主体是股东。

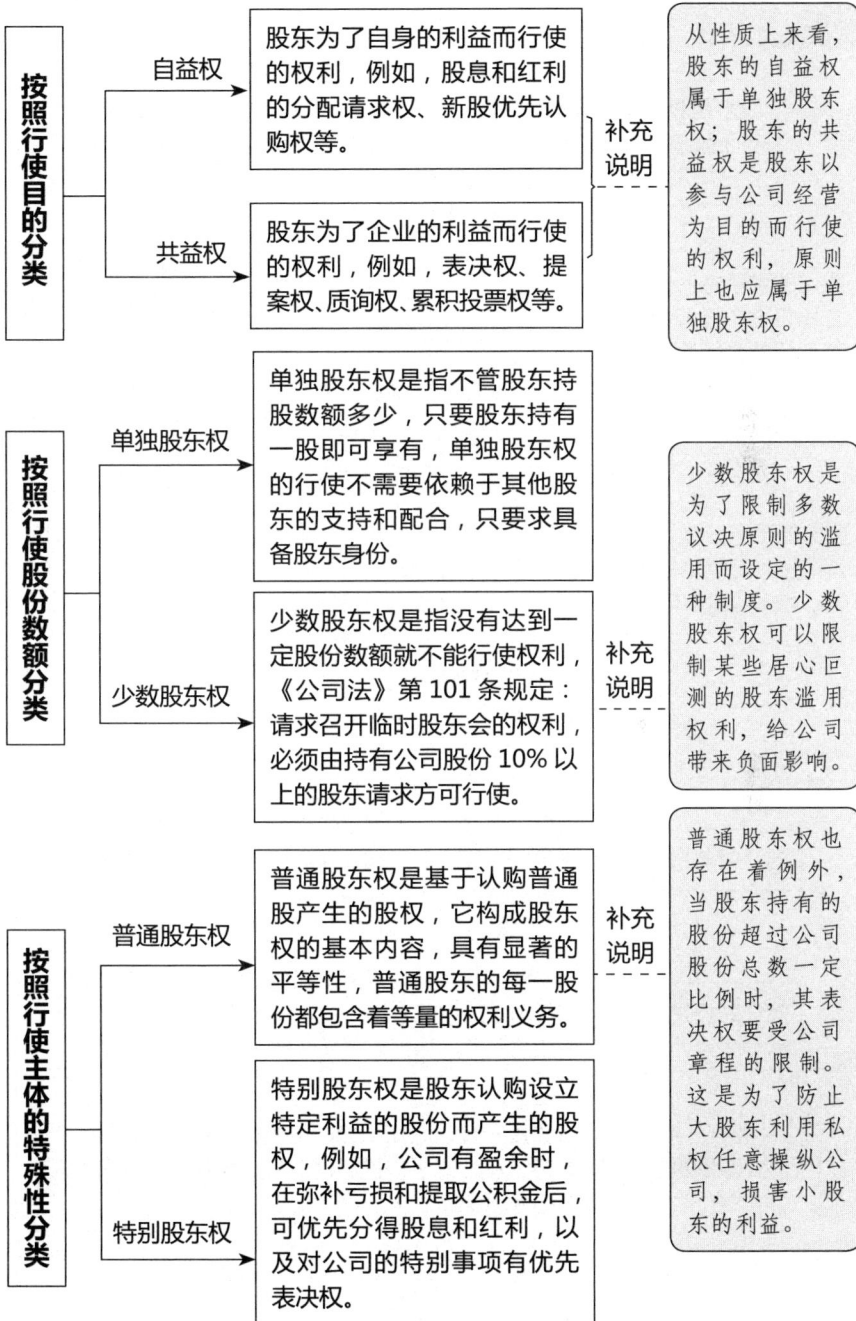

按照行使目的的分类	自益权	股东为了自身的利益而行使的权利，例如，股息和红利的分配请求权、新股优先认购权等。	补充说明
	共益权	股东为了企业的利益而行使的权利，例如，表决权、提案权、质询权、累积投票权等。	

从性质上来看，股东的自益权属于单独股东权；股东的共益权是股东以参与公司经营为目的而行使的权利，原则上也应属于单独股东权。

按照行使股份数额分类	单独股东权	单独股东权是指不管股东持股数额多少，只要股东持有一股即可享有，单独股东权的行使不需要依赖于其他股东的支持和配合，只要求具备股东身份。
	少数股东权	少数股东权是指没有达到一定股份数额就不能行使权利，《公司法》第 101 条规定：请求召开临时股东会的权利，必须由持有公司股份 10% 以上的股东请求方可行使。

补充说明

少数股东权是为了限制多数议决原则的滥用而设定的一种制度。少数股东权可以限制某些居心叵测的股东滥用权利，给公司带来负面影响。

按照行使主体的特殊性分类	普通股东权	普通股东权是基于认购普通股产生的股权，它构成股东权的基本内容，具有显著的平等性，普通股东的每一股份都包含着等量的权利义务。
	特别股东权	特别股东权是股东认购设立特定利益的股份而产生的股权，例如，公司有盈余时，在弥补亏损和提取公积金后，可优先分得股息和红利，以及对公司的特别事项有优先表决权。

补充说明

普通股东权也存在着例外，当股东持有的股份超过公司股份总数一定比例时，其表决权要受公司章程的限制。这是为了防止大股东利用私权任意操纵公司，损害小股东的利益。

了解股份

股份是股份有限公司股东持有的、构成公司资本的最小计量单位。对于股东而言，股份表示在公司资本中的投资份额；对于企业而言，企业所发行的股份就是资本总额。

股份的特性

股份的金额性：股份有限公司将资本划分为股份，每一股的金额相等，即股份是一定价值的反映，并可以用货币进行度量。

股份的平等性：同种类的股份具有同等权利。每次发行的股份价格的每股金额一致，每一股份所表现的股东权利和义务相等。

股份的不可分性：股份是公司资本最基本的构成单位，每一股不可再分。

股份的可转让性：除特殊规定外，股东所持有股份都可以依法转让，股东的权益随股份转让而转移，而公司资本不随之变化。

股份转让中的税费和公司章程问题

转让对象是个人：根据《中华人民共和国个人所得税法》规定，转让股权所得属于财产转让所得应税项目，应按照 20% 的税率交纳个人所得税。

转让对象是股东：出资股东之间依法相互转让股份，属于股东间的内部行为，可依据公司法的有关规定，变更公司章程、股东名册及出资证明书等，即可发生法律效力。

转让对象是企业：内资企业转让股权，公司将股权转让给某公司，此时将涉及企业所得税、营业税、契税和印花税等相关税务问题。

认识股票

股票	含义 →	股票是股份公司发给股东的一种有价证券，是股东向公司入股的有效凭证，持有股票就相当于拥有公司的一份资本所有权，成为公司的所有者之一。

分类

成长股 →	新加入的、有前途的产业,利润增长率较高的企业股票。
投机股 →	股价因人为因素造成涨跌幅度非常大的股票。
领导股 →	对股票市场行情变化趋势具有领导作用的股票。
冷门股 →	交易量小，流通性差，价格变动小的股票。
热门股 →	交易量大、流通性强、价格变动幅度大的股票。
蓝筹股 →	处于支配性地位、业绩好,成交活跃、红利优厚的股票。
绩优股 →	每股收益 0.8 元以上，市盈率 10 ~ 15 倍的股票。
后配股 →	利息分红和剩余财产分配比普通股还差的股票。
优先股 →	在利润分红和剩余财产分配方面优先于普通股的股票。
普通股 →	公司管理和盈利及财产分配享有普通权利的股票的股票。
垃圾股 →	经营亏损或违规的公司股票。
投资股 →	发行公司经营稳定、获利能力强、股息高的股票。

在股票交易过程中会产生一系列的费用，具体的收费项目和收费标准如表 1-1 所示。

表 1-1　股票的交易费用

股票交易费用项目	收费标准
券商交易佣金	由各券商自定（成交金额的 0.08% ～ 0.3%），一般情况下，买卖都按成交总额的 1‰进行收取，不足 5 元的按 5 元收取
印花税	买时不交印花税，卖时按照成交金额的 1‰收取
证管费	按照成交金额的 0.002% 收取
证券交易经手费	A 股按成交金额的 0.006 96% 收取；B 股按成交额双边收取 0.000 1%；基金按成交额双边收取 0.009 75%；权证按成交额双边收取 0.004 5%
过户费	只在上海股票交易中的投资者才支付此费用，此费用按成交金额的 0.002% 收取

小贴士

部分地区会收取股票委托费，该费用主要用于支付通信、委托代理等方面的开支。这笔费用通常由证券公司决定是否收取，若证券公司多，竞争激烈，大多取消这项收费；若证券公司少，则可能会收取这笔费用。

◎ 给了股权后，企业管理者会少赚吗

不少企业管理者对于股权激励可能存在误解，认为将股权分给员工后，企业的利润会减少。实则不然，股权激励方案会调动员工的工作积极性，充分发挥员工的价值，进而为企业创造更多的收益。

案例陈述

某服装企业成立于 2017 年，由于在成立初期没有重视员工激励，导致离职率较大，人力资源成本从每季度 3 500 元骤增至每季度 10 000 元，严重地影响了企业正常发展。为解决这个问题，企业管理者聘请了专业的激励机构进行"诊断"。

激励机构经过实地调研后，发现企业主要存在 3 个方面的问题。首先，企业管理岗位的工作效率低下，员工的工作积极性较低；其次，很多老员工先后辞职，造成人心惶惶的局面，影响到企业团队的管理；最后是新员工的离职率非常高，增加了企业的招聘成本。

针对这 3 个突出的问题，激励机构为企业量身打造了一套股权激励方案，大致方案如下。

第一，对于管理层，对他们发放 30%～50% 的股权，捆绑管理层与企业的利益，激励管理层更好地管理团队；第二，对老员工发放 30% 的股权，改变他们的身份，让他们从普通员工变为企业股东，肯定他们对于企业的贡献；第三，对于新员工，用 2%～3% 的股权来激励优秀员工，尤其是为企业做出一定贡献的员工。

股权激励方案实施后，企业管理者始终担心会降低企业的利润，出乎意料的是，第二季度销售额突破 1 000 万元，同比增长 25%，管理层的工作效率明显提升，员工的工作积极性也得到提高。与此同时，企业的离职率也得到了有效控制。

通过上述案例可以得出如下结论。

实施股权激励前，企业管理者到底在担心什么？

?

员工不买账、股权被分散、企业利润下降、增加激励的成本、创业成果被他人占有……

补充
说明

企业通过实施股权激励，可以将员工利益和企业利益捆绑在一起，从而调动员工的工作积极性，降低企业的离职率，进而提升企业的利润。

◎ 为何大小企业都钟情于股权激励

在现代企业管理过程中，无论企业的规模大小，企业管理者往往都会选择股权激励作为企业的主要激励工具。下面将分析股权激励对企业的意义，旨在帮助企业管理者更好地理解股权激励的作用。

股权激励的意义

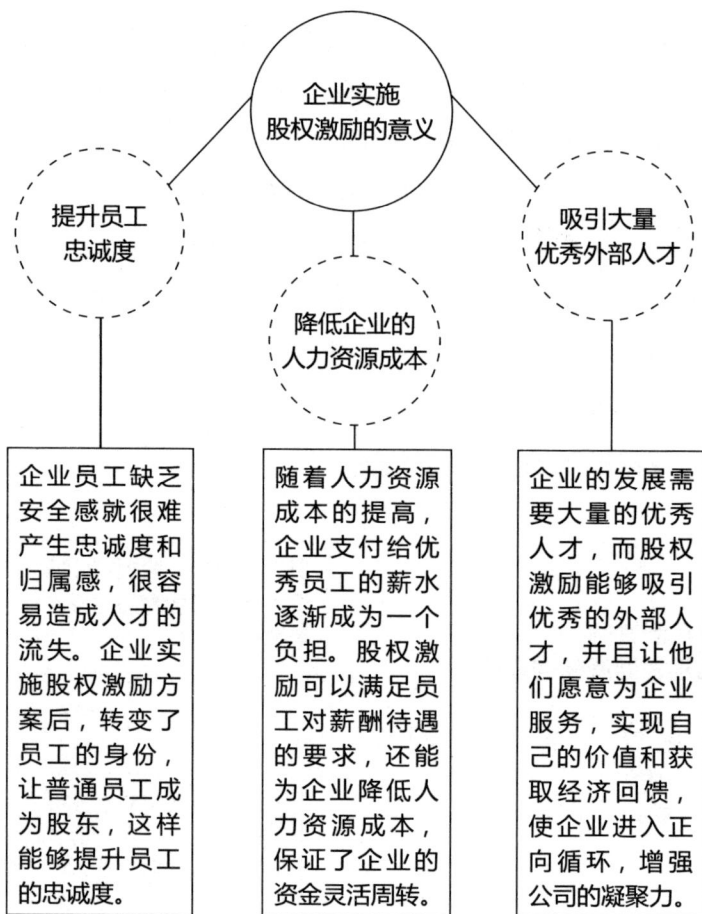

企业实施股权激励的意义

提升员工忠诚度

降低企业的人力资源成本

吸引大量优秀外部人才

企业员工缺乏安全感就很难产生忠诚度和归属感，很容易造成人才的流失。企业实施股权激励方案后，转变了员工的身份，让普通员工成为股东，这样能够提升员工的忠诚度。

随着人力资源成本的提高，企业支付给优秀员工的薪水逐渐成为一个负担。股权激励可以满足员工对薪酬待遇的要求，还能为企业降低人力资源成本，保证了企业的资金灵活周转。

企业的发展需要大量的优秀人才，而股权激励能够吸引优秀的外部人才，并且让他们愿意为企业服务，实现自己的价值和获取经济回馈，使企业进入正向循环，增强公司的凝聚力。

股权激励实施需要的环境

因为股权激励的实施可能会触动一部分员工的利益，他们可能会制造麻烦，阻碍股权激励的进行。为保证股权激励方案的顺利实施，在方案实施之前，企业必须为其创造一个良好的实施环境。

◎ 精简企业内部的冗杂部门

若企业在进行股权激励前没有精简部门，会导致股权激励对象是全体员工，有的员工会"浑水摸鱼"，没有对企业创造任何价值却享受着股权分红，这样会给企业造成巨大的财务压力。因此，企业实施股权激励前必须精简冗杂部门。

精简冗杂部门的流程

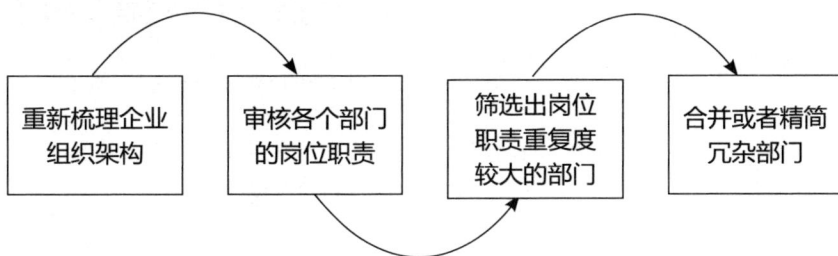

| 重新梳理企业组织架构 | 审核各个部门的岗位职责 | 筛选出岗位职责重复度较大的部门 | 合并或者精简冗杂部门 |

如何精简冗杂部门

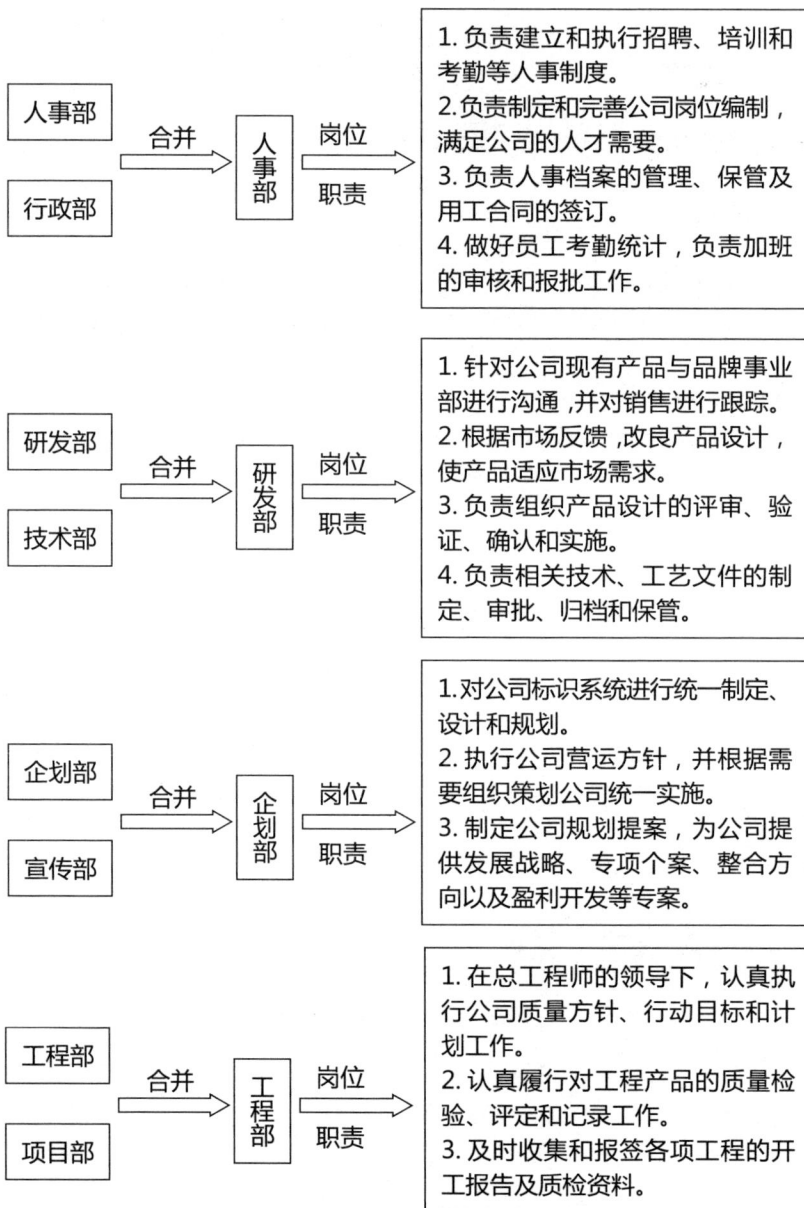

人事部
行政部
合并 → 人事部 → 岗位职责 →

1. 负责建立和执行招聘、培训和考勤等人事制度。
2. 负责制定和完善公司岗位编制，满足公司的人才需要。
3. 负责人事档案的管理、保管及用工合同的签订。
4. 做好员工考勤统计，负责加班的审核和报批工作。

研发部
技术部
合并 → 研发部 → 岗位职责 →

1. 针对公司现有产品与品牌事业部进行沟通，并对销售进行跟踪。
2. 根据市场反馈，改良产品设计，使产品适应市场需求。
3. 负责组织产品设计的评审、验证、确认和实施。
4. 负责相关技术、工艺文件的制定、审批、归档和保管。

企划部
宣传部
合并 → 企划部 → 岗位职责 →

1. 对公司标识系统进行统一制定、设计和规划。
2. 执行公司营运方针，并根据需要组织策划公司统一实施。
3. 制定公司规划提案，为公司提供发展战略、专项个案、整合方向以及盈利开发等专案。

工程部
项目部
合并 → 工程部 → 岗位职责 →

1. 在总工程师的领导下，认真执行公司质量方针、行动目标和计划工作。
2. 认真履行对工程产品的质量检验、评定和记录工作。
3. 及时收集和报签各项工程的开工报告及质检资料。

◎ 为内部人才提供优惠待遇

股权激励的重点是留住核心骨干，而留住核心骨干最重要的举措就是为内部人才提供优惠待遇。

企业为核心骨干提供哪些优惠待遇

生日礼金

年终奖　　　　　　高额绩效

带薪休假　　优惠待遇的种类　　社会保险

节日礼物　　　　　　五险一金

股权激励

股权激励是核心

员工层面的股权激励的优势　　　企业层面的股权激励的优势

员工身份的转变　　工作心态的转变　　激励具有长期性　　人才价值具有回报

职业规划的建立　　捆绑个人与企业的利益　　公司能控制激励　　解决委托代理关系

人才的优胜劣汰　　激励方案灵活性强

◎ 为外部人才提供"绿色通道"

企业的发展始终离不开优秀的外部人才，为引进大量的优秀人才，企业可以适当地为其提供"绿色通道"。

优秀人才可专享哪些"绿色通道"

参与
股权分红

负责团队
项目

缩短
试用期

提名竞选
管理层

优秀人才专属的
"绿色通道"

给予足够
成长空间

高额的
薪酬激励

提供专业
培训

帮助规划
职业生涯

小贴士

企业引进外部人才的初衷是为企业发展储备人才，但也可能会遇到问题。例如，外部人才不适应企业的规章制度、外部人才的离职率高，甚至是与内部人才发生冲突。为避免这一系列负面情况的发生，企业必须采取科学的人力资源管理方法来维持员工之间的良好关系，包括外部人才的入职培训、岗位的引导以及加大内部人才和外部人才的交流。

股权激励需要明白的事情

企业在实施股权激励前应该明白一些事情。例如，股权激励的适用范围、初创企业如何设计股权激励方案以及怎样确保股权激励效果，这些都是影响股权激励能否顺利进行的重要因素，企业管理者要弄清楚这些问题。

◎ 哪些企业适合股权激励

有的企业盲目跟风实施股权激励，最终导致管理权四分五裂。所以，企业管理者应该明白，股权激励不是万能钥匙，并非适合于所有企业。

如何判定企业是否适合开展股权激励

根据企业属性分类

高新技术产业	高新技术产业型企业的发展需要储备优秀人才，而股权激励则是留住人才的最佳激励工具之一。因此，知识含量高的增长型企业、人力集约型企业和互联网企业等都适合开展股权激励。
传统产业	部分传统企业可借助于股权激励来稳定核心团队，尤其是元老级别员工和核心骨干员工。传统产业型企业主要是指销售型企业、服务型企业及连锁型企业等。

根据行业竞争程度分类

竞争激烈	行业竞争激烈的情况下，人才供不应求，企业对于人才的需求量相对较大。为了争夺更优质的人力资源，企业很有必要实施股权激励计划。
竞争一般	若行业竞争不是特别激烈，企业人才的供求关系是平衡的，企业只需要根据人才市场变化和自身的实际情况来确定是否需要开展股权激励计划。
竞争不大	行业竞争程度不大，则意味着人才处于供过于求的状态，企业对于人才的自主选择的空间较大，因此，企业可以不用实施股权激励计划。

根据企业发展阶段分类

种子型	种子型企业实施股权激励计划是符合企业发展需求的。一方面，能为人才提供具有吸引力的薪酬待遇，有利于组建创业团队；另一方面人才只享受股权分红，不具备管理权，可以确保企业管理者具有绝对的管理权。
成长型	成长型企业需要大量的人才，股权激励则是较好的激励工具。股权激励既能够激励内部员工奋发工作，又能够吸引外部的优秀人才，为企业发展储备人才。
成熟型	成熟型企业实施股权激励可以帮助企业突破发展瓶颈。首先，股权激励计划可以为企业引进"新鲜血液"，增强企业的动力；其次，股权激励计划能够让在职员工找到发展动力；最后，股权激励计划也可以让老员工"退居二线"，把岗位让给有能力的员工。
衰退型	衰退型企业已经过了黄金发展阶段，开始走下坡路，企业的盈利能力减弱，资金周转能力下降。因此，衰退型企业不适合开展股权激励计划。

根据团队能力分类		
高素质 人才比例	股权激励的核心对象是企业的高素质人才，包括决策层员工、管理层员工和骨干层员工。一般情况下，一个企业的高素质人才比例范围在 30% ～ 40% 的前提下进行股权激励比较合适，若达不到该标准，股权激励计划可能达不到预期的效果。	
部门业绩	若股权激励只针对某几位员工，就失去了激励的意义，所以企业开展股权激励需要考虑团队能力。例如，销售型企业可从月度销售业绩、回款率和新客户开发率等指标考核团队能力。如果团队工作能力强，企业则可以考虑进行股权激励计划；反之，则不进行股权激励。	
团队合作	股权激励面向整个企业，必须考虑到团队的合作意识这一关键性因素。如果团队合作意识强，员工严于律己，以企业利益为重，这样的企业可以开展股权激励计划。反之，则不应开展股权激励计划。	

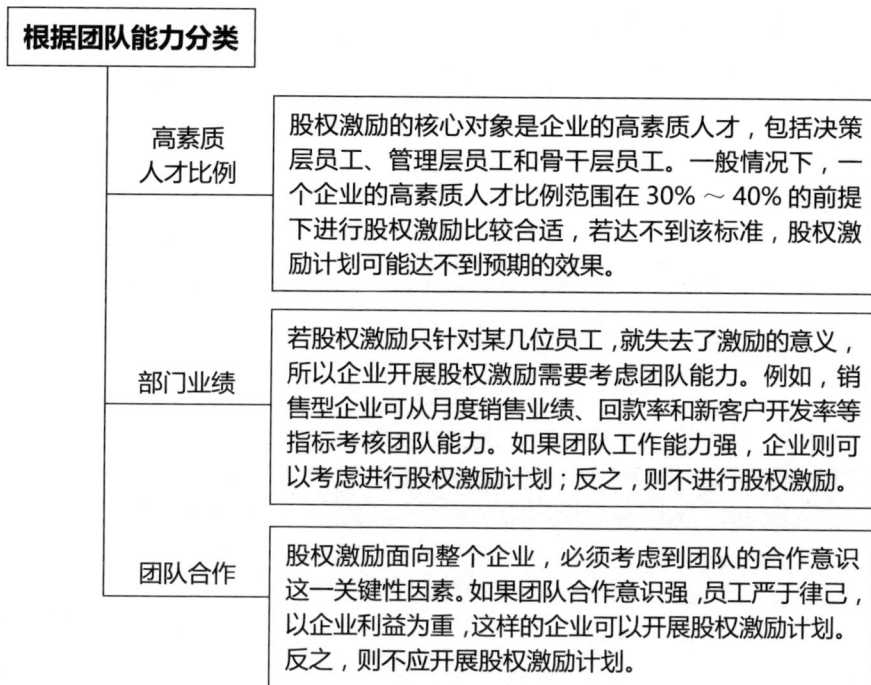

◎ 初创企业如何实施股权激励计划

许多初创企业管理者心存疑问："我的公司规模有点儿小，可以做股权激励吗？"答案是肯定的，具体如下图所示。

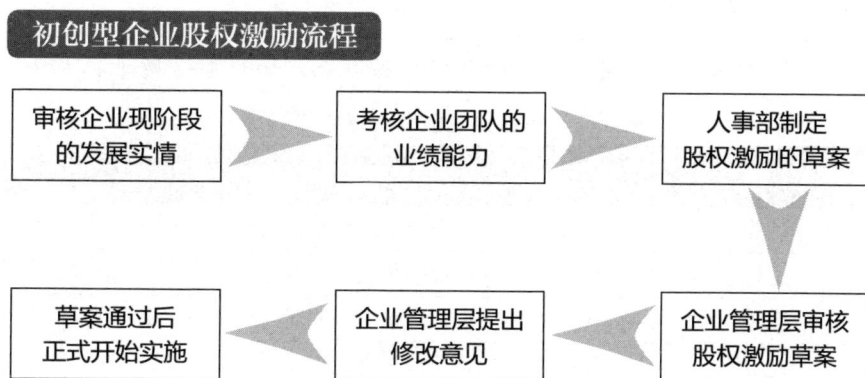

初创型企业股权激励流程

审核企业现阶段 的发展实情	→	考核企业团队的 业绩能力	→	人事部制定 股权激励的草案
草案通过后 正式开始实施	←	企业管理层提出 修改意见	←	企业管理层审核 股权激励草案

上图所示为初创型企业实施股权激励的步骤，其中考核企业团队业绩能力是核心之一。下面将以案例的形式讲解如何考核团队业绩。

案例陈述

某销售型企业为激励团队而决定实施股权激励计划，在计划实施之前先对企业的整体能力进行考核，表1-2所示为销售部的业绩考核指标。

表1-2　销售部的业绩考核指标

考核指标	得分	评分标准
销售量完成率	30	1. 销售量完成率 = 实际销售量 ÷ 目标销售量 2. 销售量完成率低于20%时，得分为0
销售资金回款率	25	1. 销售资金回款率 = 实际回款额 ÷ 目标回款额 2. 销售资金回款率低于19%时，得分为0
销售资金结构指标	20	1. 在30天内出现问题资金，得分为0 2. 在30天内问题资金比例达到5%，扣除2分
销售费用率	10	1. 销售费用率 = 实际费用 ÷ 目标费用 2. 销售费用率的目标值为20%，超过则得分为0
客户退换货次数	10	1. 客户每退换货1次，扣除1分 2. 在30天内客户退换货8次以上，得分为0
残次品处理及时率	5	1. 残次品每晚3天处理，扣除0.5分 2. 晚15天及以上，得分为0

经过考核，可判定销售部的业绩考核结果，如表1-3所示。

表1-3　销售部的业绩考核结果判定

考核结果等级	员工得分	考核结果判定
优秀	90～100	该等级员工是股权激励的主要对象
良好	80～89	该等级员工属于潜力股，应大力栽培
中等	60～79	该等级员工需要适当地引导，提升销售业绩
差等	低于60	该等级员工在淘汰行列

◎ 管理者如何分配股权

一般而言，创业初期的股权分配结构单一，合伙人按照出资比例分得相应的股权。但是，随着企业的发展，这种单一的分配模式就不再适应企业发展。那么，企业该如何分配股权呢？

科学的股权分配的必要性

必要性一
常言道："亲兄弟，明算账。"科学的股权分配结构能够让合伙人清楚自身的责任和权利，避免出现因为责任和权利不明确而"翻脸"的情况。

股权激励属于长期激励机制，若股权分配制度不合理，将会影响到企业的长远发展，尤其是创始人之间的利益分配矛盾，不利于创业公司组建稳定的团队。
必要性二

必要性三
股权激励只是一种激励员工的工具，而不合理的股权分配制度会让企业管理者丧失绝对控股权，从而导致企业缺乏拍板人，致使企业发展举步维艰。

企业在进入资本市场时，科学的股权分配结果是敲门砖。如果企业需要对外融资，融资者必定会考核企业的股权分配模式，若分配结构不合理，则会失去融资的机会。
必要性四

科学化的股权激励产生的正面意义

随着企业的发展，可能会引进更多的资金、人才和合伙人，而科学的股权结构就会起到平衡的作用，一方面，能够保证股权激励计划顺利执行；另一方面，企业绝对管理者的股权也不会被稀释。

股权分配常用的模式

分散化分配模式 ——目的—→ 让尽可能多的员工持有公司股份，并且同等股份的员工享有平等的权利。

委托专业人员代管股权分配

是指企业通过委托第三方专业机构或者是人员代管股权分配。

↓优缺点

优点：保证股权分配的公平性和合理性。
缺点：很容易泄露企业的商业机密。

企业人事部管理股权分配

是指人事部在董事会、股东大会及薪酬委员会的指导下设计股权分配。

↓优缺点

优点：充分发挥董事会和股东大会的监督作用。
缺点：分配模式方案的设计流程烦琐。

集中化分配模式 ——目的—→ 企业管理者为牢牢掌握企业绝对控股权，只有少部分员工能分配到股权。

企业高管参与分配股权

是指企业高管作为股权激励计划的主要对象。

↓优缺点

优点：捆绑企业和高管利益，提升工作积极性。
缺点：高管的管理权过于集中化。

企业核心骨干参与股权分配

是指企业股权集中于核心骨干层员工手中。

↓优缺点

优点：留住企业发展需要的骨干人才。
缺点：难以保证股权分配的公平性。

◎ 企业实施股权激励的操作要点

因为股权激励属于中长期性激励机制，若企业在没有熟练掌握就贸然实施股权激励计划，很容易导致薪酬激励计划与其他事务产生冲突，最后被迫中断激励计划。

掌握 3 个关键性数据

| 第 1 个数据：2/3 | 企业管理者只要拥有 2/3 的股份，也就意味着掌握了企业的绝对控制权，防止管理权四分五裂。而另外 1/3 的股份就是用于股权激励计划的。 |

| 第 2 个数据：30% | 企业管理者拥有 30% 的股份，可以让自己在公司董事占有一席之地，具有话语权、表决权和决策权，也决定了在企业中的地位。 |

| 第 3 个数据：51% | 企业管理者只要控股达到 51%，就能决定薪酬绩效方案的设计、领导层的选聘、经营战略的制定，也包括企业重要决策的定夺，例如，企业合并、重组、修改公司章程及融资。 |

设计持股方式

自然人持股

自然人持股是最原始的形式。激励对象以自然人身份直接持有公司股票，作为公司股东参与公司决策，共享公司发展成果，也比较符合股权激励的初衷。

职工持股有两种组织形式，一是社会团体法人，需要在民政局核准登记，人数不能少于 50 人；二是非法人团体，作为公司内部组织或工会下属组织。

职工持股

公司持股

公司持股是间接的持股方式，这种持股方式有延缓避税和节税的空间。同时，公司持股将员工与企业的利润捆绑在一起，提升员工的工作积极性。

员工合伙持股也属于间接持股方式，公司的重大决策只需要普通合伙人投票就可以执行，操作更简便。同时，对于合伙企业而言，也不需要交纳个人所得税。

员工合伙持股

信托持股

员工持股信托是指将员工买入的本公司股票，委托给信托机构管理和运用，退休后享受信托收益的一种信托安排。这种持股方式一般适用于上市公司。

◎ 为什么股权激励计划达不到预期效果

企业在实施股权激励的过程中可能会遇到各种问题，导致实施股权激励计划后，并没有达到预期的效果。下面将一一分析造成这种结果的原因。

激励目标过高

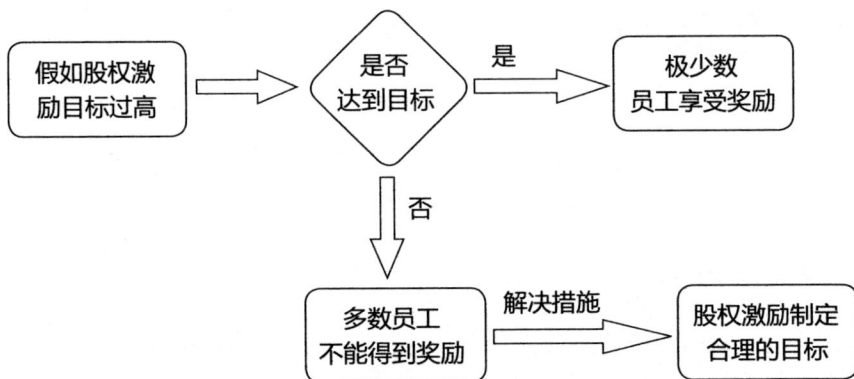

假如股权激励目标过高 → 是否达到目标 → 是 → 极少数员工享受奖励

是否达到目标 → 否 → 多数员工不能得到奖励 → 解决措施 → 股权激励制定合理的目标

股权激励计划缺失公平

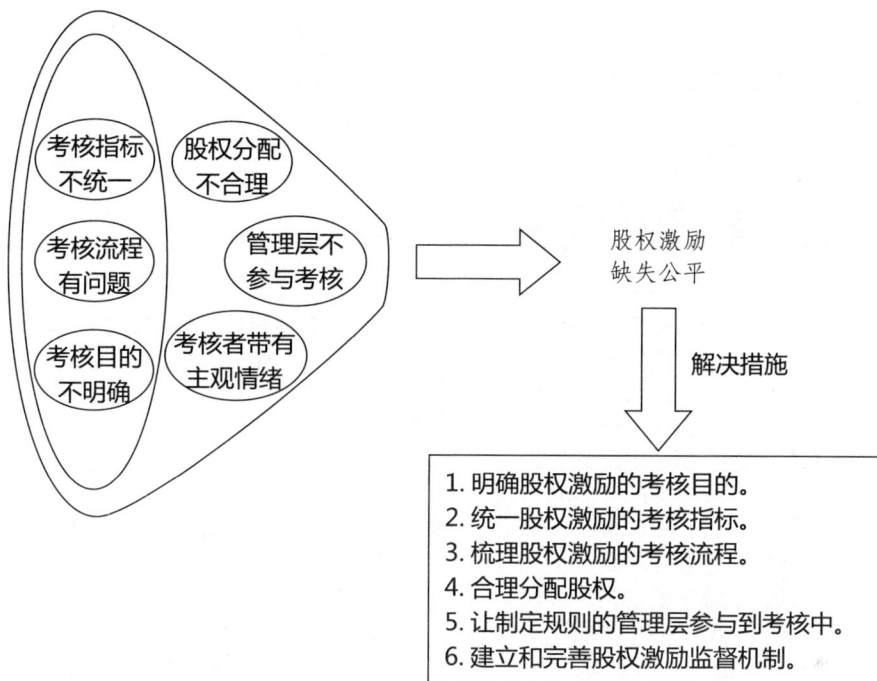

考核指标
不统一

股权分配
不合理

考核流程
有问题

管理层不
参与考核

考核目的
不明确

考核者带有
主观情绪

→ 股权激励
缺失公平

解决措施

↓

1. 明确股权激励的考核目的。
2. 统一股权激励的考核指标。
3. 梳理股权激励的考核流程。
4. 合理分配股权。
5. 让制定规则的管理层参与到考核中。
6. 建立和完善股权激励监督机制。

员工不认同股权激励的原因

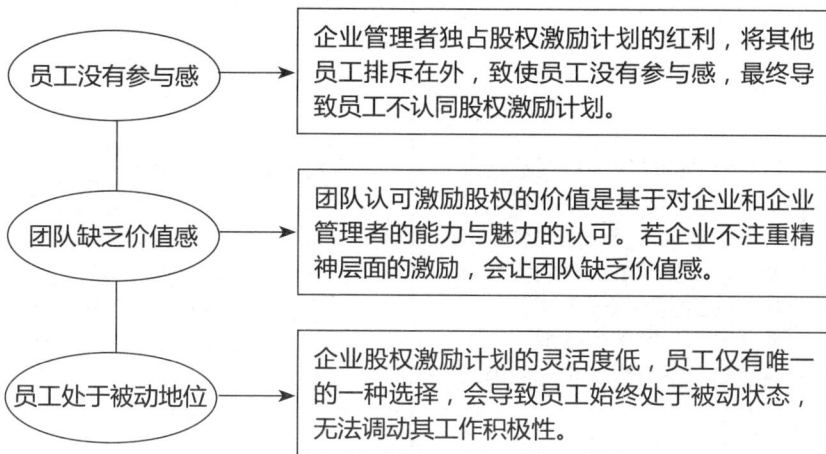

员工没有参与感 →
企业管理者独占股权激励计划的红利，将其他员工排斥在外，致使员工没有参与感，最终导致员工不认同股权激励计划。

团队缺乏价值感 →
团队认可激励股权的价值是基于对企业和企业管理者的能力与魅力的认可。若企业不注重精神层面的激励，会让团队缺乏价值感。

员工处于被动地位 →
企业股权激励计划的灵活度低，员工仅有唯一的一种选择，会导致员工始终处于被动状态，无法调动其工作积极性。

◎ 股权激励实施不当的危害

企业实行股权激励计划的初衷是希望对员工起到一定的激励作用，提升企业的凝聚力和核心竞争力。但是股权激励在实行过程中，要注意股权激励的"双面性"，否则可能会弄巧成拙，给企业带来许多麻烦。

股权激励实施不当的后果

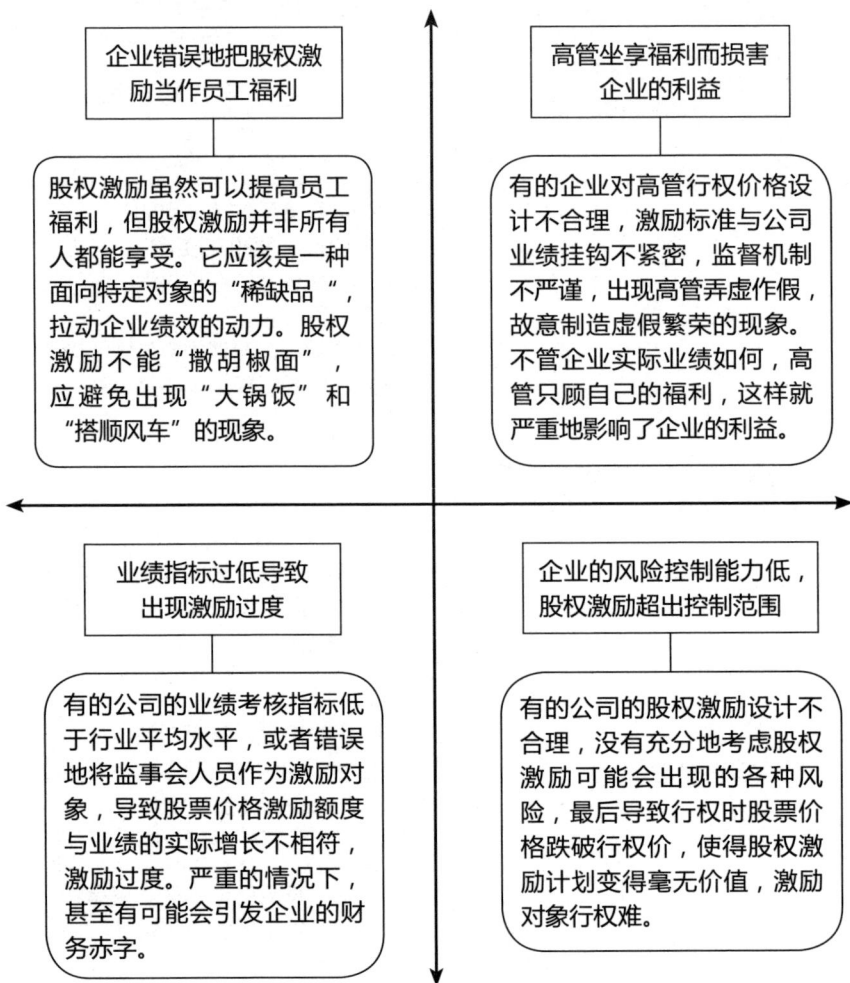

企业错误地把股权激励当作员工福利

股权激励虽然可以提高员工福利，但股权激励并非所有人都能享受。它应该是一种面向特定对象的"稀缺品"，拉动企业绩效的动力。股权激励不能"撒胡椒面"，应避免出现"大锅饭"和"搭顺风车"的现象。

高管坐享福利而损害企业的利益

有的企业对高管行权价格设计不合理，激励标准与公司业绩挂钩不紧密，监督机制不严谨，出现高管弄虚作假，故意制造虚假繁荣的现象。不管企业实际业绩如何，高管只顾自己的福利，这样就严重地影响了企业的利益。

业绩指标过低导致出现激励过度

有的公司的业绩考核指标低于行业平均水平，或者错误地将监事会人员作为激励对象，导致股票价格激励额度与业绩的实际增长不相符，激励过度。严重的情况下，甚至有可能会引发企业的财务赤字。

企业的风险控制能力低，股权激励超出控制范围

有的公司的股权激励设计不合理，没有充分地考虑股权激励可能会出现的各种风险，最后导致行权时股票价格跌破行权价，使得股权激励计划变得毫无价值，激励对象行权难。

企业怎样才能用好股权激励

水能载舟，亦能覆舟，股权激励也是如此。企业管理者如果能用好股权激励，则能够起到激励员工、提高员工工作积极性和增强企业竞争力的作用。但如果企业管理者对股权激励运用不当，也会造成企业运营成本增加、股权纠纷以及分配不均等问题。因此，每一个企业管理者都应该学会如何正确运用股权激励。

◎ 找准实施的时机

每个企业的情况不同，因此企业实施股权激励不能盲目地跟风，需要结合自身发展情况和真实需求，找准时机。企业所处的发展阶段不同，规模、性质也不同，实施股权激励的目的不同，选取实施股权激励的时机也就不同。

将企业按照发展情况进行划分，可以分为种子期、发展期、成熟期以及上市后 4 个阶段。但是并非每个阶段都适合股权激励，只有找准黄金时机，在此期间进行股权激励，才可以最大限度地激励员工，激发起员工对企业未来的信心。

股权激励的黄金时机

种子期	处于种子期的企业正处于初创阶段，缺乏品牌影响力，资金短缺难以给出高薪，这时股权作为一种薪酬补偿可以有效地起到激励、留住人才的作用。其中，期权作为一种不参与分红的激励工具，不会直接导致账面资金的大量流失，也就不会给种子期的企业带来资金困扰。
发展期	发展期的企业通常已经初具规模，企业正处于扩大生产或者技术发展阶段，这时原来的管理方案可能已经不足以应对企业的快速发展，企业可能会出现管理不足、市场增长缓慢以及财务混乱等问题。所以此时需要一些激励手段来稳住管理层人才，但激励的力度较种子期而言可适当降低，且可以采取多元化的激励政策。
成熟期	成熟期的企业通常生产技术已经发展成熟，市场需求迅速扩大，进入大规模生产的阶段，企业风险降低，大量盈利。该阶段的企业需要研发新品，提高技术，所以该阶段是企业实施股权激励的良好时机。
上市后	很多企业在上市之后股价过高，透支企业未来股价伴随盈利增长的空间，对于激励对象而言，获益空间大幅降低，从而丧失激励效果。因此，此阶段不适合股权激励。

◎ 实施过程中的管理

每个企业管理者在股权激励实施过程中都会遇到各种各样的问题，例如，激励方式单一无法起到激励作用、股权激励无法达到预期效果和设计过于死板、不实用等。为了避免这些问题的发生，企业管理者应该在实施过程中学会一些管理方法。

股权激励的管理方法

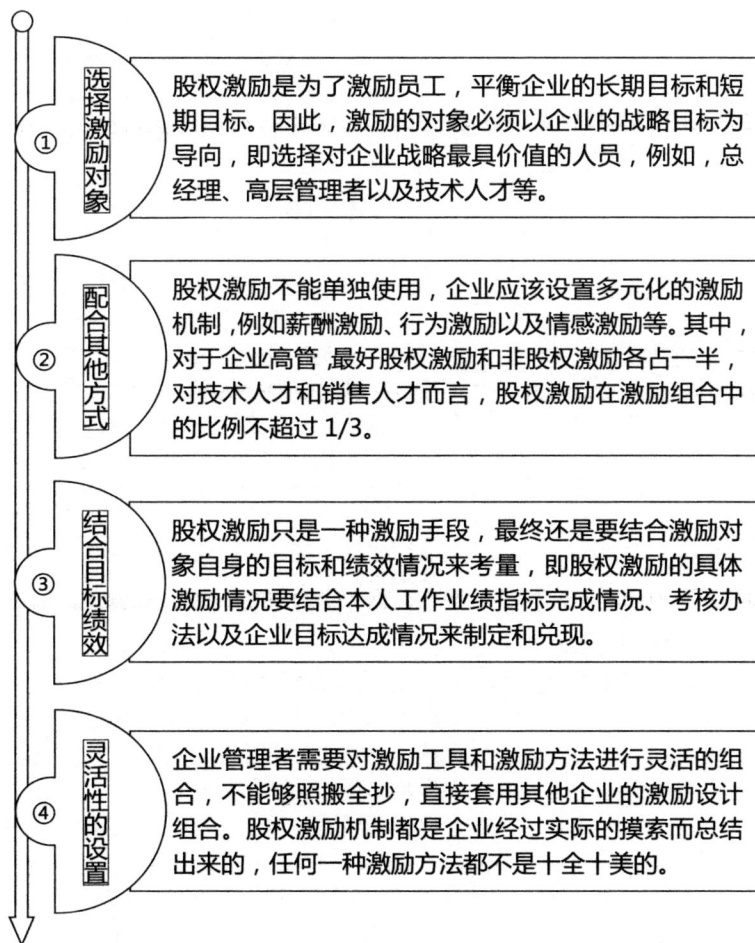

① 选择激励对象
股权激励是为了激励员工，平衡企业的长期目标和短期目标。因此，激励的对象必须以企业的战略目标为导向，即选择对企业战略最具价值的人员，例如，总经理、高层管理者以及技术人才等。

② 配合其他方式
股权激励不能单独使用，企业应该设置多元化的激励机制，例如薪酬激励、行为激励以及情感激励等。其中，对于企业高管，最好股权激励和非股权激励各占一半，对技术人才和销售人才而言，股权激励在激励组合中的比例不超过 1/3。

③ 结合目标绩效
股权激励只是一种激励手段，最终还是要结合激励对象自身的目标和绩效情况来考量，即股权激励的具体激励情况要结合本人工作业绩指标完成情况、考核办法以及企业目标达成情况来制定和兑现。

④ 灵活性的设置
企业管理者需要对激励工具和激励方法进行灵活的组合，不能够照搬全抄，直接套用其他企业的激励设计组合。股权激励机制都是企业经过实际的摸索而总结出来的，任何一种激励方法都不是十全十美的。

◎ 积极化解高管与激励之间的矛盾

高管人员对企业经营和发展的重要性不言而喻。可以说，企业经营的成败很大程度上取决于高管人员的能力。但在实际的股权激励实施中却发现股权激励与高管之间存在着各种矛盾，如果不能很好地解决这些矛盾，则很有可能导致高管人才流失，给企业带来巨大损失。

具体的矛盾

三大矛盾		
	高管实际控制权被弱化	目前，国内大部分企业的高管持股的数量、比例都普遍偏低，这就使得企业的实际控制权被掌握在了持股数量大的大股东手中，高管的实际控制权被弱化，因此，许多经营决策的实施受到限制。
	激励与约束不对称	许多企业内都存在对高管的激励与约束不对称的情况，反映在没有建立完善的约束机制，很多时候都要靠高管自己来进行约束。高管股权激励制度是企业治理的一部分，要强化股权激励的效果就要完善企业的约束制度。
	对股权激励实施认识的不足	实施股权激励的目的在于使高管可以以股东的身份参与企业决策，分享利润，承担风险，从而尽责地为公司发展服务。但实际上，很多高管对股权激励并没有清晰地认识，只是单纯地将其作为对自己的一项奖励，当企业的绩效考核目标设置过低时，股权激励很容易得到，没有从根本上起到激励高管人员的目的。

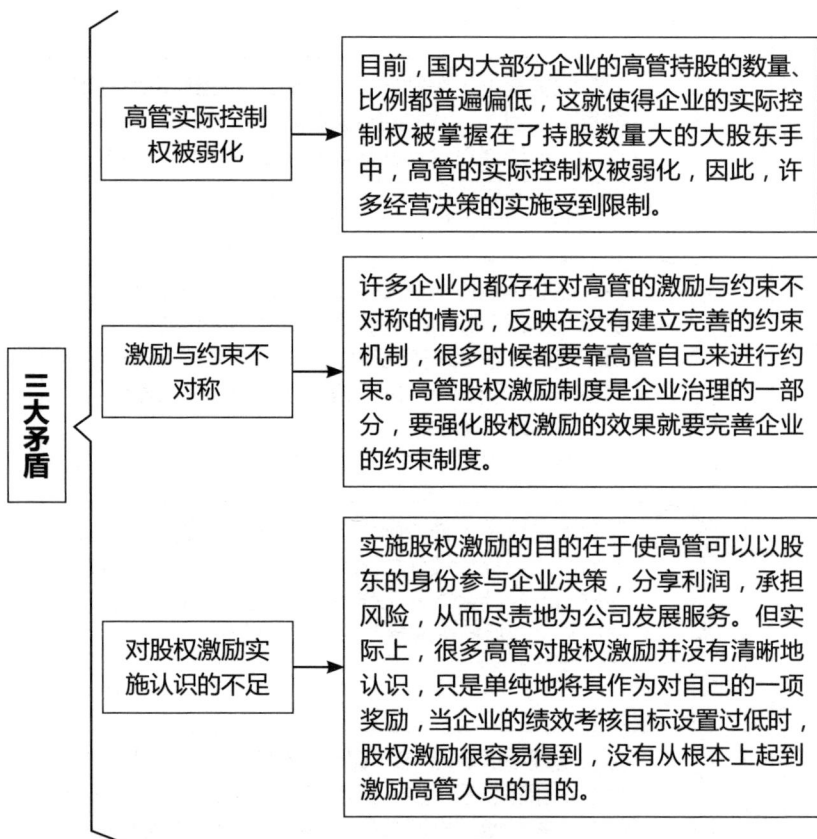

综上所述，股权激励的执行需要综合考虑各个方面的因素，尤其是高管人员。为了化解矛盾，促进股权激励的有效实施，可以制定下列相关策略。

相应的对策

提高长期激励在高管薪酬中的占比

激励机制可以有效衡量高管人员的业绩与贡献，为了避免高管人员追求短期利益而令公司过度承担经营风险，可以适当提高长期激励在高管薪酬中的占比，一方面，通过业绩提高股权激励占比，起到激励作用；另一方面，逐渐增强高管人员的实际控制权。

建立科学有效的业绩考核制度

企业应当建立科学有效的业绩考核指标，加强对高管人员的绩效考核。考核指标应该全面、系统，财务指标与非财务指标并重。科学的考核更能准确看出企业业绩与高管人员的付出之间的关系，从而确保股权激励的有效实施。另外，考核指标应该更多结合行业自身的特点。

为企业的高管人员建立完善的监管机制

企业管理者需要对公司高管建立完善的监管机制。许多企业缺乏对高管人员的有效监管，使股权激励成为公司少数高管人员的私属物品，股权激励也失去了原有的作用。因此，股权激励的实施必须以完善的监管机制为前提，杜绝高管人员的私自盈利行为。

为高管人员建立合理的薪酬机制

就目前来看，企业高管的薪酬结构比较单一，主要是现金性薪酬，这样很容易引起高管人员的短期行为。高管人员的薪酬设置可以结合公司的具体情况更多元化，例如，固定工资＋浮动绩效＋股权激励，这样的设置更有利于留住高管人员。

第2章

理论指导，股权激励的设计之道

股权激励也是一门学问，企业在实施激励计划之前一定要深入了解相关的理论知识，包括股权激励的模式、股权激励对象的选择、股权激励的有效期、股权激励的数量及股权激励的价格。企业管理者应以理论作为指导，设计出符合企业发展的股权激励方案。

定原则：设计股权激励方案的基础

　　股权激励方案的设计不是随心所欲的结果，它需要按照一套科学、完善且完整的流程来进行设计。首先，股权激励方案的设计需要遵循一定的设计原则，这样才能有效地激发员工的主人翁心态，从而在真正意义上实现股权激励。

◎ 依法合规原则

　　依法合规原则是股权激励方案设计和实施应该遵循的最基本的原则。任何违反国家法律规定、规范的方案在法律上都是无效的，不但不能达到股权激励的目的，还有可能给企业带来重大损失，例如受到证监会的处罚。对于国有控股上市公司而言，除了需要遵守《管理办法》之外，还需要遵守国资委有关文件的规定。

　　2016 年 8 月，证监会颁布了《上市公司股权激励管理办法》，该办法对上市公司股权激励的条件、激励对象以及授予权益的价格等方面都作出了明确、具体的规定。该办法的内容有很多，我们选取其中的部分内容进行介绍。

实施股权激励的公司要求

下列公司不得实施
股权激励计划

补充
说明

管理办法第七条，上市公司具有下列情形之一的，不得实行股权激励计划。

①最近 1 个会计年度财务会计报告被注册会计师出具否定意见或者无法表示意见的审计报告。

②最近 1 年内因重大违法违规行为被中国证监会予以行政处罚。

③中国证监会认定的其他情形。

激励对象的限制条件

股权激励计划的激励对象可以包括上市公司的董事、监事、高级管理人员、核心技术（业务）人员以及公司认为应当激励的其他员工，但不应当包括独立董事。

最近 3 年内被证券交易所公开谴责或宣布为不适当人选的。

最近 3 年内因重大违法违规行为被中国证监会予以行政处罚的。

具有《中华人民共和国公司法》规定的不得担任公司董事、监事或高级管理人员情形的。

◎ 实际性原则

股权激励并不是简单的大家均分收益，对于不同的企业需要设计不同的股权激励方案。例如在互联网行业中，全员持股的模式比较盛行，因为互联网行业的企业中，技术研发人员占比在 70% 左右，且互联网行业员工的流动性较大，在这样的情况下，全员持股可以很好地为企业留住技术人才。但是对于传统行业中的企业而言，大部分员工为劳力员工，即便员工流动频繁也不会对企业造成明显的变化，相比全员持股得到较低的分红，员工更愿意得到直接的奖金。在这样的情况下，全员持股模式显然已经不再适合了。因此，企业的股权激励方案设计需要遵循企业实际性原则，全面考虑设计。

实际性原则即按照企业的实际情况来量身定制，切实考虑影响股权激励方案设计的各个因素。

影响方案设计的因素

行业特性　每个行业都有自己的特性，所以直接套用某一行业的股权激励方案显然是不合适的。例如技术密集型行业，其对人力资本的依附性较强，企业的成长与技术人员直接相关，在这类企业中，激励对象需要扩展到技术人员。在企业创业初期和成长期，股票期权和限制性股票比较适合。当企业发展到成熟期，业绩干股、股票增值权和延期支付都比较适合。

每个企业所处的生命周期不同，应该选择不同的股权激励模式，没有哪一种模式能够适合各个周期。例如在创业初期，企业发展迅速，未来增值空间大，但企业缺乏资金，所以可以选择股票期权和期股这类长期激励模式。此时激励的对象可以是全体员工，因为初创期的每个员工都是企业的关键人才。　**发展阶段**

激励对象　激励的对象不同，所选择的股权激励模式也不同。例如对企业高管的激励，其主要目的在于将高管的自身利益与公司利益、股东利益结合，比较常用的是股票期权，且需要在股权激励计划中设定业绩约束条件和兑换服务条件加以限制。

◎ 激励与约束原则

企业在设计股权激励方案时，往往第一时间想到的都是能够充分调动员工的积极性，从而实现股权激励的目的。但是在实际的股权激励方案设计中，除了需要考虑激励效果之外，还需要考虑约束机制的约定。股权激励的实施既要对激励对象有激励，又要对其业绩目标和行为进行约束，权、责要对等。

激励约束机制的指标设计

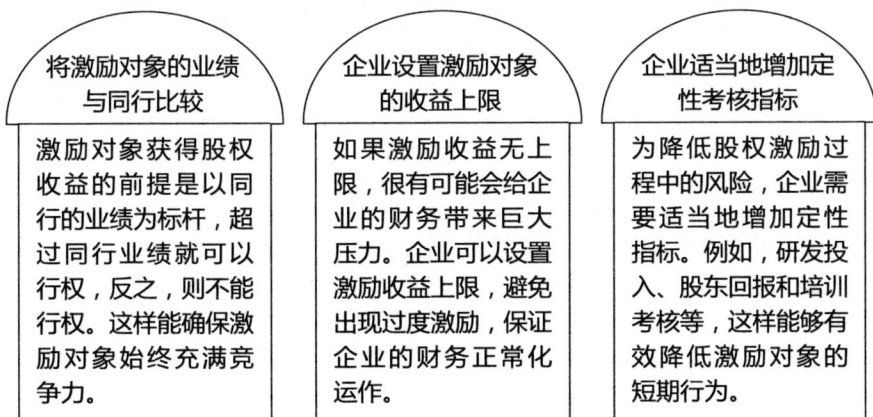

将激励对象的业绩与同行比较	企业设置激励对象的收益上限	企业适当地增加定性考核指标
激励对象获得股权收益的前提是以同行的业绩为标杆，超过同行业绩就可以行权，反之，则不能行权。这样能确保激励对象始终充满竞争力。	如果激励收益无上限，很有可能会给企业的财务带来巨大压力。企业可以设置激励收益上限，避免出现过度激励，保证企业的财务正常化运作。	为降低股权激励过程中的风险，企业需要适当地增加定性指标。例如，研发投入、股东回报和培训考核等，这样能够有效降低激励对象的短期行为。

公司外部的约束机制

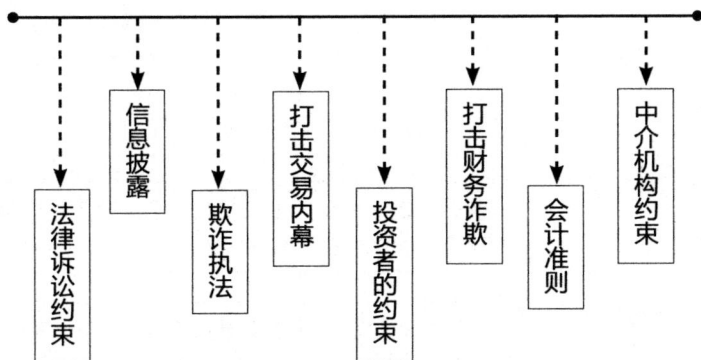

- 法律诉讼约束
- 信息披露
- 欺诈执法
- 打击交易内幕
- 投资者的约束
- 打击财务诈欺
- 会计准则
- 中介机构约束

定模式：选择适合企业的股权激励模式

由于企业所属的行业不同或是外部环境的不同，企业会采用不同的激励模式，甚至是同一企业在不同的发展阶段都会采取不同的股权激励模式。这决定了股权计划方案的多元化和创新性。

◎ 股票期权——捆绑人才与企业利益

股票期权是一种捆绑人才与企业利益的创新型激励工具，它能实现人才与企业共同成长。

股票期权概要

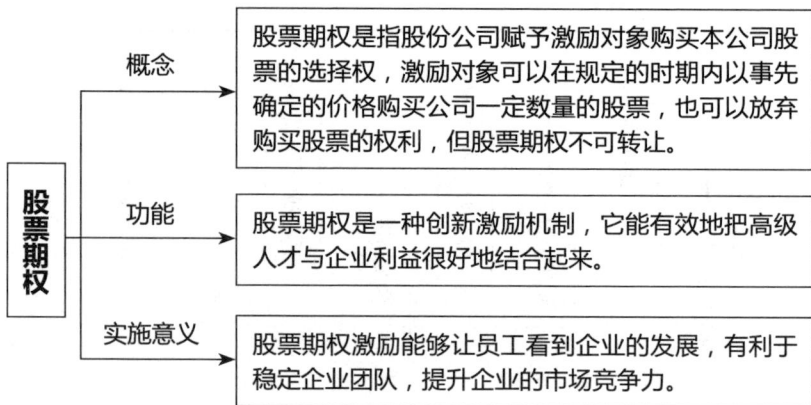

股票期权

概念	股票期权是指股份公司赋予激励对象购买本公司股票的选择权，激励对象可以在规定的时期内以事先确定的价格购买公司一定数量的股票，也可以放弃购买股票的权利，但股票期权不可转让。
功能	股票期权是一种创新激励机制，它能有效地把高级人才与企业利益很好地结合起来。
实施意义	股票期权激励能够让员工看到企业的发展，有利于稳定企业团队，提升企业的市场竞争力。

股票期权的激励原理

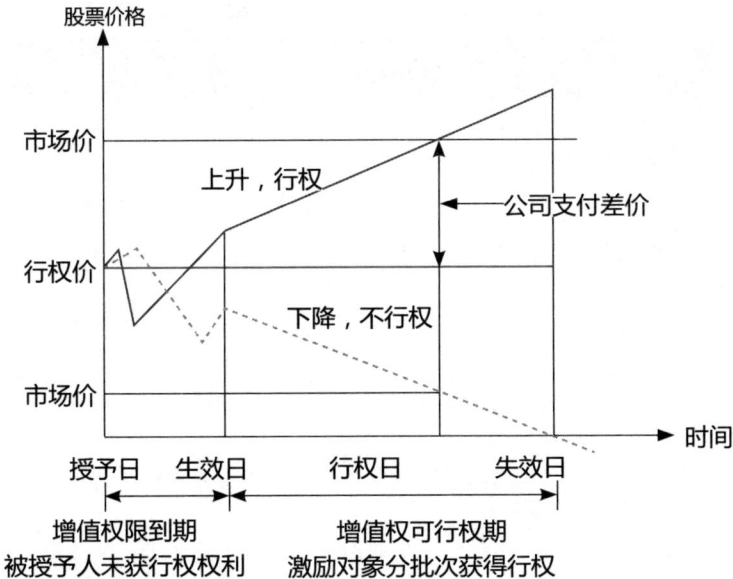

股票价格

市场价

行权价

上升，行权

公司支付差价

下降，不行权

市场价

时间

授予日　生效日　　行权日　　失效日

增值权限到期　　　增值权可行权期
被授予人未获行权权利　激励对象分批次获得行权

股票期权的应用范围

所处行业竞争较大	逆水行舟，不进则退。在激烈的市场竞争环境中，企业需要借助于股票期权激励来提升员工的工作热情，以推动企业发展。对员工来说，可获得股权价值增值的收益。
企业正处于成长期	成长期的企业需要大量的人才作为发展动力，推行股票期权激励可以让员工为既定的目标努力工作，确保企业迅速占领行业的制高点。
属于高新技术产业	高新技术产业对于科技的依附性较大，企业发展速度取决于人才储备量，而股票期权恰好能够让企业留住人才，为企业发展提供大量的动力。
对人力资源的需求大	由于人力资源成本逐渐变高，部分人力资源依附性较大的企业则可以实施股票期权来留住员工，降低企业的离职率，同时也降低了企业的招聘成本。

表 2-1 所示为股票期权激励模式的优缺点对比。

表 2-1　股票期权激励模式优缺点对比

项目	内容
优点	股票期权将激励对象的报酬与公司的长期利益捆绑在一起，实现了企业与激励对象的利益保持高度一致
	可以锁定期权人的风险，股票期权的持有人不行权就没有额外的损失
	股票期权是企业赋予激励对象的一种选择权，企业没有现金支出，可以降低激励成本
	股票期权根据二级市场股价波动实现收益，激励力度大，能够吸引员工的参与热情
缺点	由于股市的价格波动和不确定性，可能导致公司股票价格的波动较大，激励具有一定的风险性
	国内现行法律对实施期权的股票来源的规范不完善，激励对象可能会出现"钻缝子"的现象
	若激励力度过大，可能会给企业财务带来较大的压力，甚至是引发财务赤字

◎ 股票增值权——高管和高级技术人才的专享福利

高管和高级技术人才是企业的宝贵财富，企业应该针对这部分人才专门设置一种股权激励工具，让他们享受"特殊待遇"。

初识股票增值权

股票增值权是什么

？

股票增值权是指公司授予激励对象的一种权利，如果激励对象在规定的期限内完成业绩指标，就可以按一定比例获得由股价上升或业绩提升所带来的收益。

补充说明

股票增值权的激励原理与股票期权相似，其收益的来源都是行权价与二级市场股价之间的差价或净资产的增值。

股票增值权所得的税务处理

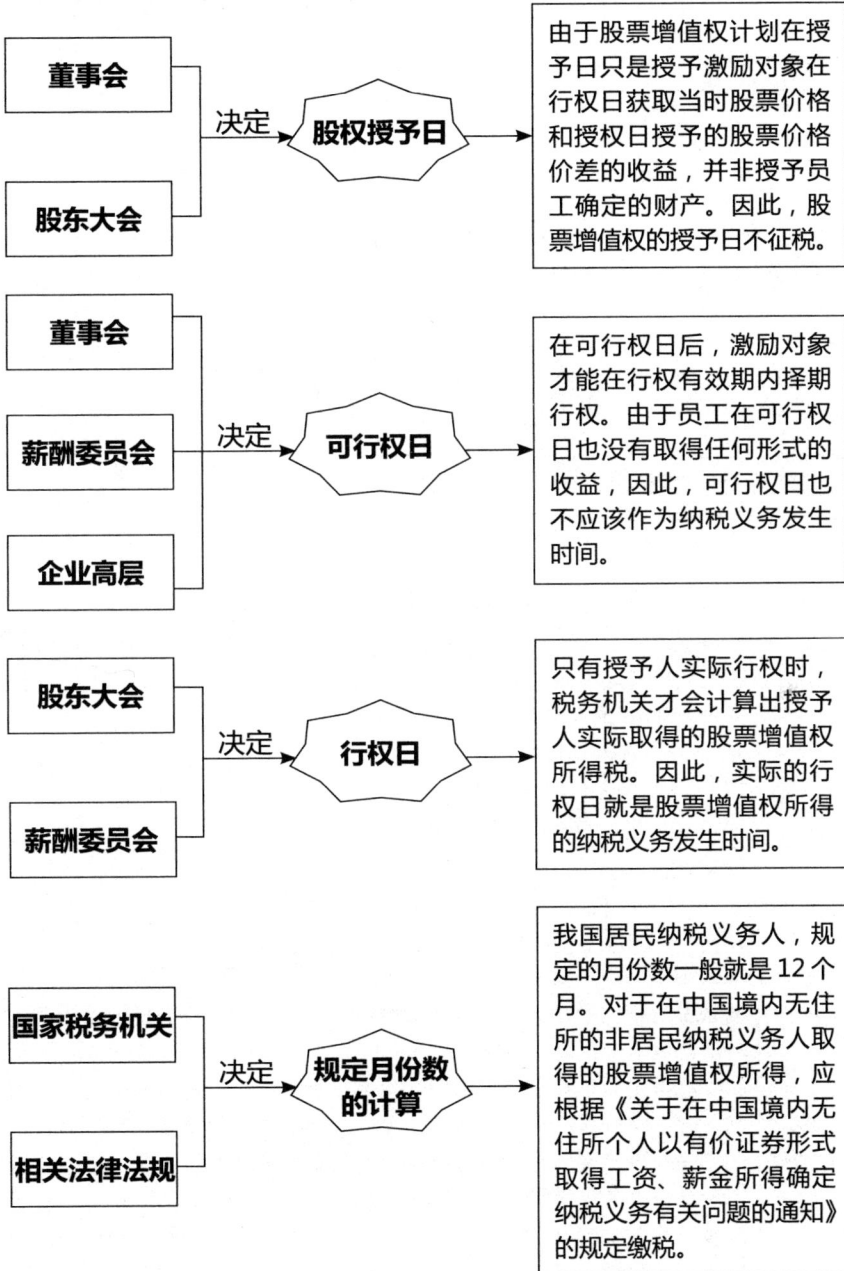

董事会		
	决定 → **股权授予日** →	由于股票增值权计划在授予日只是授予激励对象在行权日获取当时股票价格和授权日授予的股票价格价差的收益，并非授予员工确定的财产。因此，股票增值权的授予日不征税。
股东大会		

董事会		
薪酬委员会	决定 → **可行权日** →	在可行权日后，激励对象才能在行权有效期内择期行权。由于员工在可行权日也没有取得任何形式的收益，因此，可行权日也不应该作为纳税义务发生时间。
企业高层		

股东大会		
	决定 → **行权日** →	只有授予人实际行权时，税务机关才会计算出授予人实际取得的股票增值权所得税。因此，实际的行权日就是股票增值权所得的纳税义务发生时间。
薪酬委员会		

国家税务机关		
	决定 → **规定月份数的计算** →	我国居民纳税义务人，规定的月份数一般就是 12 个月。对于在中国境内无住所的非居民纳税义务人取得的股票增值权所得，应根据《关于在中国境内无住所个人以有价证券形式取得工资、薪金所得确定纳税义务有关问题的通知》的规定缴税。
相关法律法规		

股票增值权的实施流程

```
┌─────────┐      ╱╲        ┌─────────┐      ┌─────────┐
│  确定   │    ╱ 分配 ╲    │  企业   │      │股权激励正│
│ 激励对象 │──→ ╲  股权 ╱ ──→│ 授予股权 │──→  │ 式生效  │
└─────────┘      ╲╱        └─────────┘      └─────────┘
```

由于股票增值权和股票期权具有一定的相似之处，但是也有一定区别，具体如表 2-2 所示。

表 2-2　股票增值权和股票期权的对比

	股票增值权	股票期权
区别	股票增值权是一种虚拟的股权激励工具，激励收益是二级市场股价和激励对象行权价格差价的升值收益，并不能获取企业股票	股票期权的激励标的物是企业的股票，激励对象在行权后可以获得完整的股东权益
	股票增值权采用"企业请客，企业埋单"的方式，激励对象的收益由企业用现金进行支付，实质是奖金的延期支付	股票期权采用"企业请客，市场埋单"的方式，激励对象获得的收益由市场进行支付
相似之处	两者都是期权激励工具在企业激励中的创新应用，企业提前赋予激励对象获取未来收益的权利	
	两者的激励原理都相同，当市场价格高于激励对象的行权价格时，激励对象可以行权，获得收益。否则，激励对象放弃行权，避免损失	
	两者在可以实现的激励目标上都具有长期性和激励性，但约束性会偏弱一些，可能导致激励对象的短期行为	
	两者的收益都会受到股市波动的影响，对于激励对象的收益可能会造成一定的影响	

表 2-3 所示为股票增值权激励模式优缺点对比。

表 2-3　股票增值权激励模式优缺点对比

项目	内容
优点	易操作，股票增值权持有人在行权的时候，直接对股票升值部分兑现
	激励方案的审批流程简单，企业无须考虑股票的来源问题
	股权激励方案是分期执行的，能够降低被激励对象的短期行为
缺点	激励对象不能获得真正意义上的股票，激励的效果相对较差
	资本市场有效性弱，股价与公司业绩关联度低，无法保证激励的公正
	股票增值权的收益来源是公司奖励基金，公司的现金支付压力较大

◎ 业绩股票——刺激员工追求高业绩

业绩股票通过设定既定的业绩目标，刺激员工的工作热情，当员工在规定的期限内达到既定目标，就可以享受股权激励。

走进业绩股票

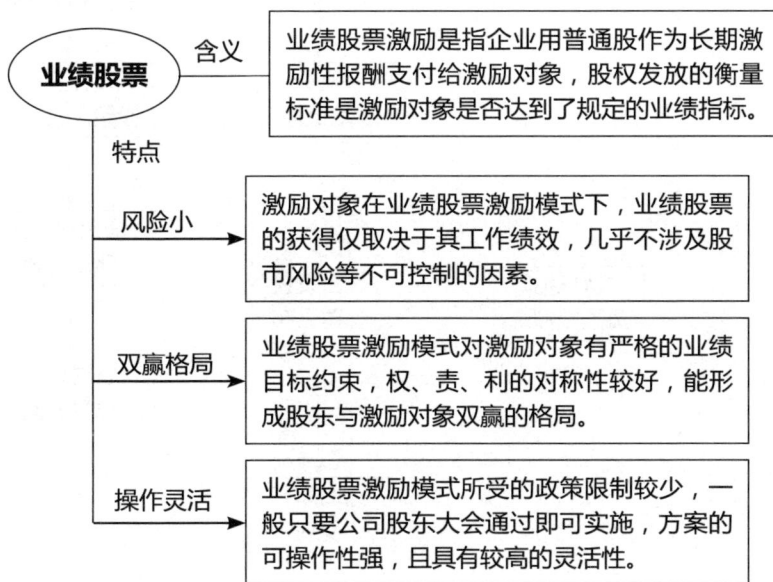

业绩股票的实施流程

```
┌──────────┐
│  制定企业  │
│  绩效目标  │
└──────────┘
```

激励基金涉及的公式

激励基金总数
计算公式 → $F=NP \times R$

F：本年度实施激励提取的激励
基金总数。
NP：本年度净利润。
R：提取基金占 NP 的比例。

激励基金
分配公式 → $IF = (a \times F) \div \sum_{i=1}^{i} ai$

F：本年度实施激励提取的激励
基金总数。
a：该参与者的分配系数。
$\sum_{i=1}^{i}$ ：激励对象分配系数之和。

激励基金
分配系数 → $a = b \times A$

b：激励对象的绩效评估结果。
A：激励对象责任系数。

激励对象实得
激励基金数 → $IFAT = IF \times (1-T)$

T：激励对象应交纳的个人
所得税税率。

高管人员激励
基金转化 → $S = IFAT \times 90\%$
$I = IFAT \times 10\%$

S：转化为股票的激励基金。
I：转化为保险的激励基金。

非高管人员
激励基金转化 → $S = IFAT \times 100\%$

S：转化为股票的激励基金。

表 2-4 所示为业绩股票激励的优缺点对比。

表 2-4　业绩股票激励模式优缺点对比

项目	内容
优点	具有较强的激励作用，能激励企业决策人员、管理人员及骨干人员努力完成业绩目标，促进企业发展

续表

项目	内容
优点	具有较强的约束力，激励对象所获得的激励基金必须购买为公司股票，且任职期间不能转让
	激励工具符合国家法律法规，执行的风险性较低
	激励制度与约束制度相配套，能够充分发挥激励的作用
缺点	业绩目标受到外界环境的干扰较大，例如经济、国家政策和行业趋势
	由于业绩股票激励的激励空间非常大，可能会导致高管人员为获得更多收益而弄虚作假
	业绩激励成本较高，会对企业财务带来较大压力
	考核的周期较长，外界因素可能会影响激励的效果

◎ 虚拟股票——分离管理权和收益

对于创业型企业而言，组建一支稳定的核心团队是当务之急。如果企业管理者只想让创业团队享受股权分红，而不将股权发放给创业团队，那么，企业可以考虑采用虚拟股票激励工具。

了解虚拟股票激励

虚拟股票

概念　虚拟股票是指公司授予激励对象一种"虚拟"股票，激励对象实现公司的业绩目标，则可以享受分红和股价增值收益，但没有所有权和表决权，也不能转让和出售，离开公司时自动失效。

支付方式　当虚拟股票持有人实现目标条件后，公司支付给持有人收益的方式比较多元化，包括现金、等值的股票及支付等值的股票和现金相结合等。

实施意义　虚拟股票是通过其持有者分享企业剩余索取权，将激励对象的长期收益与企业效益挂钩，具有长期激励效果。

虚拟股票激励的分类

虚拟股票
分类

溢价型
虚拟股票

期初授予激励对象一定数量的虚拟股票单位，并以授予时二级市场价格作为基准。若将来股票价格高于基准价，激励对象可获得虚拟股票溢价带来的收益。若股价下跌至基准价以下，激励对象则没有收益。

股利收入型
虚拟股票

期初授予激励对象一定数量的虚拟股票单位，激励对象的收入为到期后其持有虚拟股票单位乘以企业每年派发的每股红利。激励对象只能享受到股票的分红而不能获得股票或企业股票的溢价收益。

内部价格型
虚拟股票

公司将虚拟的企业股权奖励给激励对象，股权由虚构的股票组成，并以簿记的方式发给激励对象。激励对象获得的收益为持有购股权兑现的股数乘以每股虚拟股票的价值升值额。

虚拟股票激励的特性

特性一

股权形式的虚拟化。虚拟股权不同于一般意义上的股权。公司为了激励核心员工，在公司内部无偿地派发一定数量的虚拟股份给公司核心员工，其持有者可以按照虚拟股权的数量，按比例获得公司税后利润的分配。

股东权益的不完整性。虚拟股权的持有者只能享受到分红收益权，即按照持有虚拟股权的数量，按比例享受公司税后利润分配的权利，而不能享受表决权和分配权等。

特性二

特性三

虚拟股权持有人不完全出资。虚拟股权由公司无偿赠送或以奖励的方式发放给特定员工，不需员工出资，降低了员工的激励成本，有效地刺激员工的参与积极性。

◎ 限制性股票——实现对员工的有效管控

企业在实施股权激励过程中可能会出现员工套现后离职的现象，为了遏制这种现象，企业可以在股权激励计划中添加一些限制性的条件，有效地管理激励对象损害企业的行为。这种激励手段也被称之为限制性股票激励。

熟悉限制性股票激励

限制性股票激励的定义	限制性股票激励的应用	限制性股票激励的重点
公司将一定数量的股票无偿赠予或低价售与激励对象，但对股票的获得、解锁和抛售等指标设置了一些特殊限制条件，防止激励对象的短期行为。	限制性股票因其较低的授予价格而更为激励对象所接受，特别是中小型企业。企业采用限制性股票方式，确保方案实施的进展更加顺利。	限制性股票主要是用于留住高管和核心技术人才，充分调动激励对象的工作积极性，有效地将公司利益、股东利益和经营者利益结合起来。

限制性股票激励的实施流程

董事会 ／ 股东大会 ──指导──→ 人事部制定股权激励草案 ──提交──→ 董事会和股东大会审核草案 ──审核通过──→ 董事会授予限制性股票 ──→ 签订限制性股票授予协议书 ──→ 确定激励等级和锁定事宜

表 2-5 所示为限制性股票激励模式的优缺点对比。

表 2-5　限制性股票激励模式优缺点对比

项目	内容
优点	激励对象可以无偿获得或以较低价格购买股票，激励效果比较明显
	捆绑激励对象与企业的利益，促进企业的战略性发展
	股权激励计划中设置一系列的约束性条件，能够达到留住人才的目的
缺点	很难精准地评估激励对象的实际业绩，影响激励结果
	股权激励的激励力度较大，企业可能会面临着较大的现金流压力
	激励对象拥有实际的股权，享有所有权，可能会分散企业的管理权

◎ 员工持股——最大化员工的主人翁意识

如果激励对象拥有较强的企业主人翁意识，他们会自觉地奋发工作，提升工作绩效，维护企业形象。这样能够保证企业与员工始终在统一战线上，降低企业管理的难度。为了最大限度激发员工的主人翁意识，企业可以采取员工持股激励计划。

认识员工持股计划

员工持股计划

含义：员工购买企业股票获得相应的管理权，是企业所有者与员工分享企业所有权和未来收益权的一种激励制度。

目的：员工成为公司的股东，扩大企业的资金来源；增强员工的主人翁意识，降低企业管理难度。

兴起：员工持股计划兴起于美国，福特公司推出的"5美元工资制"是员工持股计划的鼻祖。

发展：许多中小型企业为增强企业凝聚力也推出员工持股计划，既能够组建一支稳定的团队，又能提升企业的生产力。

员工持股计划的分类

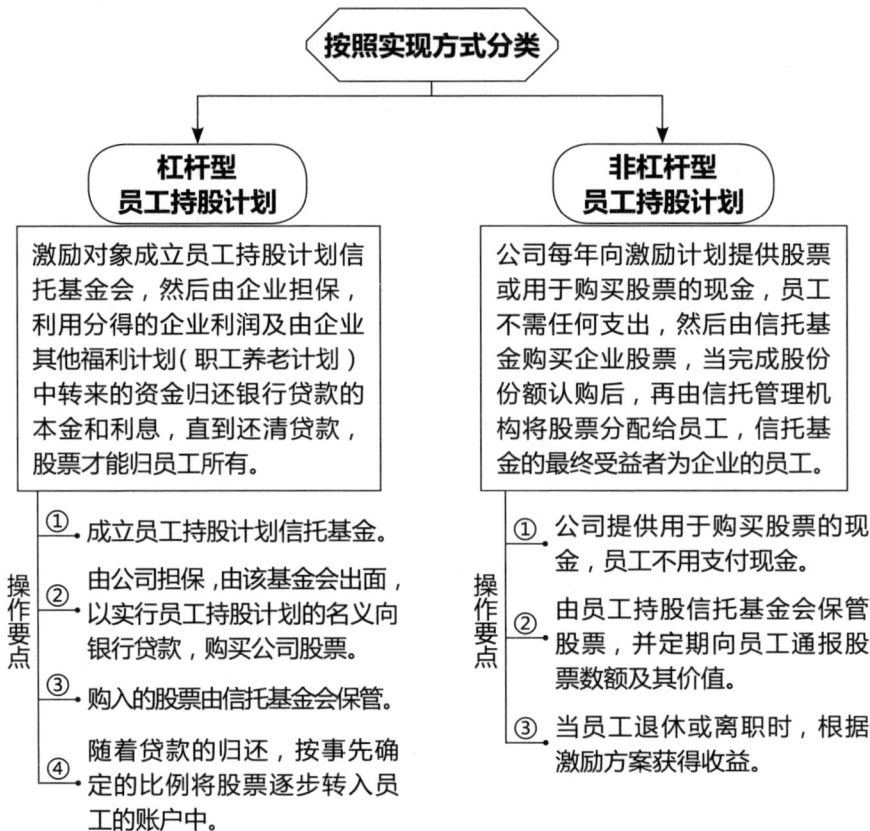

按照实现方式分类

杠杆型员工持股计划

激励对象成立员工持股计划信托基金会，然后由企业担保，利用分得的企业利润及由企业其他福利计划（职工养老计划）中转来的资金归还银行贷款的本金和利息，直到还清贷款，股票才能归员工所有。

操作要点
① 成立员工持股计划信托基金。
② 由公司担保，由该基金会出面，以实行员工持股计划的名义向银行贷款，购买公司股票。
③ 购入的股票由信托基金会保管。
④ 随着贷款的归还，按事先确定的比例将股票逐步转入员工的账户中。

非杠杆型员工持股计划

公司每年向激励计划提供股票或用于购买股票的现金，员工不需任何支出，然后由信托基金购买企业股票，当完成股份份额认购后，再由信托管理机构将股票分配给员工，信托基金的最终受益者为企业的员工。

操作要点
① 公司提供用于购买股票的现金，员工不用支付现金。
② 由员工持股信托基金会保管股票，并定期向员工通报股票数额及其价值。
③ 当员工退休或离职时，根据激励方案获得收益。

表 2-6 所示为员工持股计划激励模式的优缺点对比。

表 2-6　员工持股计划激励模式优缺点对比

项目	内容
优点	有利于员工对企业运营和管理有充分的发言权和监督权
	让员工更加关注企业的发展，增强企业凝聚力和竞争力
	员工承担了一定的风险，有助于激发员工的风险意识，防御恶意收购
缺点	员工所持股权不能转让、交易或继承，激励效果较差
	平均化会降低员工积极性，不能保证业绩考核的公平性
	激励方案操作过程缺乏法律基础和政策指导

定人员：确定股权激励对象

股权激励对象的选择是股权激励计划中至关重要的环节，选择最合适的激励对象才能够确保股权激励的效果。那么，企业该如何确定股权激励的对象呢？

◎ 所有员工都在股权激励范畴吗

股权激励计划是用于激励企业核心人才的工具，其门槛较高，属于"稀缺品"，因此，并非所有的员工都能够享受到股权激励这一福利。

股权激励的范畴

由董事会和股东大会提名的卓越贡献人员。

在公司领取董事酬金的董事会成员可成为激励对象。

部分董事

有突出贡献的员工　股权激励的范畴　高管人员

核心骨干是主要对象，包括研发骨干、销售人才等。

企业高管人员是核心对象。例如，财务总监、研发主管等。

核心骨干

股权激励的定人三层面

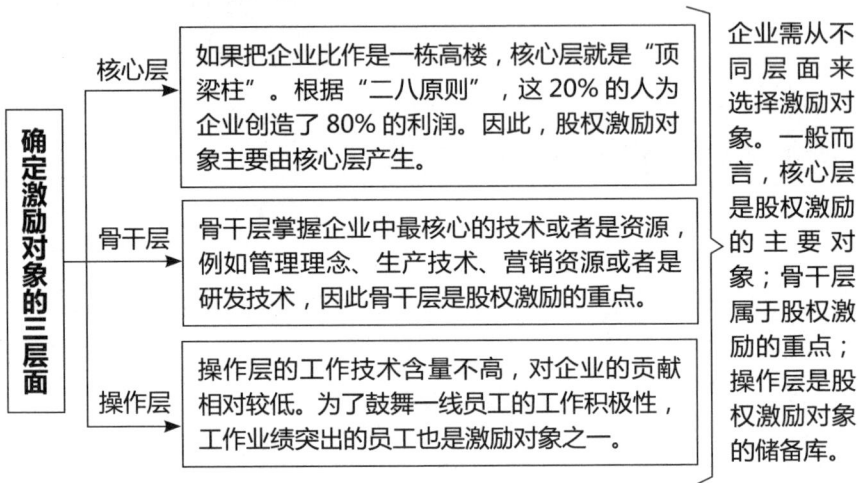

确定激励对象的三层面	核心层	如果把企业比作是一栋高楼，核心层就是"顶梁柱"。根据"二八原则"，这 20% 的人为企业创造了 80% 的利润。因此，股权激励对象主要由核心层产生。
	骨干层	骨干层掌握企业中最核心的技术或者是资源，例如管理理念、生产技术、营销资源或者是研发技术，因此骨干层是股权激励的重点。
	操作层	操作层的工作技术含量不高，对企业的贡献相对较低。为了鼓舞一线员工的工作积极性，工作业绩突出的员工也是激励对象之一。

企业需从不同层面来选择激励对象。一般而言，核心层是股权激励的主要对象；骨干层属于股权激励的重点；操作层是股权激励对象的储备库。

◎ 激励对象的数量如何确定

股权激励对象的数量对于股权激励效果有直接的影响，若激励对象数量过多，可能会动摇企业的绝对控股权；若激励对象数量过少，则达不到提高工作效率的效果。那激励对象的数量该如何确定呢？表 2-7 和表 2-8 所示分别为根据岗位级别和行业属性来确定激励对象数量。

表 2-7　依岗位级别来确定股权激励对象的数量

岗位级别	岗位级别	职位设置	激励对象数量的比例
决策管理层	10	董事会	2%
	9	总经理 / 副总经理	2%
	8	董事会秘书 / 总经理助理	1%
中级管理层	7	技术总监 / 人事总监 / 财务总监	5%
	6	企划主管 / 市场主管 / 客服主管	5%
	5	项目经理 / 项目副经理	3%
核心骨干层	4	研发工程师 / 高级销售 / 特级客服	10%
	3	研发骨干 / 销售精英 / 中级客服	8%
	2	研发专员 / 销售骨干 / 客服专业	6%

表 2-8　依行业属性来确定股权激励对象的数量

行业属性	行业特点	代表行业	激励对象数量的比例
人力资本型	1. 企业对人力资本需求大 2. 部分核心岗位长期处于供不应求的状态 3. 行业竞争力大	1. 销售行业 2. 客服行业 3. 传媒行业 4. 金融行业	20% ～ 30%
高新技术产业	1. 企业的技术团队决定了企业的发展速度 2. 研发、设计和技术支持等岗位的人才需求大 3. 企业需要研发总监这样的"老将"带领团队	1. 通信行业 2. 生物行业 3. 医药行业 4. 电商行业 5. 网游行业	25% ～ 30%
劳动密集型	1. 一线岗位的需求量大 2. 企业的组织架构简单 3. 岗位的技术含金量不大 4. 岗位的人员流动性大	1. 物流行业 2. 餐饮行业 3. 制造行业	15% ～ 20%

◎ 哪些员工绝对不能成为激励对象

由于股权激励计划会受到国家相关法律法规的约束，尤其是股权激励对象，国家明确规定了以下几类人不能成为激励对象。

法律规定哪些人不能成为激励对象

独立董事　独立董事是指独立于公司股东，不在公司内部任职，与公司没有重要的业务联系，并对公司事务做出独立判断的董事。证监会明确规定股权激励计划的激励对象不应包括独立董事。

被证监会处罚过　证监会严格规定"最近 3 年内被证券交易所公开谴责或宣布为不适当人选的；最近 3 年内因重大违法违规行为被中国证监会予以行政处罚的"不能成为激励对象。

（1）无民事行为能力或者限制民事行为能力的员工不能成为激励对象。

（2）因贪污、贿赂、侵占财产、挪用财产或者破坏社会主义市场经济秩序，被判处刑罚，执行期满未逾5年，或者因犯罪被剥夺政治权利，执行期满未逾5年的不能成为激励对象。

《公司法》规定的

（3）担任破产清算的公司、企业的董事或者厂长、经理，对该公司、企业的破产负有个人责任的，自该公司、企业破产清算完结之日起未逾3年的不能成为激励对象。

（4）担任因违法被吊销营业执照、责令关闭的公司、企业的法定代表人，并负有个人责任的，自该公司、企业被吊销营业执照之日起未逾3年的不能成为激励对象。

（5）个人所负数额较大的债务到期未清偿。

以法为镜，可以畅行万里路

以上这些规定都是国家颁布的法律法规，企业必须严格遵守，若触犯到法律的"红线"，企业的股权激励计划就可能会被中止，将严重地影响到企业的正常化运营和管理。

企业内部决定哪些人不能成为激励对象

没实际业绩的人 股权激励是企业对高管、技术员工及特殊贡献等员工的激励手段，没有实际工作业绩的员工则不能成为激励对象，防止股权激励沦为某些员工谋福利的工具。

非稀缺岗位 若岗位是非稀缺性岗位，其岗位很容易被其他的岗位所替代，在现有人才市场上是很容易招募到，这种情况下，该岗位的员工也不应该作为股权激励对象。

重复参加股权激励 若企业员工已经参加了公司其他的股权激励计划，为了避免员工享受多重激励，占用激励名额，影响股权激励的公平性。因此，这种员工绝对不能再次作为股权激励的对象。

定时间：制定股权激励的有效期

股权股价的有效期是指从授予时间算起股票期权可以执行的期间，即股票期权的寿命期间。通常情况下，股票期权的有效期的长短和激励对象的收益紧密相关。那么，企业该如何制定股权激励的有效期呢？

◎ 股权激励有效期按照公司的实际情况设置

股权激励计划有效期应严格按照企业的实际情况来制定，若企业的发展目标是短期，那么，股权激励的有效期就应该控制在 3 年及以下；若企业的发展目标是中长期，股权激励的有效期则控制在 5 ～ 8 年，最长期限不超过 10 年。

案例陈述

甲企业是一家小型的建材企业，采购部门和销售部门一直是企业的重点部门，但是采购和销售行业的人员流动性特别大，为了改善这一现状，企业决定对销售部门实施股权激励。为了实现人力资源的最大化利用和转化，企业将股权激励的有效期设置为 6 年。

人事部负责起草股权激励方案，并提交给董事会和股东大会进行审核，董事会和股东大会针对方案进行审核，也提出了修改意见。当股权激励方案正式制定完成后，企业召开股东大会选择激励对象，包括董事会成员、高管和核心骨干人才，但激励对象在看到股权激励方案后，大部分激励对象都拒绝接受这一激励方案。

企业管理者百思不得其解，为何员工不接受为其量身打造的股权激励方案？经过一对一的沟通后发现，员工认为股权激励的有效期过长，企业是在变相"压榨"他们，根本享受不到福利。

企业了解到员工的真实想法后再次召开内部会议，人事部主管赵某指出："采购部和销售部的人员流动性较大，大部分销售骨干都是从一线销售成长起来的，具有非常丰富的销售经验，这20%的骨干人员创造了80%的利润。若企业不能给予这部分骨干人才以实际的福利，很可能会导致员工跳槽。"

因此，企业对于股权激励方案的有效期进行了调整，在解锁期，公司为满足解锁条件的首次授予的激励对象办理解锁事宜，未满足解锁条件的激励对象持有的股票由公司以授予价格回购注销。具体解锁安排如表2-9所示。

表2-9　××企业股权激励的解锁时间安排表

具体的解锁安排	解锁时间	可解锁股票比例
第一次解锁	自授予日起12个月后的首个交易日起至首次授予日起24个月内的最后一个交易日当日止	30%
第二次解锁	自授予日起24个月后的首个交易日起至首次授予日起36个月内的最后一个交易日当日止	30%
第三次解锁	自授予日起36个月后的首个交易日起至首次授予日起48个月内的最后一个交易日当日止	40%

为了保证股权激励的公平性，企业针对股权激励对象的业绩考核也制定了相应的标准，具体如表 2-10 所示。

表 2-10　××企业首次授予的激励对象各年度业绩考核要求表

具体的解锁安排	业绩考核指标	可解锁股票比例
第一次解锁	以 2014 年经审计的净利润为基数，2016 年净利润增长率不低于 52.33%，且以 2014 年经审计的营业收入为基数，2016 年营业收入增长率不低于 40.75%	30%
第二次解锁	以 2014 年经审计的净利润为基数，2017 年净利润增长率不低于 109.82%，且以 2014 年经审计的营业收入为基数，2017 年营业收入增长率不低于 60.55%	30%
第三次解锁	以 2014 年经审计的净利润为基数，2018 年净利润增长率不低于 163.49%，且以 2014 年经审计的营业收入为基数，2018 年营业收入增长率不低于 86.68%	40%

当企业修改了股权激励的有效期后，在股东大会中，所有的激励对象都一致接受了新的股权激励方案，且员工的工作积极性得到了明显提升，大部分激励对象都超额完成了年度销售目标。

从上述案例中可以看出，该企业将股权激励的有效期设置得过长，激励对象不接受其方案，导致股权激励方案无法开展。针对股权激励的有效期进行适当地修改后，明确地规定了解锁时间、解锁的业绩考核和可解锁比例，让激励对象有了明确的奋斗目标，工作积极性也被激发，大部分的激励对象都超额完成了既定目标。

因此，企业需要结合实际情况来确定股权激励的有效期，这样才能够保证激励对象能够接受股权激励方案。

◎ 股权激励的各个时间点

股权激励的时间点主要包括等待期和行权期，等待期即等待行使股东权利的时间，行权期是指行使股东权利的时间。

股权激励的时间进度

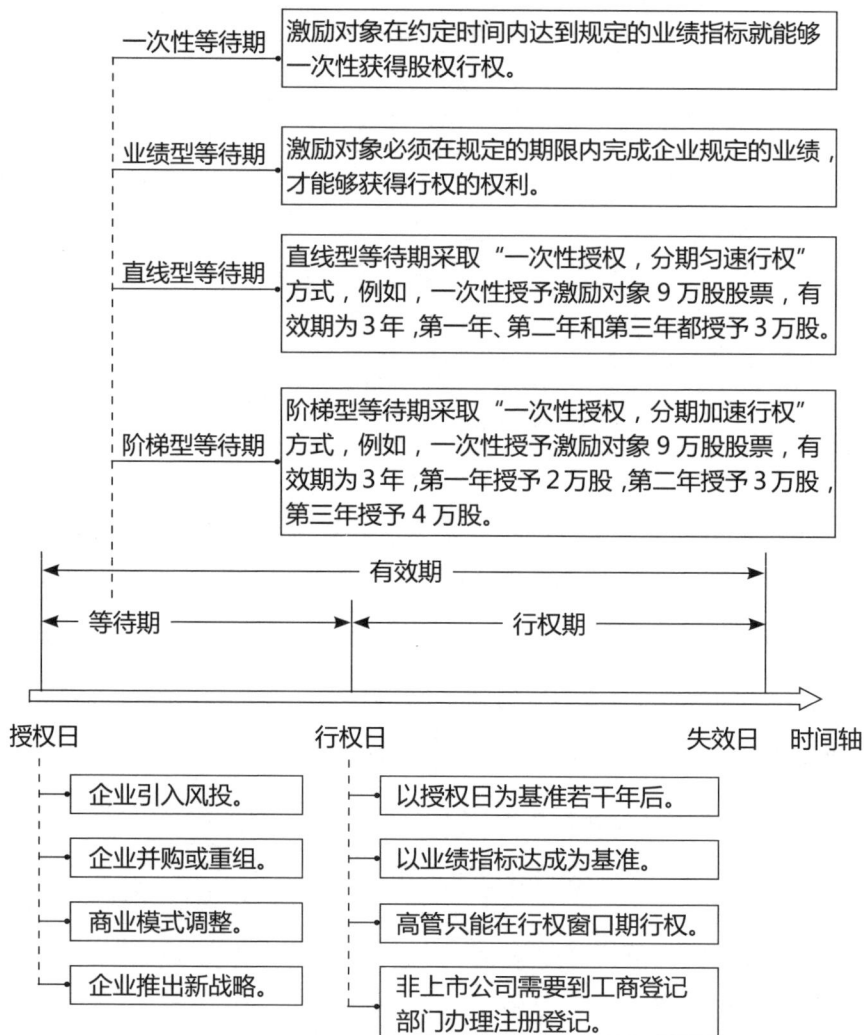

一次性等待期 —— 激励对象在约定时间内达到规定的业绩指标就能够一次性获得股权行权。

业绩型等待期 —— 激励对象必须在规定的期限内完成企业规定的业绩，才能够获得行权的权利。

直线型等待期 —— 直线型等待期采取"一次性授权，分期匀速行权"方式，例如，一次性授予激励对象 9 万股股票，有效期为 3 年,第一年、第二年和第三年都授予 3 万股。

阶梯型等待期 —— 阶梯型等待期采取"一次性授权，分期加速行权"方式，例如，一次性授予激励对象 9 万股股票，有效期为 3 年,第一年授予 2 万股,第二年授予 3 万股，第三年授予 4 万股。

有效期

等待期 —— 行权期

授权日　　　　　行权日　　　　　失效日　时间轴

授权日：
- 企业引入风投。
- 企业并购或重组。
- 商业模式调整。
- 企业推出新战略。

行权日：
- 以授权日为基准若干年后。
- 以业绩指标达成为基准。
- 高管只能在行权窗口期行权。
- 非上市公司需要到工商登记部门办理注册登记。

小贴士

非上市公司可行权日没有法律的限制，公司可以自由确定。为了防止公司股权激励对象利用其信息优势从事内幕交易和操纵股价，公司可以自主设置一个符合法律规定的行权时间段，即"行权窗口期"，高管人员只能在此期间申请行权。但非上市公司的激励对象获得股权需要到工商登记部门办理注册登记，如果激励对象不能集中在某个时间段行权，激励对象就会频繁地催促公司办理工商股权登记，所以公司应该在可行权日期内集中设立一个时间段为每年的行权窗口期。

◎ 设置禁售期锁定股权

禁售期是指公司员工取得限制性股票后不得通过二级市场或其他方式进行转让的期限。为防止激励对象的短期行为，企业推出的股权激励计划也必须设置禁售期锁定股权。

不同股权激励的锁定期

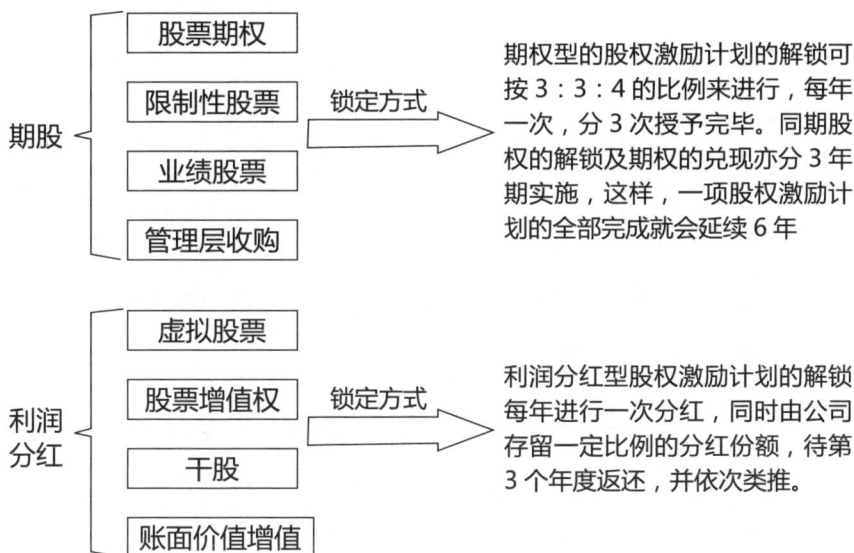

期股 {
  股票期权
  限制性股票
  业绩股票
  管理层收购
} 锁定方式 ⇒ 期权型的股权激励计划的解锁可按 3：3：4 的比例来进行，每年一次，分 3 次授予完毕。同期股权的解锁及期权的兑现亦分 3 年期实施，这样，一项股权激励计划的全部完成就会延续 6 年

利润分红 {
  虚拟股票
  股票增值权
  干股
  账面价值增值
} 锁定方式 ⇒ 利润分红型股权激励计划的解锁每年进行一次分红，同时由公司存留一定比例的分红份额，待第 3 个年度返还，并依次类推。

企业还应掌握股权锁定期相应的法律知识，具体如表 2-11 所示。

表 2-11　股权激励锁定期的相关法律

法律	具体律文规定
《中华人民共和国公司法》	发起人持有的本公司股份，自公司成立之日起一年内不得转让。公司公开发行股份前已发行的股份，自公司股票在证券交易所上市交易之日起一年内不得转让
	公司董事、监事、高级管理人员应当向公司申报所持有的本公司的股份及其变动情况，在任职期间每年转让的股份不得超过其所持有本公司股份总数的 25%。所持本公司股份自公司股票上市交易之日起一年内不得转让
	公司董事、监事、高级管理人员离职后半年内，不得转让其所持有的本公司股份。公司章程可以对公司董事、监事、高级管理人员转让其所持有的本公司股份作出其他限制性规定
《上海证券交易所股票上市规则》	公司董事、监事、高级管理人员董事、监事和高级管理人员自公司股票上市之日起一年内和离职后半年内，不得转让其所持的本公司股份。任职期间拟买卖本公司股票应当根据相关规定提前报本所备案
	发行人首次公开发行股票前已发行的股份，自发行人股票上市之日起一年内不得转让
	发行人向本所申请其首次公开发行股票上市时，控股股东和实际控制人应当承诺：自发行人股票上市之日起 36 个月内，不得转让或者委托他人管理其直接和间接持有的发行人首次公开发行股票前已发行股份，也不由发行人回购该部分股份
《外资参股证券公司设立规则》	外资参股证券公司的境外股东，应当具备下列条件：在所在国家或者地区合法成立，至少有一名是具有合法的金融业务经营资格的机构；境外股东自参股之日起 3 年内不得转让所持有的外资参股证券公司股权
《股权激励有关事项备忘录 1 号》	如果标的股票的来源是存量，即从二级市场购入股票，则按照《中华人民共和国公司法》中关于回购股票的相关规定执行
	如果标的股票的来源是增量，即通过定向增发方式取得股票，其实质属于定向发行，则参照现行《上市公司证券发行管理办法》中有关定向增发的定价原则和锁定期要求确定价格和锁定期，同时考虑股权激励的激励效应。自股票授予日起 12 个月内不得转让，激励对象为控股股东、实际控制人的，自股票授予日 36 个月内不得转让

定数量：限制股权的数量

股权的数量也是影响股权激励效果的重要因素之一，若发放的股权数量过少，受到激励对象的数量少，可能达不到理想的激励效果；若发放的股权数量过多，受到激励对象的数量多，又可能会影响到企业的绝对控股权，那么，企业该如何限制股权的数量呢？

◎ 分层级确定股权激励总量

因为企业岗位的重要性和价值贡献度不同，因此，企业必须根据激励对象所在的岗位进行分层级，初步确定各层级的预期激励水平。表 2-12 所示为确定各层级的激励总量。

表 2-12　企业分层级确定股权激励总量

企业岗位	岗位设置	贡献值评估	各层级激励总量
董事会	董事长	90%	2%～3%
决策层	总经理／副总经理	90%	8%～15%
管理层	财务主管／人事总监／技术总监	80%	15%～30%
骨干层	技术骨干／销售精英	50%	30%～40%
业务层	市场专员／客服专员／渠道专员	30%	5%～10%
普通层	普通操作员工	10%	1%～2%
合计			100%

股权激励对象的岗位责任系数

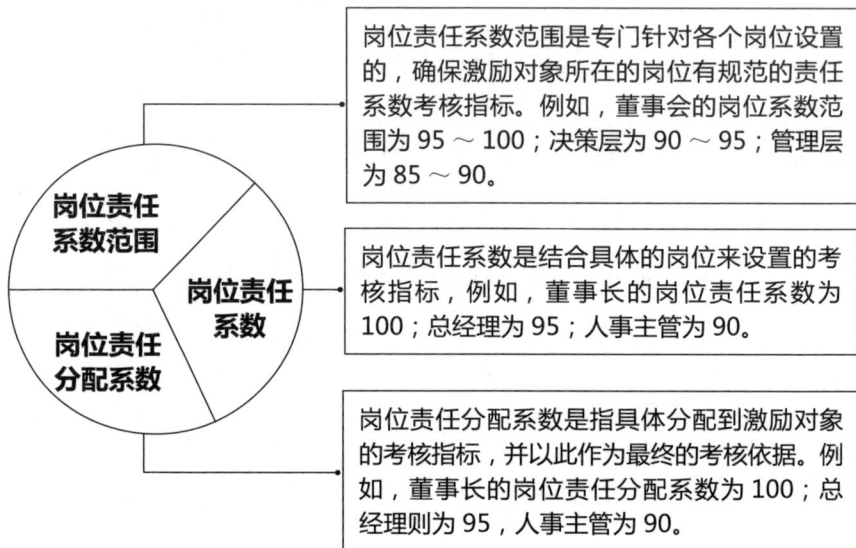

岗位责任系数范围是专门针对各个岗位设置的，确保激励对象所在的岗位有规范的责任系数考核指标。例如，董事会的岗位系数范围为 95 ～ 100；决策层为 90 ～ 95；管理层为 85 ～ 90。

岗位责任系数是结合具体的岗位来设置的考核指标，例如，董事长的岗位责任系数为 100；总经理为 95；人事主管为 90。

岗位责任分配系数是指具体分配到激励对象的考核指标，并以此作为最终的考核依据。例如，董事长的岗位责任分配系数为 100；总经理则为 95，人事主管为 90。

- 岗位责任系数范围
- 岗位责任分配系数
- 岗位责任系数

◎ 为各层级激励对象设计不同分配方案

因为各个层级的考核标准不同，为保证股权激励的公平性，企业应该为各个层级设计不同的分配方案。

不同岗位的股权激励考核方案

董事会的考核方案

岗位职责
1. 召开股东会并执行股东会决议。
2. 决定公司的生产经营计划和投资方案。
3. 决定公司内部管理机构的设置和管理制度。
……

行使权利
1. 签署或授权签署公司合同及其他文件。
2. 在董事会闭会期间检查董事会决议的执行情况，听取总经理关于董事会决议执行情况汇报。
3. 在发生重大事件时，可对一切事务行使特别裁决权和处置权。
……

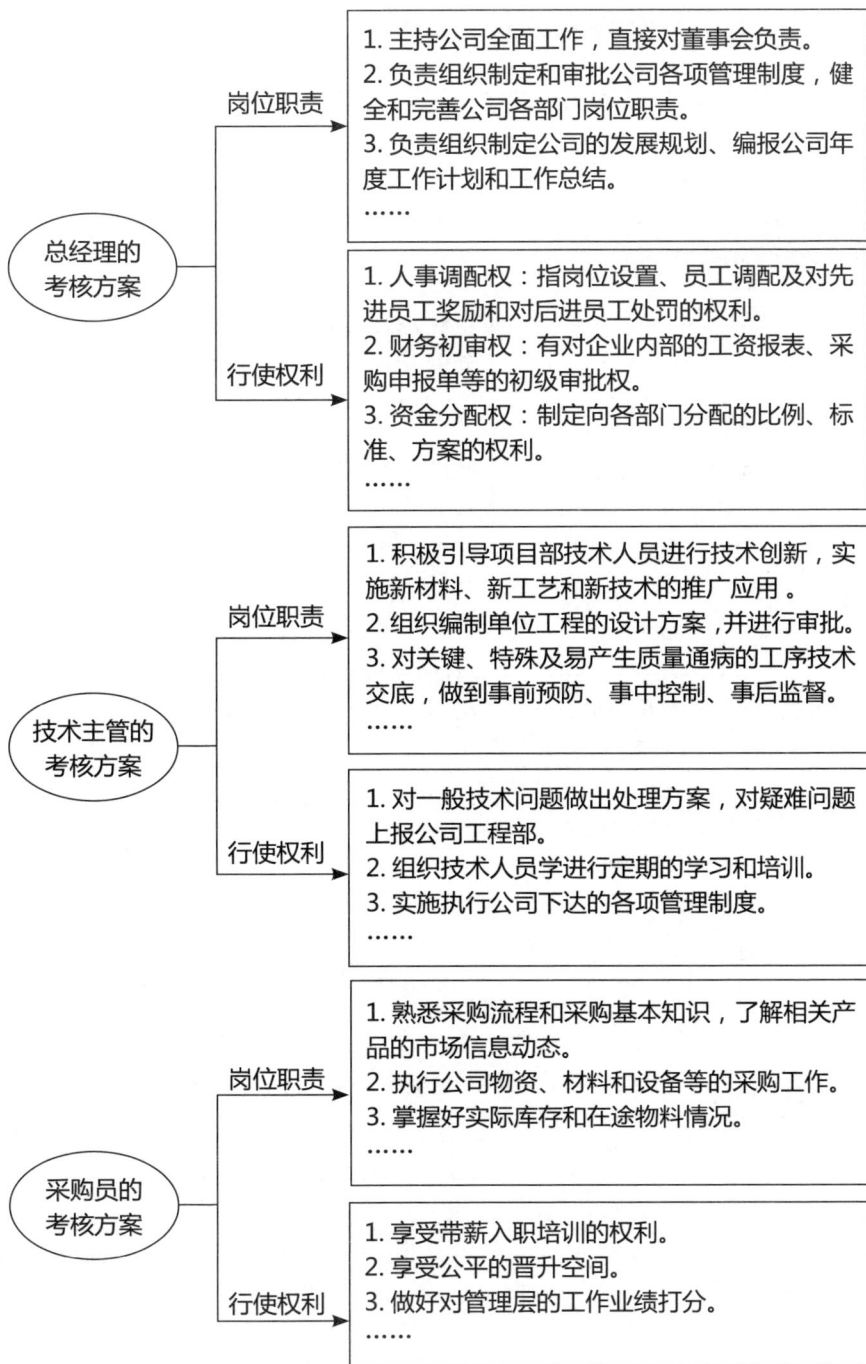

```
                              岗位职责    ┌──────────────────────────────────────┐
                                 ────────►│ 1. 主持公司全面工作，直接对董事会负责。    │
                                          │ 2. 负责组织制定和审批公司各项管理制度，健   │
                                          │ 全和完善公司各部门岗位职责。              │
                                          │ 3. 负责组织制定公司的发展规划、编报公司年   │
   ┌───────────┐                          │ 度工作计划和工作总结。                   │
   │ 总经理的    │                          │ ……                                  │
   │ 考核方案    │                          └──────────────────────────────────────┘
   └───────────┘                          ┌──────────────────────────────────────┐
                              行使权利    │ 1. 人事调配权：指岗位设置、员工调配及对先   │
                                 ────────►│ 进员工奖励和对后进员工处罚的权利。         │
                                          │ 2. 财务初审权：有对企业内部的工资报表、采   │
                                          │ 购申报单等的初级审批权。                 │
                                          │ 3. 资金分配权：制定向各部门分配的比例、标   │
                                          │ 准、方案的权利。                        │
                                          │ ……                                  │
                                          └──────────────────────────────────────┘

                              岗位职责    ┌──────────────────────────────────────┐
                                 ────────►│ 1. 积极引导项目部技术人员进行技术创新，实   │
                                          │ 施新材料、新工艺和新技术的推广应用。       │
                                          │ 2. 组织编制单位工程的设计方案，并进行审批。 │
                                          │ 3. 对关键、特殊及易产生质量通病的工序技术   │
   ┌───────────┐                          │ 交底，做到事前预防、事中控制、事后监督。    │
   │ 技术主管的   │                         │ ……                                  │
   │ 考核方案    │                          └──────────────────────────────────────┘
   └───────────┘                          ┌──────────────────────────────────────┐
                              行使权利    │ 1. 对一般技术问题做出处理方案，对疑难问题   │
                                 ────────►│ 上报公司工程部。                        │
                                          │ 2. 组织技术人员学进行定期的学习和培训。    │
                                          │ 3. 实施执行公司下达的各项管理制度。       │
                                          │ ……                                  │
                                          └──────────────────────────────────────┘

                              岗位职责    ┌──────────────────────────────────────┐
                                 ────────►│ 1. 熟悉采购流程和采购基本知识，了解相关产   │
                                          │ 品的市场信息动态。                      │
                                          │ 2. 执行公司物资、材料和设备等的采购工作。   │
                                          │ 3. 掌握好实际库存和在途物料情况。         │
   ┌───────────┐                          │ ……                                  │
   │ 采购员的    │                          └──────────────────────────────────────┘
   │ 考核方案    │                          ┌──────────────────────────────────────┐
   └───────────┘                          │ 1. 享受带薪入职培训的权利。              │
                                          │ 2. 享受公平的晋升空间。                 │
                              行使权利    │ 3. 做好对管理层的工作业绩打分。          │
                                 ────────►│ ……                                  │
                                          └──────────────────────────────────────┘
```

◎ 设计股权激励数量分配建议书

企业设计股权激励项目建议书的目的是为股权激励提供理论指导，保证股权激励计划顺利开展。

奖励基金的分配

企业净利润
75%

企业净利润25%

企业75%的净利润用作企业再生产、经营和投资，确保企业正常化运营。

经过全体董事会和股东大会同意，将企业净利润的25%用作股权激励总基金。其具体计算公式为：企业总激励基金＝企业净利润×25%。

激励总基金

内部管理股权的激励总基金＝企业每年净利润×激励总基金提取比例。

激励基金细分

每股收益

每个会计年底计算结束后，开始核算股票激励的每股收益，其具体计算公式为：每股收益＝内部激励总基金÷内部激励总股数。

年度股权预算

在当年年初的时候预算激励经费，做好内部激励经费调控准备，其具体计算公式为：年度股权预算＝当年内部被授予股权数量×当年每股收益。

激励基金预留

根据当年的总激励基金安排预留基金，预留的激励基金累加至基金池，其具体计算公式为：预留激励基金＝内部激励总基金×80%。

激励基金分配

入职不到3年的激励对象经批准后获得股权，但是当年的所获得实际股权按照内部总激励股权数的百分点进行提取，满1年，提取30%；满两年，提取70%；满三年，提取100%。

定价格：规定股权的价格

股权的价格就是激励对象达到约定的业绩目标，在规定的时间里以一定的行权价买入获得的股权激励的股份价格。股权价格的制定也是一门学问，股价太低，企业要承受较大的激励成本；股价太高，则无法提高参与的积极性，那么，企业该如何制定股权的价格呢？

◎ 标价的关键是精准估值公司

企业在实施股权激励前需要对股权进行定价，而定价的前提就是标价。合理地进行股份标价，既能激发股权激励对象的参与积极性，又能体现出较强的激励力度。

股权标价的基础概念

```
                    定义 ──→ 标价即股权激励的每股价格。由于标价和总股
                            本密切相关，企业必须要先确定总股本，对于
                            非上市公司而言，即为注册资本。
         股权标价
                    计算公式 ──→ 标价 = 公司估值 ÷ 总股本。
```

公司估值的实用方法

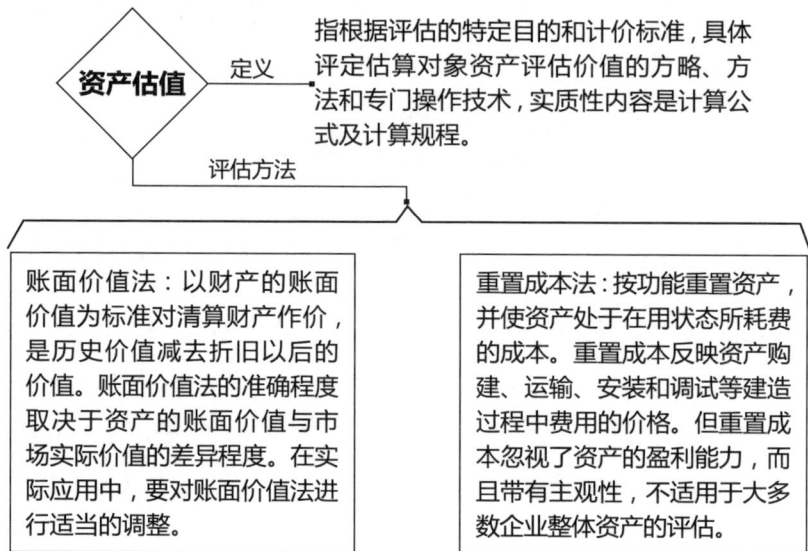

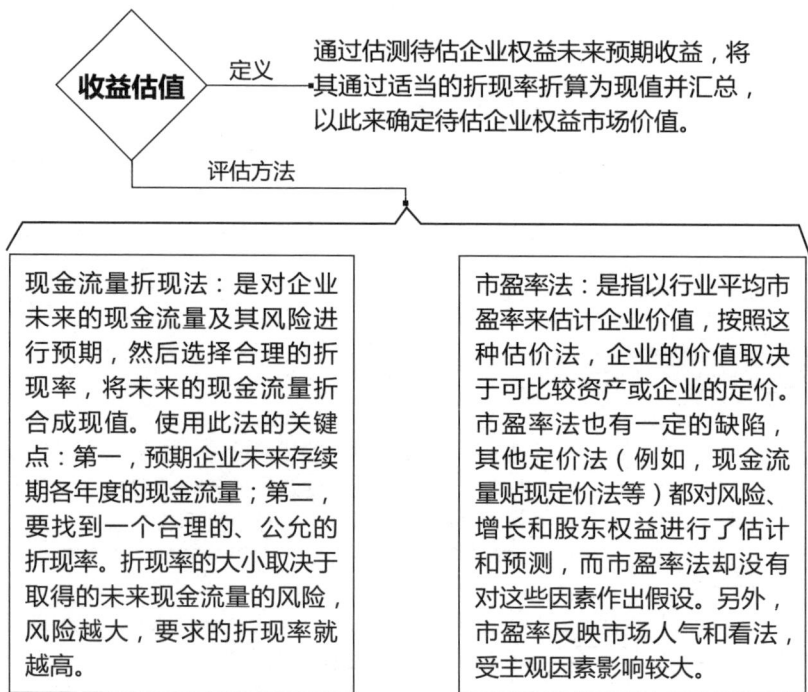

资产估值

定义

指根据评估的特定目的和计价标准，具体评定估算对象资产评估价值的方略、方法和专门操作技术，实质性内容是计算公式及计算规程。

评估方法

账面价值法：以财产的账面价值为标准对清算财产作价，是历史价值减去折旧以后的价值。账面价值法的准确程度取决于资产的账面价值与市场实际价值的差异程度。在实际应用中，要对账面价值法进行适当的调整。

重置成本法：按功能重置资产，并使资产处于在用状态所耗费的成本。重置成本反映资产购建、运输、安装和调试等建造过程中费用的价格。但重置成本忽视了资产的盈利能力，而且带有主观性，不适用于大多数企业整体资产的评估。

收益估值

定义

通过估测待估企业权益未来预期收益，将其通过适当的折现率折算为现值并汇总，以此来确定待估企业权益市场价值。

评估方法

现金流量折现法：是对企业未来的现金流量及其风险进行预期，然后选择合理的折现率，将未来的现金流量折合成现值。使用此法的关键点：第一，预期企业未来存续期各年度的现金流量；第二，要找到一个合理的、公允的折现率。折现率的大小取决于取得的未来现金流量的风险，风险越大，要求的折现率就越高。

市盈率法：是指以行业平均市盈率来估计企业价值，按照这种估价法，企业的价值取决于可比较资产或企业的定价。市盈率法也有一定的缺陷，其他定价法（例如，现金流量贴现定价法等）都对风险、增长和股东权益进行了估计和预测，而市盈率法却没有对这些因素作出假设。另外，市盈率反映市场人气和看法，受主观因素影响较大。

市场估值 ─定义─ 借助于市场来进行估值，企业通过市场的宏观环境来确定具体的企业价值。这样有助于精准地把握企业价值。

评估方法

市场售价类比法：以参照物的成交价格为基础，考虑参照物与评估对象在功能、市场条件和销售时间等方面的差异。通过对比分析和量化差异，调整估算出评估对象价值的各种方法。其数学表达式为：资产评估价值 = 参照物售价 + 功能差异值 + 时间差异值 + 交易情况差异值。

市场盈率法：指以行业平均市盈率来估计企业价值，反映了公司按有关折现率计算的盈利能力的现值。常被用于对未公开化的企业或者刚向公众发行股票的企业进行估价。按这种方法，企业的价值主要源于可比较资产或企业的定价，所以企业可以选择同行业企业的绩效作为参考标准。

◎ 以提升激励对象参与积极性来制定出价

出价是指实施股权激励计划时，激励对象实际购买股票的价格。

企业是否制定了具有"诱惑力"的出价是股权激励成败的关键之举。

出价的 3 种情形

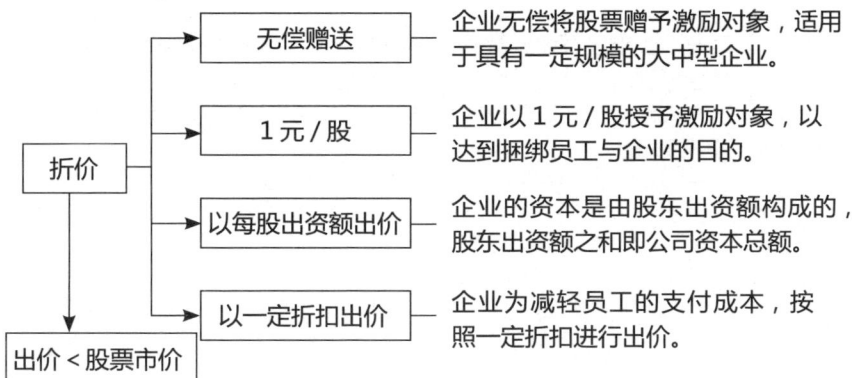

无偿赠送 → 企业无偿将股票赠予激励对象，适用于具有一定规模的大中型企业。

1 元 / 股 → 企业以 1 元 / 股授予激励对象，以达到捆绑员工与企业的目的。

以每股出资额出价 → 企业的资本是由股东出资额构成的，股东出资额之和即公司资本总额。

以一定折扣出价 → 企业为减轻员工的支付成本，按照一定折扣进行出价。

折价

出价 < 股票市价

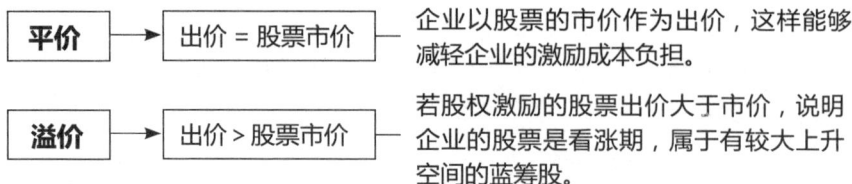

| 平价 | → | 出价 = 股票市价 | 企业以股票的市价作为出价，这样能够减轻企业的激励成本负担。 |

| 溢价 | → | 出价 > 股票市价 | 若股权激励的股票出价大于市价，说明企业的股票是看涨期，属于有较大上升空间的蓝筹股。 |

小贴士

为体现企业的股权激励力度，提高激励对象的参与意愿，建议企业采用折价或平价的方式。折价可能存在"打折"或"送股"，而"送股"的做法对激励对象而言效果更佳。企业以平价方式作为出价，主要应用于有一定经营规模，并具有稳定盈利能力的企业。

股权激励定价需把握的原则

① 同股同价 — 《中华人民共和国公司法》第 127 条规定："同次发行的同种类股票，每股的发行条件和价格应当相同"。若不同层级的激励对象按照不同的价格授予股票，激励对象可能会对激励方案的公平性提出质疑，影响股权激励计划的开展。

② 后续价格高于前期 — 企业如有净资产增值，包括企业盈利或外部投资，企业股票存在增值收益，后续授予股份的价格应该比前面批次授予股份的价格高。一方面，充分地体现了企业对现有股东的公平；另一方面，也有利于企业内部培养优秀人才。

③ 遵纪守法 — 企业在实施股权激励计划过程中会涉及很多的法律知识，为避免触碰到法律红线，企业一定要遵纪守法，例如，督促员工交纳个人所得税、股东增减要进行工商登记以及股权激励计划要公开透明。

第 3 章

规范行为，股权激励的约束机制

股权激励的初衷是激发员工的工作积极性，捆绑员工和企业的利益，进而提升企业的凝聚力和战斗力。但是在实际的操作过程中，股权激励计划也存在着一定的风险，例如，员工套现离职、合同纠纷及泄露商业机密等。为了降低企业运营的风险，股权激励必须设置强有力的约束机制。

激励机制与约束机制并行

常言道"无规矩不成方圆"，这一道理在股权激励计划中也同样适用，为了规范激励对象的行为，降低激励对象各种短期行为给企业带来的损失，企业必须设置一系列强有力的约束机制，这样才能够确保股权激励计划能正常开展。

◎ 股权激励为什么需要约束机制

股权激励计划中的激励机制和约束机制是并行的，激励机制激发员工的工作动力，而约束机制则是规范激励对象的行为，为股权激励计划提供强有力的保障。

约束机制对于股权激励的重要意义

从员工层面来分析 | 约束机制以具有法律效益的合同明文限定了激励对象的行为，对于员工具有威慑作用，在一定程度上达到了约束员工行为的目的。

若在股权激励计划中设计了相关的约束机制，只需要在股权激励前期的培训中进行集中培训即可，这也减轻了企业管理者的负担。 | 从管理层面来分析

从风险层面来分析 | 企业设计约束机制的目的是降低和规避企业的运营风险，例如，合同纠纷、人事风险、产权纠纷及商业机密被泄露的风险等。

约束机制还属于企业的组织机制，建立和完善约束机制有助于推动企业管理，确保企业内部形成"有章可循、有规可依、违规必惩"的良好风气。 | 从规章层面来分析

从发展层面来分析 | 若企业发展遇到瓶颈或者是急需资金，企业可能会引入外部资金。为防止外部融资稀释绝对控股权，企业必须在前期设计一套系统的、科学的约束机制。

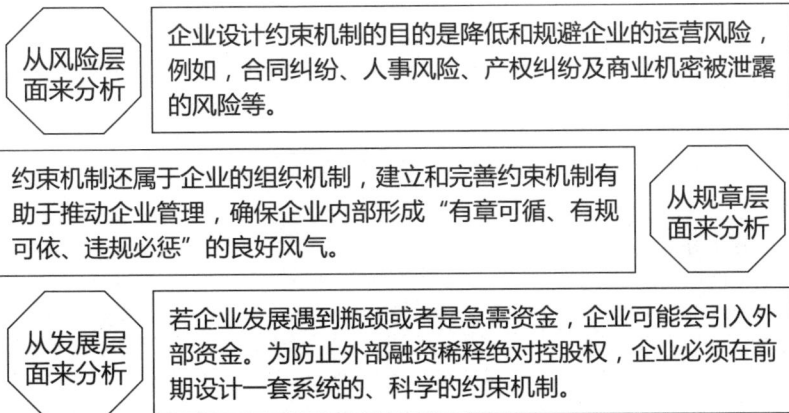

◎ 约束机制的注意事项

股权激励的约束机制是为保证激励计划顺利实施而设计的，约束机制在设计时需要注意一些事项。

约束机制设计要注意的事项

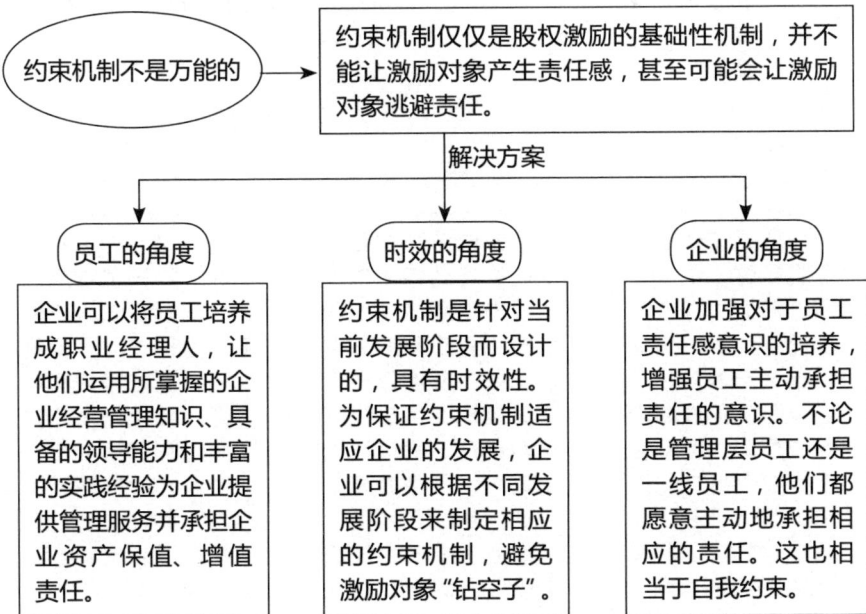

约束机制不是万能的 → 约束机制仅仅是股权激励的基础性机制，并不能让激励对象产生责任感，甚至可能会让激励对象逃避责任。

解决方案

员工的角度	时效的角度	企业的角度
企业可以将员工培养成职业经理人，让他们运用所掌握的企业经营管理知识、具备的领导能力和丰富的实践经验为企业提供管理服务并承担企业资产保值、增值责任。	约束机制是针对当前发展阶段而设计的，具有时效性。为保证约束机制适应企业的发展，企业可以根据不同发展阶段来制定相应的约束机制，避免激励对象"钻空子"。	企业加强对于员工责任感意识的培养，增强员工主动承担责任的意识。不论是管理层员工还是一线员工，他们都愿意主动地承担相应的责任。这也相当于自我约束。

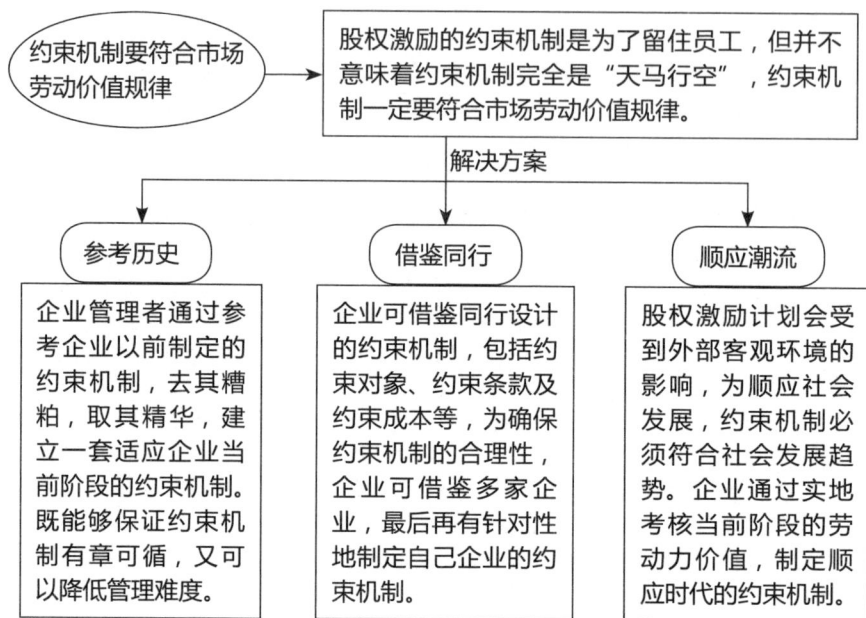

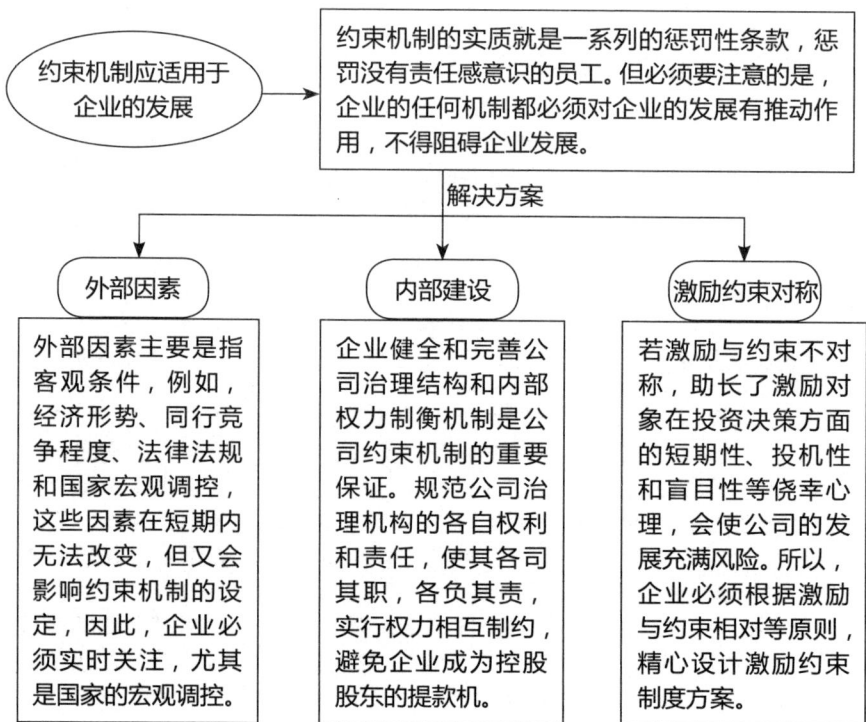

强制性的约束机制

为保证股权激励约束机制的不可抗拒性和威严性，企业往往会设置一系列强制性约束机制。例如，合同、公司章程及组织机构。这些约束能够为股权激励计划的实施提供强有力的保证，最大限度地降低激励对象的各种短期行为给企业带来的损失。

◎ 合同保障企业根本利益

股权激励的约束机制应该包含在合同内，即企业必须和激励对象签订具有法律效力的合同，这样能够防止或者避免部分激励对象故意"找茬儿"，影响企业的正常化管理。

签订约束机制合同的流程

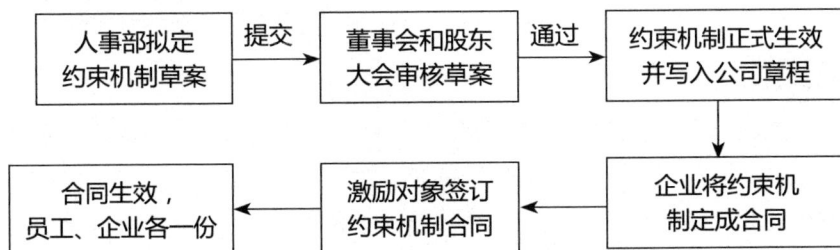

```
┌──────────────┐  提交   ┌──────────────┐  通过   ┌──────────────┐
│ 人事部拟定    │ ──────→ │ 董事会和股东   │ ──────→ │ 约束机制正式生效 │
│ 约束机制草案  │         │ 大会审核草案   │         │ 并写入公司章程  │
└──────────────┘         └──────────────┘         └──────────────┘
                                                           │
                                                           ↓
┌──────────────┐         ┌──────────────┐         ┌──────────────┐
│ 合同生效，    │ ←────── │ 激励对象签订   │ ←────── │ 企业将约束机   │
│ 员工、企业各一份 │      │ 约束机制合同   │         │ 制定成合同     │
└──────────────┘         └──────────────┘         └──────────────┘
```

约束机制相关的合同有哪些

《股权激励时间表》

《股权激励董事会决议书》

《股权激励解锁确认书》

《劳动合同》
（修订后版本）

约束机制的
相关合同

《股权激励行权确认书》

《公司章程修改建议书》

《股权激励协议书》

《公司股权激励管理制度》

核心内容

核心内容

核心内容

《中华人民共和国公司法》第12条规定"公司的经营范围由公司章程规定，并依法登记。公司可以修改公司章程，改变经营范围，但是应当依法办理变更登记"。公司的经营范围的变更需要进行两个步骤：一是修改公司章程；二是依法办理变更登记。

股权激励管理制度内容主要包括完善股权激励的实施条件，明确激励对象的范围；加强公司自治的决策空间，明确绩效考核指标、股票定价机制和预留权益比例；强化公司内部监督与市场约束，对决策、授予、执行等环节提出更加细化的要求。

企业的发展周期主要分为初创期、成长期、成熟期和衰退期。不同阶段有不同的策略。比如，初创期很难有现金奖励给员工，长期激励特别是股份就成为首选。激励对象最好是全体员工，将每个员工的利益和公司捆绑在一起，促进企业的发展。

小贴士

股权激励计划的设计最终需要体现在股权激励计划方案等具体的文件、文本上。因此，股权激励计划方案和相关配套制度文件的起草在企业实施股权激励计划过程中起着十分重要的作用，企业实施股权激励计划的思路要落实到具体的合同和文件中。

劳动合同也是必不可少的

劳动合同中必备的条款

劳动合同期限
法律规定合同期限分为 3 种，包括有固定期限、无固定期限和以完成一定的工作为合同期限。用人单位与劳动者在协商选择合同期限时，应根据双方的实际情况和需要来约定。

工作内容
在工作内容中，双方可以约定工作性质、工作环境、工作方法及工作质量要求等内容。企业可以签订短期的岗位协议作为附件，还可以约定变更岗位条款的条件。企业掌握签订劳动合同的技巧，可以避免因变更岗位条款和员工协商不一致而发生的争议。

劳动保护
劳动保护包括工作时间、休息休假、各项劳动安全与卫生的措施、对员工的劳动保护措施与制度、用人单位为不同岗位劳动者提供的劳动及工作的必要条件。

劳动报酬
条款中需要说明劳动者的标准工资、加班加点工资、奖金、津贴、补贴的数额及支付时间和支付方式等。

劳动纪律
条款应当将用人单位制定的规章制度约定进合同，可采取将内部规章制度印制成册，作为合同附件的形式加以简要约定。

违反劳动合同的责任
违约不是指一般性的违约，而是指严重违约致使劳动合同无法继续履行，如职工违约离职、职工泄露商业机密等，劳动合同中有两种违约责任形式，一种是一方违约赔偿给对方造成的经济损失，即赔偿损失的方式；另一种是约定违约金的方式，采用违约金方式应当根据职工一方承受能力来约定具体金额，避免出现有失公平的情形。

◎ 法律的约束能力最强

股权激励计划的实施离不开相关法律的支持，因为法律是从属于宪法的强制性规范，具有不可抗拒性，其约束力是最强的。所以，企业可借助于法律来制定自己的约束机制。表 3-1 所示为企业可以借鉴的相关法律条文。

表 3-1　企业约束机制需要借鉴的法律条文

法律法规	具体条文
《中华人民共和国合同法》	第 107 条　当事人一方不履行合同义务或者履行合同义务不符合约定的，应当承担继续履行、采取补救措施或者赔偿损失等违约责任
	第 113 条　当事人一方不履行合同义务或者履行合同义务不符合约定，给对方造成损失的，损失赔偿额应当相当于因违约所造成的损失，包括合同履行后可以获得的利益
	第 113 条　约定的违约金低于造成的损失的，当事人可以请求人民法院或者仲裁机构予以增加；约定的违约金高于造成的损失的，当事人可以请求人民法院或者仲裁机构予以适当减少
《中华人民共和国公司法》	第 20 条　公司股东应当遵守法律、行政法规和公司章程，依法行使股东权利，不得滥用股东权利损害公司或者其他股东的利益；不得滥用公司法人独立地位和股东有限责任损害公司债权人的利益。公司股东滥用股东权利给公司或者其他股东造成损失的，应当依法承担赔偿责任
	第 21 条　公司的控股股东、实际控制人、董事、监事和高级管理人员不得利用其关联关系损害公司利益。违反前款规定，给公司造成损失的，应当承担赔偿责任
	第 22 条　公司股东会或股东大会、董事会的决议内容违反法律、行政法规的无效
	第 28 条　股东不按照规定缴纳出资的，除应当向公司足额缴纳外，还应当向已按期足额缴纳出资的股东承担违约责任
	第 200 条　公司的发起人、股东虚假出资，未交付或者未按期交付作为出资的货币或者非货币财产的，由公司登记机关责令改正，处以虚假出资金额 5% 以上 15% 以下的罚款

◎ 执行机构约束员工的行为

企业可以借助于执行机构来监督和约束员工的行为。例如，人事部门统领整个企业的行政人事的事务，对企业股权激励计划的开展具有举足轻重的意义。

人事部门约束员工的行为

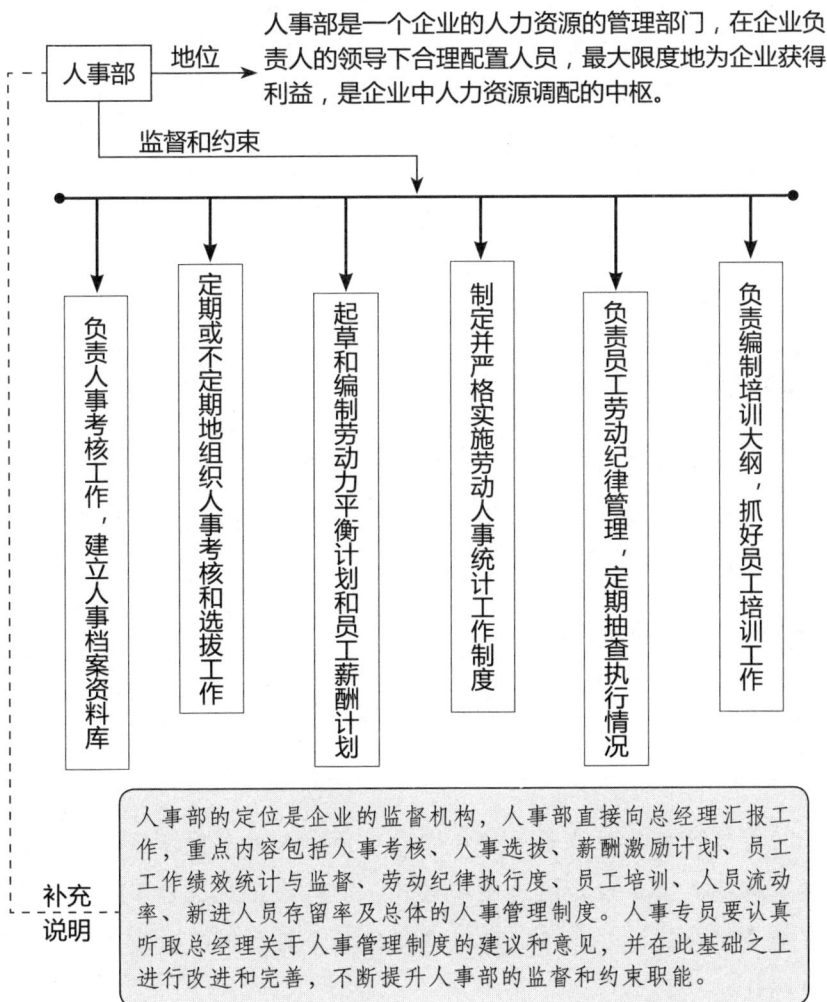

人事部是一个企业的人力资源的管理部门，在企业负责人的领导下合理配置人员，最大限度地为企业获得利益，是企业中人力资源调配的中枢。

人事部 — 地位 →

监督和约束

- 负责人事考核工作，建立人事档案资料库
- 定期或不定期地组织人事考核和选拔工作
- 起草和编制劳动力平衡计划和员工薪酬计划
- 制定并严格实施劳动人事统计工作制度
- 负责员工劳动纪律管理，定期抽查执行情况
- 负责编制培训大纲，抓好员工培训工作

补充说明

人事部的定位是企业的监督机构，人事部直接向总经理汇报工作，重点内容包括人事考核、人事选拔、薪酬激励计划、员工工作绩效统计与监督、劳动纪律执行度、员工培训、人员流动率、新进人员存留率及总体的人事管理制度。人事专员要认真听取总经理关于人事管理制度的建议和意见，并在此基础之上进行改进和完善，不断提升人事部的监督和约束职能。

软性的约束机制

所谓软性约束，是以内心驱动为核心的约束机制，是硬约束机制的补充性内容，其实质就是道德约束，主要包括媒体约束、道德约束、偏好约束和团队约束。相对于硬性约束机制而言，软性约束机制更具灵活性，企业管理者可以借助于软性约束机制来留住企业所需要的人才。

◎ 媒体约束，立竿见影

在互联网技术的推动下，互联网媒体成为传播信息最快、传播面最广和传播信息成本最低的媒介。因此，企业可以利用媒体来约束激励对象，规避其短期行为。下面通过一个案例来了解企业该如何利用媒体来约束激励对象的短期行为。

案例陈述

随着机械销售行业竞争的加剧，一部分企业由于经营不善导致大批员工离职，企业最后被迫宣布破产。甲机械企业迫于形势的严峻，为提升员工的工作积极性、增强企业的竞争力和团队凝聚力而推行股权激励计划。

2015 年 1 月 1 日，甲企业制订并通过了《限制性股票激励计划》，以发行新股的方式，向激励对象发行 100 万股限制性股票。郭某、沈某、刘某和王某等 8 名高管是此次股权激励对象，其股权结构如下图所示。

```
        ┌──────────────┐              ┌──────────────┐
        │  发起人持股   │              │   员工持股    │
        └──────┬───────┘              └──────┬───────┘
          ┌────┴────┐                        │
          ▼         ▼                        │
  ┌──────────────┐ ┌──────────────┐          │
  │ 实际控股人持股 │ │ 一般发起人持股 │          │
  └──┬────────┬──┘ └──────┬───────┘          │
     ▼        ▼           ▼                  ▼
┌────────┐┌────────┐┌────────┐┌──────────────────┐
│ 高某控股 ││ 夏某控股 ││ 蒋某控股 ││  高管/骨干员工控股  │
│58.79%  ││22.25%  ││ 8.75%  ││     10.21%       │
└───┬────┘└───┬────┘└───┬────┘└────────┬─────────┘
    └─────────┴────┬────┴──────────────┘
                   ▼  合计
            ┌──────────────┐
            │  发行股票     │
            │  100 万股     │
            └──────────────┘
```

2016 年 9 月 1 日，甲企业为留住部分核心高管，与以郭某为首的八名高管签订了承诺函，内容为"在未来 3 年内，本人不以书面的形式向公司提出辞职、不连续旷工超过 7 日、不发生侵占公司资产并导致公司利益受损的行为，若违反上述承诺，自愿承担对公司的违约责任并向公司支付违约金"。

2019 年 5 月，高管郭某、沈某和刘某 3 人先后向甲企业提交辞呈，并先后离开公司，3 位高管在离职后均跳槽到同行，在同行企业中也担任相同的职务。甲企业得知该消息后，企业联系到已经跳槽的高管，要求他们支付相应的赔偿金，但是却遭到了高管的拒绝。

2019 年 6 月，甲企业向当地的各大媒体披露了这件事，几位离职高管在合同效力和舆论压力之下，向企业支付了违约金，并遵守之前签订的承诺函，离职后不在同行就职。

通过以上案例可以看出，媒体约束对于激励对象的约束作用非常大，有立竿见影的效果。此外，企业还应该思考股权激励应采用哪种持股方式才是最佳的，具体内容如下图所示。

◎ 道德约束，以理服人

道德约束，简而言之，就是用道德来约束行为。企业可利用的道德约束，包括职业品德、职业纪律、专业胜任能力及职业责任等方面，通过规范激励对象在职业活动中的行为，强调激励对象对企业所肩负的道德责任与义务。

职业道德的基本要求

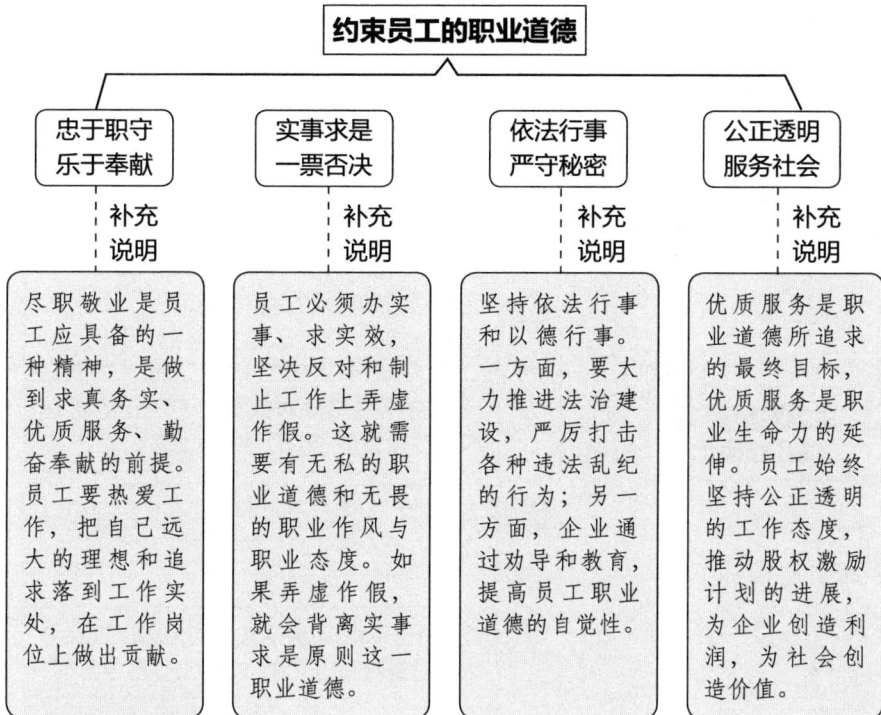

约束员工的职业道德

忠于职守 乐于奉献	实事求是 一票否决	依法行事 严守秘密	公正透明 服务社会
补充 说明	补充 说明	补充 说明	补充 说明

尽职敬业是员工应具备的一种精神，是做到求真务实、优质服务、勤奋奉献的前提。员工要热爱工作，把自己远大的理想和追求落到工作实处，在工作岗位上做出贡献。	员工必须办实事、求实效，坚决反对和制止工作上弄虚作假。这就需要有无私的职业道德和无畏的职业作风与职业态度。如果弄虚作假，就会背离实事求是原则这一职业道德。	坚持依法行事和以德行事。一方面，要大力推进法治建设，严厉打击各种违法乱纪的行为；另一方面，企业通过劝导和教育，提高员工职业道德的自觉性。	优质服务是职业道德所追求的最终目标，优质服务是职业生命力的延伸。员工始终坚持公正透明的工作态度，推动股权激励计划的进展，为企业创造利润，为社会创造价值。

职业道德的特性

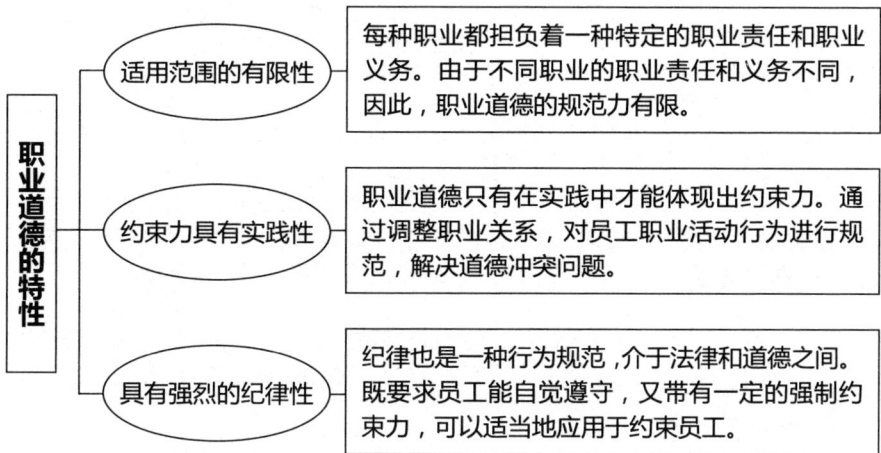

职业道德的特性

- 适用范围的有限性 — 每种职业都担负着一种特定的职业责任和职业义务。由于不同职业的职业责任和义务不同，因此，职业道德的规范力有限。

- 约束力具有实践性 — 职业道德只有在实践中才能体现出约束力。通过调整职业关系，对员工职业活动行为进行规范，解决道德冲突问题。

- 具有强烈的纪律性 — 纪律也是一种行为规范，介于法律和道德之间。既要求员工能自觉遵守，又带有一定的强制约束力，可以适当地应用于约束员工。

◎ 偏好约束，因人而异

偏好约束是指在实施股权激励约束的过程中，企业首先要考虑的是激励对象的偏好，以经济利益为前提的约束，综合其偏好所形成的综合性约束机制。

多元化的偏好约束机制

激励对象要实现经营理念 —— 约束步骤

① 企业对激励对象的能力、忠诚度、业绩和团队协作能力等方面的指标进行考核。

② 考核合格的激励对象被授予一定的管理权，并设置适当的管理权考核期。

③ 若激励对象通过考核期，那么，企业可以正式执行人事任命，内部选拔人才。

激励对象更重于风险挑战 —— 约束步骤

① 企业根据激励对象的实际能力和以往业绩为其量身打造出一套风险型业绩考核方案。

② 若激励对象达标，企业则授予丰厚的奖金，若没有达标，企业只发放基本工资。

③ 风险型激励对象的数量并非多多益善，企业需实时控制风险承受能力。

激励对象偏向于物质激励 —— 约束步骤

① 企业全方位地考核激励对象的业绩和能力，制定一套薪酬激励方案。

② 若激励对象在规定的考核期达到了约定的业绩标准，则授予股权或者奖金。

③ 企业将激励对象作为标榜，扩大激励对象的影响力，营造良好的竞争氛围。

激励对象偏好于荣誉	约束步骤	①	为达到约束的效果，企业首先应该丰富内部的荣誉性奖励内容。
		②	企业善于发现员工的优点，并定期组织和开展表彰大会，为员工颁奖。
		③	以个人荣誉为基础，企业需逐步将其过渡到团体荣誉，增强团队的凝聚力。
激励对象注重于精神约束	约束步骤	①	企业管理者加强与激励对象之间的交流，尤其是工作、管理和问题处理等方面。
		②	通过给予表现优秀的员工奖状、口头称赞、表扬等方式，使员工获得精神上的满足。
		③	企业筛选出具有发展潜力的员工，给予继续学习和深造的机会，让员工受益终身。

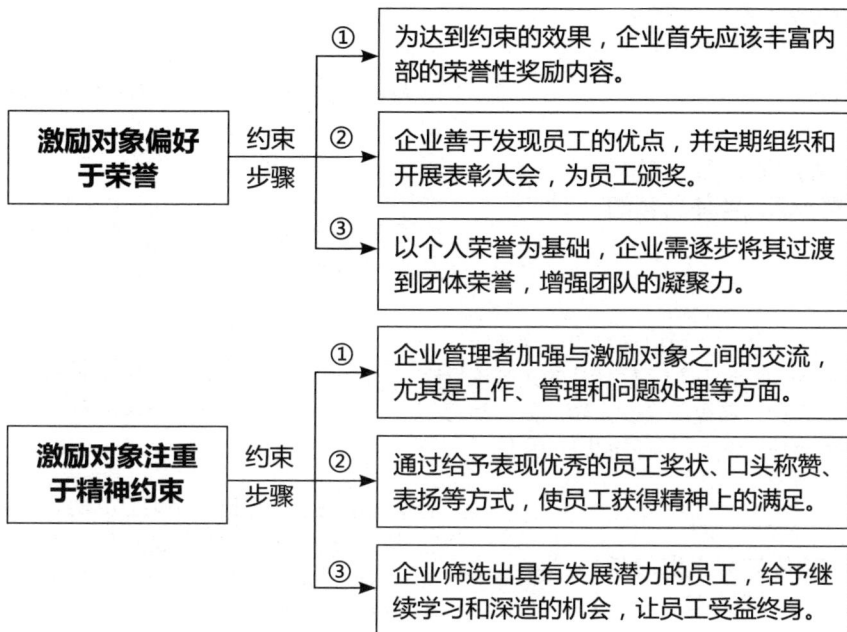

◎ 团体约束，大局为重

团体约束是指作为企业内部成立的激励对象团体，通过该团体能够维护激励对象和企业的合法权益，也能够达到约束激励对象短期行为的目的。

认识法人团体

法人团体是什么

?

法人团体是指为法律承认有存在权利和责任，并且其发起人、董事和成员分开的社会组织。

补充说明

公司作为一个法人团体，有独立的名称，并以此签订契约、起诉和应诉，且可经过合法手续宣告解散而终止。法人团体的财产不属于法人团体的个别成员，而是法人团体所有。

法人团体的特性

法人团体的财产是赋予法人团体所有的

法人团体财产并不属于法人团体的个别成员。因此，法人团体成员转让其股份时，法人财产的正式所有权并没有发生改变。而合伙财产是赋予合伙人所有的。因此，如果任意一个合伙人死亡、退休或破产，则合伙产业的业主权会发生相应变化。

在法人团体中，可以通过自由买卖转让公司股份及其他利益，且转让的人数不受限制。但是，若有新合伙人要加入，他必须得到全体合伙人同意才能加入组织。

公司股份及其他利益可以自由转让

法人团体是人为拟制的团体

公司虽然在法律上是一个独立的法人，但它毕竟只是一个人为拟制的团体，而非自然，因此，企业需要制订一系列复杂的规则来规范、调整法人团体与公司的责任关系，进而达到约束激励对象行为的目的。

公司签署的契约和所欠的债务由公司负责，法人团队对公司债务承担负有限责任，仅以其出资额为限，公司成员对公司债务不负直接责任。

对公司债务不负直接责任

第4章

落到实处，股权激励的落地

企业实施股权激励需要按照一定的操作步骤进行，从成立股权激励团队到完善股权激励配套文件，再从修改公司章程到股权激励正式实施，这一系列的操作流程都是比较固定的。为保证股权激励的效果，企业要遵循操作流程。

第一步，成立股权激励团队

　　股权激励计划的执行依赖于一个团队，主要包括董事会、股东大会、监事会、薪酬委员会和法务小组，该团队在企业管理者的领导下有序开展股权激励，涵盖了股权激励的决策、执行等多方面的事务。

◎ 企业最高决策机构——董事会

　　股权激励计划的开展需要经过最高决策机构的批准，一般而言，企业的最高决策机构是董事会。

认识董事会

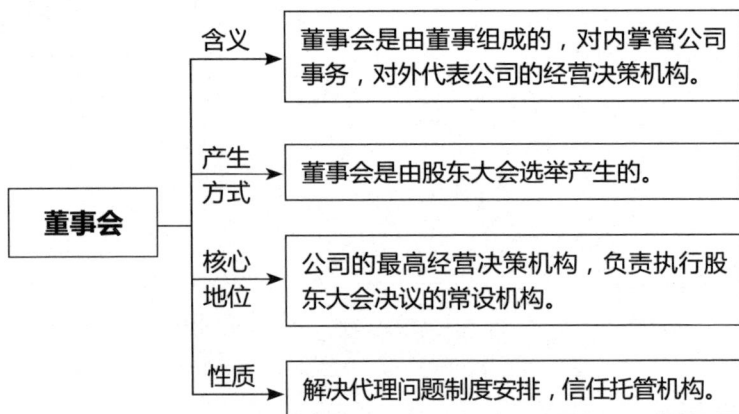

董事会	含义	董事会是由董事组成的，对内掌管公司事务，对外代表公司的经营决策机构。
	产生方式	董事会是由股东大会选举产生的。
	核心地位	公司的最高经营决策机构，负责执行股东大会决议的常设机构。
	性质	解决代理问题制度安排，信任托管机构。

董事会的职责

主要义务：制作和保存董事会的议事录、备置公司章程和各种簿册；及时向股东大会报告资本的盈亏情况；在公司资不抵债时向有关机关申请破产等。

董事会

负责对象 → 股东大会

职权

① 召集股东会会议，并向股东会报告工作。

② 执行股东会的决议。

③ 决定公司的经营计划和投资方案。

④ 制定公司的年度财务预算方案、决算方案。

⑤ 制定公司的利润分配方案和弥补亏损方案。

⑥ 制定公司增加或者减少注册资本以及发行公司债券的方案。

⑦ 制定公司合并、分立、解散或者变更公司形式的方案。

⑧ 决定公司内部管理机构的设置。

⑨ 决定聘任或者解聘公司经理及其报酬事项，并根据经理的提名决定聘任或者解聘公司副经理、财务负责人及其报酬事项。

⑩ 制定公司的基本管理制度及公司章程规定的其他职权。

董事会会议召开的流程

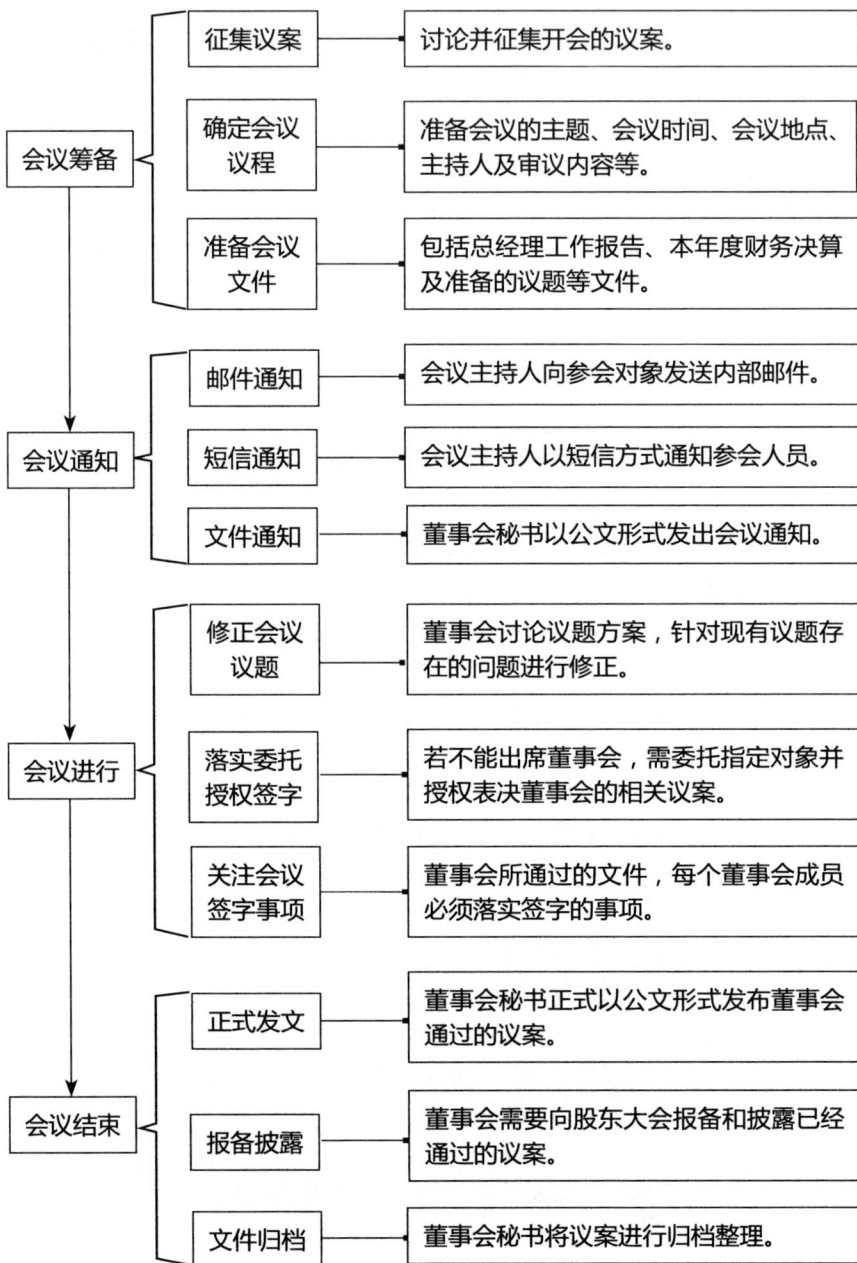

会议筹备

- 征集议案 → 讨论并征集开会的议案。
- 确定会议议程 → 准备会议的主题、会议时间、会议地点、主持人及审议内容等。
- 准备会议文件 → 包括总经理工作报告、本年度财务决算及准备的议题等文件。

会议通知

- 邮件通知 → 会议主持人向参会对象发送内部邮件。
- 短信通知 → 会议主持人以短信方式通知参会人员。
- 文件通知 → 董事会秘书以公文形式发出会议通知。

会议进行

- 修正会议议题 → 董事会讨论议题方案，针对现有议题存在的问题进行修正。
- 落实委托授权签字 → 若不能出席董事会，需委托指定对象并授权表决董事会的相关议案。
- 关注会议签字事项 → 董事会所通过的文件，每个董事会成员必须落实签字的事项。

会议结束

- 正式发文 → 董事会秘书正式以公文形式发布董事会通过的议案。
- 报备披露 → 董事会需要向股东大会报备和披露已经通过的议案。
- 文件归档 → 董事会秘书将议案进行归档整理。

◎ 企业最高权力机关——股东大会

股权激励计划的实施需要借助于权力机关，通常情况下，股东大会扮演着最高权力机关这个至关重要的角色。

了解股东大会

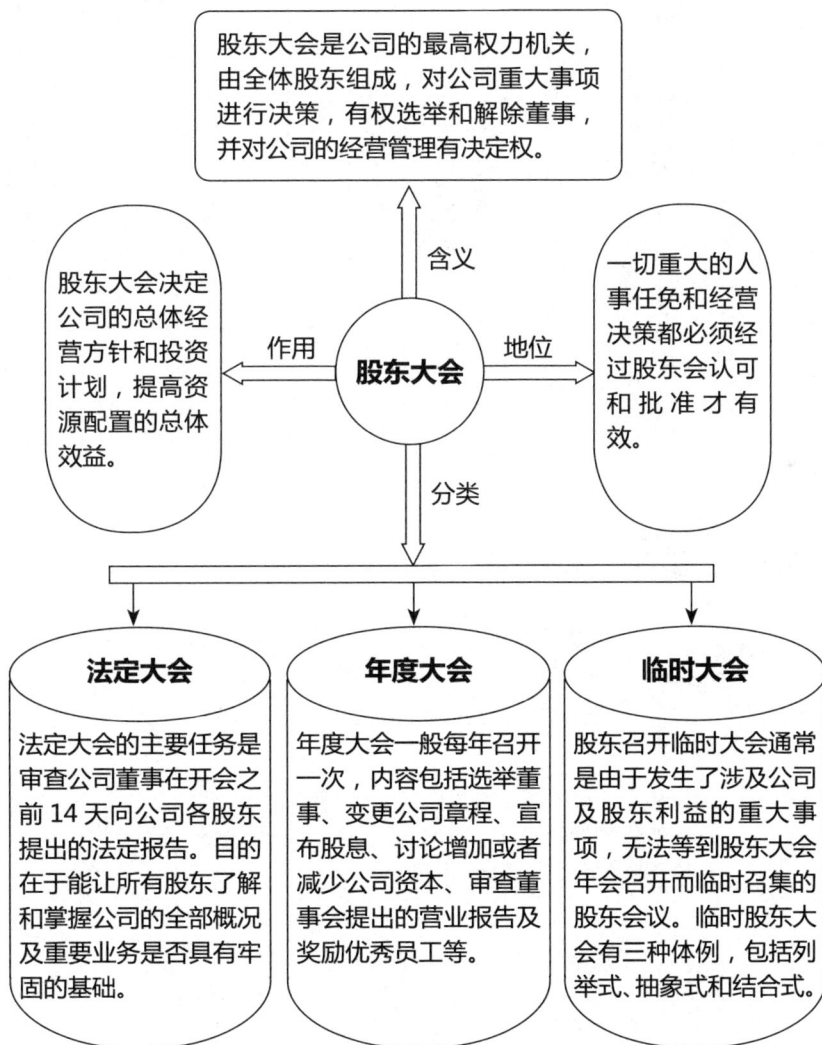

股东大会是公司的最高权力机关，由全体股东组成，对公司重大事项进行决策，有权选举和解除董事，并对公司的经营管理有决定权。

含义

股东大会决定公司的总体经营方针和投资计划，提高资源配置的总体效益。

作用

股东大会

地位

一切重大的人事任免和经营决策都必须经过股东会认可和批准才有效。

分类

法定大会

法定大会的主要任务是审查公司董事在开会之前 14 天向公司各股东提出的法定报告。目的在于能让所有股东了解和掌握公司的全部概况及重要业务是否具有牢固的基础。

年度大会

年度大会一般每年召开一次，内容包括选举董事、变更公司章程、宣布股息、讨论增加或者减少公司资本、审查董事会提出的营业报告及奖励优秀员工等。

临时大会

股东召开临时大会通常是由于发生了涉及公司及股东利益的重大事项，无法等到股东大会年会召开而临时召集的股东会议。临时股东大会有三种体例，包括列举式、抽象式和结合式。

股东大会的职权

| 董事会召集 | → | 董事长主持 | 监督 | 股东大会行使职权 |

决定公司的经营方针和投资计划

选举和更换董事，决定有关董事的报酬

选举和更换由股东代表出任的监事，决定有关监事的报酬事项，审议批准董事会的报告

审议批准公司的利润分配方案和弥补亏损方案

审议批推公司的年度财务预算方案、决算方案审议批准监事会的报告，

对公司增加或者减少注册资本做出决议

对公司发行债券做出决议

对股东向股东以外的人转让出资做出决议（本项为有限责任公司股东会议特有的职权）

对公司合并、分立、解散和清算等事项做出决议

修改公司章程，以及公司章程规定需由股东大会决定的事项

股东大会决议的内容

会议通知到会股东 召开股东会会议，应该于会议召开 15 日前通知全体股东。会议召开时需统计到会股东情况和股东弃权情况。

股东会会议的具体表决结果由持赞同意见的股东所代表的股份数，占出席股东大会的股东所持的股份总数的比例来决定。 **会议决议状况**

会议主持状况 首次会议由出资最多的股东召集和主持，董事长因特殊缘故不能履行职务时，由董事长指定的副董事长或其他董事主持。

◎ 企业薪酬的制定机构——薪酬委员会

股权激励计划的开展会涉及股权的分配和薪酬分配。因此，企业必须设立专门的薪酬分配机构，即成立薪酬委员会。

熟悉薪酬委员会

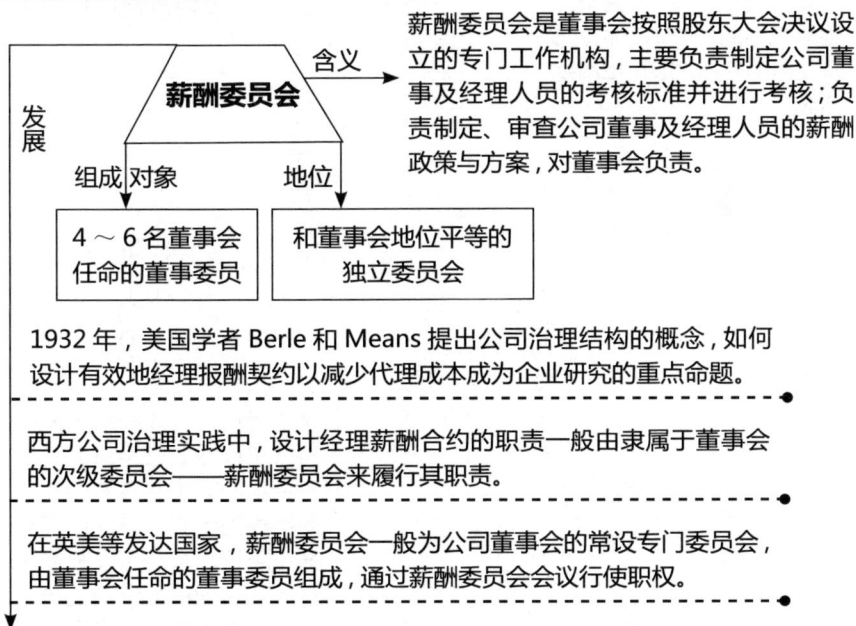

薪酬委员会是董事会按照股东大会决议设立的专门工作机构，主要负责制定公司董事及经理人员的考核标准并进行考核；负责制定、审查公司董事及经理人员的薪酬政策与方案，对董事会负责。

含义

发展

薪酬委员会

组成对象 —— 4～6 名董事会任命的董事委员

地位 —— 和董事会地位平等的独立委员会

1932 年，美国学者 Berle 和 Means 提出公司治理结构的概念，如何设计有效地经理报酬契约以减少代理成本成为企业研究的重点命题。

西方公司治理实践中，设计经理薪酬合约的职责一般由隶属于董事会的次级委员会——薪酬委员会来履行其职责。

在英美等发达国家，薪酬委员会一般为公司董事会的常设专门委员会，由董事会任命的董事委员组成，通过薪酬委员会会议行使职权。

薪酬委员会的运作流程

会议召开前 7 日通知全体委员 → 主任委员主持会议

→ 全体委员参会数达 2/3 以上 → 会议正常举行

→ 临时会议的紧急决议 → 通信表决的方式

→ 全体委员半数通过决议 → 决议方能生效

薪酬委员会的职权

厘定全体执行董事及高级管理人员的特定薪酬待遇，包括非金钱利益、退休金及赔偿金（包括丧失或终止职务或委任的赔偿）。应考虑的因素包括同类公司支付的薪酬、董事任职时间和董事职责等。

检讨及批准向执行董事及高级管理人员支付的与丧失或终止职务或委任有关的赔偿，以确保赔偿按有关合约条款厘定，若未能按有关合约条款厘定，赔偿亦须公平合理，不会对公司造成过重负担。

制定薪酬绩效方案

辅助人事岗位工作

制定赔偿合约

借助于外部力量

首先，研究董事、经理人员的选择标准和程序，并向董事会提出建议；其次，广泛搜寻合格的董事和经理人员的人选；并对董事候选人和经理人选进行审查并提出建议；最后，研究和审查董事、高级管理人员的薪酬政策、方案和考核标准，有针对性地提出建议。

薪酬委员会在履行职责时，根据工作需要可邀请具备相关经验的人士及独立专业咨询机构的专家出席会议或召开专家评审会，可以聘请独立专业咨询机构参与董事、高级管理人员薪酬方案的制定。

小贴士

薪酬委员会履行的主要职能有评估激励对象绩效、制定和监督经理薪酬计划、制定员工退休金及利润分享等收益计划。但是企业能否制定行之有效的报酬契约来解决激励问题，是衡量薪酬委员会是否不可或缺的重要标准。

◎ 企业的监督机构——监事会

由于公司股东比较分散，每个股东专业知识和能力差别很大，为保证股权激励计划的公平性，企业应该设置专门的监督机构，即设置监事会来监督股权激励的实施。

初识监事会

监事的任期每届为 3 年。监事任期届满，连选可以连任。监事会成员的卸任与免职的原因和方法与董事基本相同，监事在任期届满时自然卸任。

定义：监事会是由股东大会选举的，对公司的业务活动进行监督和检查的法定常设机构。

任职期限

监事会

设置目的：为防止董事会、经理滥用职权，损害公司和股东利益，就需要在股东大会上选出专门的监督机关，代表股东大会行使监督职能。

组成：有限责任公司设监事会，其成员不得少于 3 人。股东人数较少或者规模较小的有限责任公司，可以设 1～2 名监事，不设监事会。董事、高级管理人员不得兼任监事。

监事会的议事规则

议事规则

监事会会议的召集和主持 ——补充说明：监事会会议必须由有召集主持权的人召集和主持，否则，监事会会议不能召开，即使召开，其决议也不产生效力。

监事会决议的表决与通过 ——补充说明：监事会决议应当经半数以上监事通过。据此，监事会决议的表决应遵行两个原则，一是"一人一票"原则，即每个监事享有一票表决权；二是多数通过原则，即监事会决议需经半数以上监事表决通过。

监事会的职权

1 检查公司财务。

2 对董事、高级管理人员执行公司职务的行为进行监督，对违反法律、行政法规、公司章程或者股东会决议的董事、高级管理人员提出罢免建议。

3 当董事、高级管理人员的行为损害公司的利益时，要求董事、高级管理人员予以纠正。

4 提议召开临时股东会会议，在董事会不履行公司规定的召集和主持股东会会议职责时召集和主持股东会会议。

5 向股东会会议提出提案。

6 依照《中华人民共和国公司法》第152条的规定，对董事、高级管理人员提起诉讼。

7 公司章程规定的其他职权。

监事会对业务的监督

监事会的监督作用

财务监督

随时调查公司的财务状况，审查账册文件，并审核董事会编制的提供给股东大会的报表，把审核意见向股东大会报告。

经营监督

当董事或经理人员执行业务时违反法律、公司章程及从事登记营业范围之外的业务时，监事会有权通知他们停止其行为。

诉讼监督

当公司与董事发生诉讼时，除法律的规定外，由监事会代表公司作为诉讼一方与董事进行交涉，处理有关法律事宜。

第二步，完善股权激励的配套文件

股权激励计划会涉及一些法律问题，为避免企业触碰到法律"红线"，企业必须完善股权激励的配套文件。例如，股权激励的合同文件、商业保密书及竞争行业限制书等。

◎ 股权激励的基础合同——《股权激励协议书》

《股权激励协议书》是对股权激励相关事宜的详细说明，最大限度降低了股权激励的法律纠纷概率。下面通过实际案例来了解企业应该如何撰写《股权激励协议书》。

案例陈述

某医药销售企业为了增强员工的工作积极性，提升销售团队的战斗力，对内实施股权激励计划，具体方案如下所示。

《×× 医药企业股权激励协议书》

甲方：_____   乙方：_____

名称：_____   姓名：_____

地址：_____　　地址：_____

法人代表：_____　　身份证号：_____

身份证号：_____　　电话：_____

电话：_____

甲、乙双方本着自愿、公平、平等互利、诚实信用的原则，根据《中华人民共和国公司法》《公司章程》《股权期权激励规定》，甲乙双方就股权期权购买、持有、行权等有关事项达成如下协议：

第一条　甲方及公司基本状况

甲方为××有限公司（以下简称"公司"）的原始股东，公司设立时注册资本为人民币____万元，甲方出资额为人民币____万元，本协议签订时甲方占公司注册资本的____%，是公司的实际控制人。甲方出于对公司长期发展的考虑，授权乙方在符合本协议约定条件的情况下，以优惠价格认购甲方持有公司____%的股权。

……

第七条　预备期及行权期的考核标准

乙方被公司聘任为董事、监事和高级管理人员，应当保证公司经营管理状况良好，每年年度净资产收益率不低于____%或者实现净利润不少于人民币____万元或者业务指标为____。

第八条　乙方丧失行权资格的情形

在本协议约定的行权期到来之前或者乙方尚未实际行使股权认购权（包括预备期及行权期），乙方出现下列情形之一，即丧失股权行权资格：

1.因辞职、解雇、退休及离职等原因与公司解除劳动协议关系的；

2.丧失劳动能力或民事行为能力或者死亡的；

3. 违反法律法规或者是刑事犯罪被追究刑事责任的；

……

第九条 行权价格

乙方同意在行权期内认购股权的，认购价格为＿＿，即每1%股权乙方须付甲方认购款人民币＿＿元。乙方每年认购股权的比例为 50%。

第十条 乙方转让股权的限制性规定

乙方受让甲方股权成为公司股东后，其应当遵守以下约定：

乙方转让其股权时，甲方具有优先购买权，即甲方拥有优先于公司其他股东及任何外部人员的权利，转让价格为＿＿＿＿＿＿。

（1）在乙方受让甲方股权后，3 年内（含 3 年）转让该股权的，股权转让价格依照第八条执行；

（2）在乙方受让甲方股权后，3 年以上转让该股权的，每1%股权转让价格以公司上一个月财务报表中的每股净资产状况为准。

……

第十四条 附则

1. 本协议自双方签订之日起生效。

2. 本协议未尽事宜由双方另行签订补充协议，补充协议与本协议具有同等效力。

3. 本协议内容如与《股权期权激励规定》发生冲突，以《股权期权激励规定》为准。

4. 本协议一式两份，甲乙双方各执一份，两份具有同等效力。

甲方：(签名)＿＿＿＿＿＿＿＿　　乙方：(签名)＿＿＿＿＿＿＿＿

＿＿＿年＿＿月＿＿日　　　　＿＿＿年＿＿月＿＿日

通过如上案例可得出如下图所示的结论。

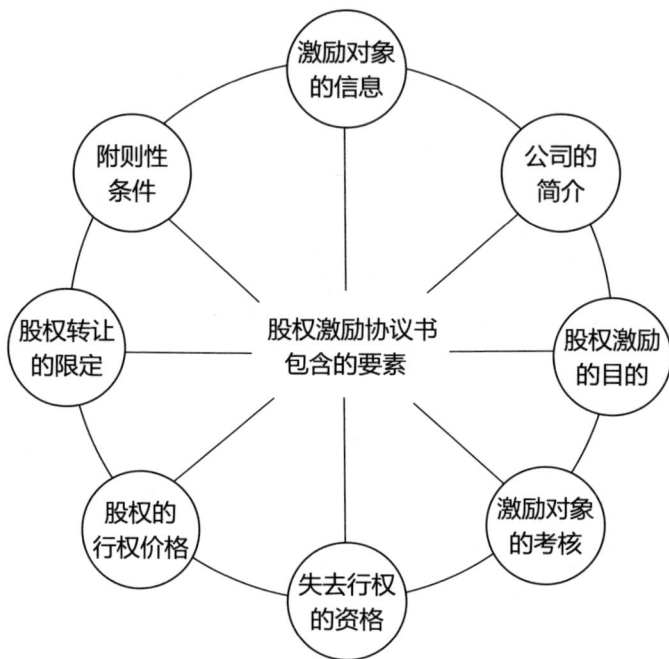

◎ 保护企业的商业机密——《商业机密保密协议书》

因为股权的激励对象一般都是企业高管和核心骨干，他／她们掌握了企业的核心商业机密，为了保证商业机密不被泄露，企业必须和股权激励对象签订《商业机密保密协议书》。下面通过实际案例来认识《商业机密保密协议书》的撰写要点。

案例陈述

某科技企业为留住研发部的核心人才而实行股权激励计划，在激励开展过程中，研发部接手了一个新项目。由于新项目中涉及许多商业机密，企业为确保商业机密不被泄露，和激励对象签订了《商业机密保密协议书》，具体内容如下所示。

《××企业商业机密保密协议书》

因乙方现正在为甲方提供服务和履行职务，已经知悉甲方的商业秘密。为明确乙方的保密义务，保护甲方的商业机密，防止该商业机密被公开披露或以任何形式泄露，根据《中华人民共和国合同法》《中华人民共和国反不正当竞争法》，甲、乙双方本着平等、自愿、公平和诚实信用的原则签订本保密协议。

第一条 商业机密的内容

1. 本协议所称商业机密包括：技术信息、专有技术、经营信息和甲方公司《文件管理办法》中被列为绝密、机密级的各项文件。乙方对此商业秘密承担保密义务。

2. 技术信息指甲方拥有或获得的有关生产和产品销售的技术方案、制造方法、工艺流程、计算机软件、数据库、实验结果、技术数据、图纸、样品、样机、模型、模具、说明书、操作手册、技术文档、涉及商业秘密的业务函电等一切有关的信息。

……

第二条 保密义务人

1. 乙方为本协议的保密义务人。保密义务人是指为甲方提供相关服务而知悉甲方商业秘密，甲方向保密义务人支付报酬_____元/月。

2. 保密义务人在履行职务期间不组织、参加或计划组织、参加任何竞争企业或从事任何不正当使用公司商业秘密的行为。

……

第三条 保密义务人的义务

1. 保密义务人对其因身份、职务、职业或技术关系而知悉的公司商业秘密应严格保守，保证不被披露或使用，包括意外或过失。

2. 在服务关系期间，保密义务人未经授权，不得以竞争为目的、出于私利或为第三人谋利，擅自披露、使用商业机密。

3. 服务关系结束后，公司保密义务人应将与工作有关的技术资料、试验设备、试验材料和客户名单等交还公司。

……

第四条 保密义务的终止

1. 公司授权同意披露或使用商业秘密。

2. 有关的信息、技术等已进入公共领域。

3. 乙方劳动合同已经履行完毕，不影响其保密义务的承担。

……

第五条 违约责任

1. 保密义务人违反协议中的保密义务，应承担违约责任并向甲方支付违约金。乙方如将商业秘密泄露给第三人或使用商业秘密使公司遭受损失的，乙方以不低于甲方商业机密许可使用费的合理数额作为赔偿额。

2. 因乙方的违约或侵权行为侵犯了甲方的商业机密权利的，甲方根据本协议、国家有关法律以及法律规定，可要求乙方承担侵权责任。

3. 因乙方恶意泄露商业秘密给公司造成严重后果的，公司将通过法律手段追究其侵权责任，甚至追究其刑事责任。

……

第六条 纠纷的解决方法

因执行本协议而发生纠纷的，可以由双方协商解决或共同委托双方信任的第三方调解，按该委员会的规则进行仲裁，仲裁结果是终局性的，对双方均有约束力。

第七条：协议的效力和变更

1.本协议自双方签字或盖章后生效。

2.本协议的任何修改必须经过双方的书面同意。

3.本协议一式两份，甲乙双方各执一份。

甲方：（签名）_____ 乙方：（签名）_____

_____年_____月_____日 _____年_____月_____日

通过如上案例得出如下图所示的结论。

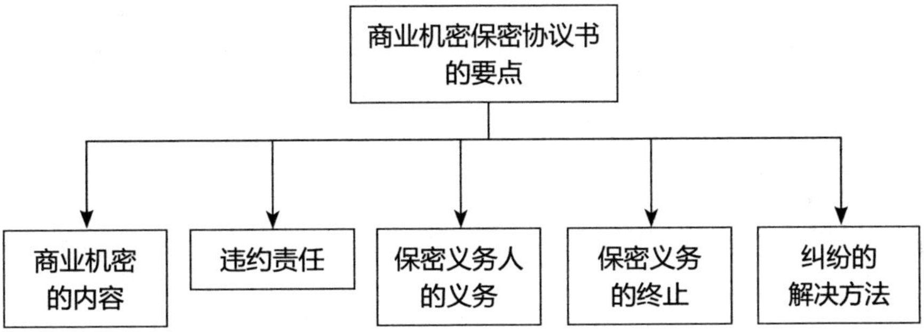

◎ **股权激励的考核指标——《股权激励的考核办法》**

为了公平地考核激励对象的工作绩效，企业需要制定一套科学的股权激励考核办法。下面将以案例阐述如何制定股权激励的考核办法。

案例陈述

某化妆品企业为彰显股权激励计划的公平性，对内公布了《股权激励考核办法》，具体内容如下所示。

《××企业股权激励考核办法》

××股份有限公司（以下简称"公司"）为进一步完善公司治理结构，健全公司激励机制，为配合股权计划的实施，现根据《中华人民共和国公司法》《公司章程》及其他有关法律、法规规定，制定本办法。

第一条 考核目的

本办法通过对公司高级管理人员、中层管理人员和核心技术人员的态度、能力、业绩等工作绩效的正确评价，进而积极地利用股权激励机制，提高管理绩效，实现公司和全体股东利益最大化。

第二条 考核组织职责权限

1. 由董事会下设的薪酬与考核委员会负责组织和审核考核工作。

2. 由公司薪酬委员会工作小组负责具体实施考核工作，负责相关考核数据的收集和提供，并对数据的真实性和准确性负责。

第三条 考核对象

公司董事、高级管理人员、核心业务人员及特殊贡献人员。

第四条 考核办法

1. 运用平衡计分卡（BSC）的概念，针对股权激励对象中、高级管理人员，从财务、客户、内部流程与学习成长4个维度考虑应关注的关键增值领域，具体内容如表4-1所示。

表4-1 ××企业管理人员的股权激励考核办法表

考核项目	考核指标	权重
财务维度	销售额、回款额、目标完成率、业绩增长率	25%
客户维度	客户满意度、老客户维护率、新客户开发率	25%
内部流程维度	标准化、程序化、数据化和IT化的"四化建设"	25%
学习与成长维度	组织能力建设、人才培养、团队协作能力	25%

2.对于股权激励对象中的核心技术人员，各岗位考核指标的目标值和权重由其上级领导会同薪酬委员会确定，具体内容如表4-2所示。

表4-2　××企业核心技术员工的股权激励考核办法表

考核项目	项目说明	考核指标	权重
工作业绩	在岗位说明书中列出的，对本岗位工作有重要意义的关键业绩指标	销售额、毛利率、费用率、存货周转率、一次性交货合格率、采购及时率、投诉处理及时率	60%
工作能力	具备本岗位要求的知识与业务技能标准	计划与决策能力、协调与组织能力、领导能力、创新能力、	25%
工作态度	工作主动性、责任感、团队精神和纪律性	工作积极性、团队沟通能力、认同企业文化程度	15%

3.绩效考核期间：20×× 至20×× 年3个会计年度。

……

第五条　考核流程

1.年度考核由公司薪酬委员会工作小组负责具体考核操作，根据年度工作业绩目标的实际完成情况，跟踪汇总考核数据。

2.每一考核年度由公司制定激励对象年度考核目标指标，并签订《年度岗位目标考核责任书》。

……

第六条　考核结果等级及行权条件

1.激励对象的绩效考核结果分为优、良、中、差4档，按正态分布原则确定各档次的人数，具体内容如表4-3所示。

表4-3　××企业考核结果等级标准表

考核等级	考核结果得分	等级人员的比例
优	90分及以上	10%～20%
良	85～90分	40%～50%

续表

考核等级	考核结果得分	等级人员的比例
中	80～85分	10%～20%
差	80分以下	5%～10%

2. 若激励对象的年度考核结果为良及以上，则可以申请当年标的股票的行权；若激励对象的年度绩效考核结果为差，则取消其当年标的股票的行权资格。

第七条　考核结果反馈

1. 薪酬委员会工作小组保留绩效考核所有考核记录，考核结果作为保密资料归档保存。

2. 考核期内如遇到重大不可抗力因素或特殊原因影响工作业绩的，薪酬委员会可以对偏差较大的激励对象的考核结果进行修正。

第八条　附则

本办法由董事会负责制定、解释及修订。本办法自公司董事会审议通过之日起开始实施。

××股份有限公司

20××年××月××日

通过如上案例得出如下的结论。

《股权激励计划考核办法》
所包含的内容有哪些

?

包括考核目的、考核组织职责权限、考核对象、考核办法、考核流程及考核结果评定和行权条件……

补充说明

其中，考核办法是重中之重，因为涉及不同岗位的绩效考核。为保证股权激励的公平性，企业应制定出符合岗位特性的绩效考核方案。

◎ 反不正当竞争——《竞业禁止协议》

在股权激励计划开展过程中可能会出现员工跳槽到同行中的情况，这种情况可能会给企业带来较大的经济损失，企业可以通过《竞业禁止协议》来保护自身的合法权益。

案例陈述

某建材销售企业为了提升销售团队的战斗力而实施股权激励，但是在实施过程中却频频出现激励对象跳槽到同行企业的现象，甚至泄露了企业的商业机密，为遏制这种现象，企业制定了《竞业禁止协议》，具体内容如下所示。

《×× 企业竞业禁止协议》

甲方：_____ 乙方：_____

地址：_____ 现居地：_____

法人代表：_____ 身份证号：_____

电话：_____ 电话：_____

鉴于乙方任职期间已经或有可能将要接触、知悉甲方商业秘密且离职后应承担竞业禁止的义务，为维护双方的合法权益，根据国家有关法律法规，本着平等、自愿、公平、诚信的原则，甲乙双方经协商一致，共同订立本协议。

第一条 甲方权利义务

1. 甲方有权要求中高层管理人员、高级技术人员、技术业务骨干、营销管理人员、营销业务骨干和有可能知悉甲方商业秘密的关键岗位的人员签订本协议。

2. 甲方在乙方遵守本合同的前提下，在乙方竞业禁止期间，即与乙方劳动关系解除或中止后____年内，每月向乙方按其离职前一年从甲方获得的平均月工资的____%的标准支付补偿金。

3. 甲方有权对商业秘密及竞业范围进行解释。

……

第二条　乙方的权利义务

1. 乙方在甲方任职期间，应当遵守甲方规定的任何成文或不成文的保密规章、制度，履行与其工作岗位相应的保密职责。

2. 乙方在甲方任职期间或与甲方解除或中止劳动关系两年内不得有下列行为：

（1）自营或者为他人经营与甲方同类或类似的业务；

（2）受聘于(包括正式聘用或以其他方式提供劳务、技术指导、咨询等服务)与甲方同类或类似行业的企业；

（3）直接、间接或帮助他人劝诱甲方企业内掌握商业秘密的职工或关键岗位的职工离开企业；

……

第三条　违约责任

1. 甲方无正当理由不履行本协议义务，拒绝支付乙方的竞业限制补偿金的，甲方除如数向乙方支付约定的竞业限制补偿金外，还应当向乙方一次性支付违约金____元。

2. 乙方不履行本协议规定的义务，除退还取得的补偿金外，还应一次性向甲方支付违约金____元，同时乙方因违约行为所获得的收益应当归甲方所有。

3. 如乙方不能按本协议要求提交约定的证明材料，则应该视为乙方未履行竞业限制协议约定的义务，甲方有权按本竞业禁止协议参考上述条款追究乙方的违约责任。

第四条　争议的解决

因本协议引起的纠纷，可以由甲、乙双方协商解决，协商不成的，任何一方均可向甲方所在地人民法院提起诉讼。

第五条　双方声明

本竞业禁止协议完全出于甲乙双方的真实意图，乙方没有受到甲方的任何暗示、强迫。甲乙双方完全自愿。

第六条　附则

1.本协议未尽事宜，经甲乙双方协商一致可另行签订补充协议。

2.《商业秘密管理规定》为本协议的组件，与本协议具有同等效力。

3.本协议经双方签字或盖章之日起生效，甲乙双方各执一份，具有同等法律效力。

甲方：（盖章）＿＿＿＿＿＿＿　乙方：（签名）＿＿＿＿＿＿＿＿＿

＿＿＿年＿＿＿月＿＿＿日　　　＿＿＿年＿＿＿月＿＿＿日

通过如上案例得出如下图所示的结论。

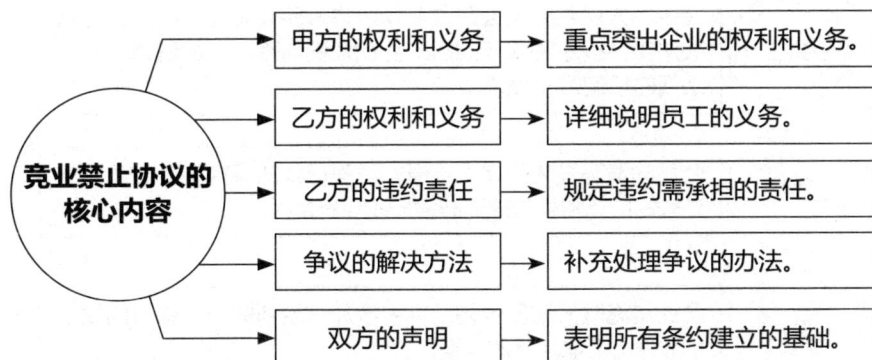

第三步，修改公司的章程

股权激励计划开展过程中会涉及修改公司规章制度、增减股东名单及增持企业股份等问题，因为公司章程肩负调整公司活动的责任，对公司具有重要的意义，所以，企业管理者需要十分谨慎地进行该环节的操作。

◎ 修改公司章程的程序

公司章程的修改必须遵循法定的程序，以此作为公司章程变更的规制与引导，保证公司章程变更的效率性和民主性。

公司章程修改的必要性

必要性一	《中华人民共和国公司法》《中华人民共和国合同法》及有关法律、行政法规修改后，公司章程与修改后的法律、行政法规的规定相冲突。
必要性二	公司的情况发生变化，与原始章程记载的事项不一致。为保证公司的正常化管理而必须修改公司章程。
必要性三	企业实施股权激励计划，其中涉及一系列的章程修改问题，由股东大会决定修改章程。

公司章程修改的流程

```
董事会做出          董事会提出          公司召开
修改公司章程的决议  →  章程修改草案   →   股东大会
```

```
股东大会对章程修改   补充    《中华人民共和国公司法》明确规定：
条款进行表决        说明    "有限责任公司修改公司章程，须经代
                          表 2/3 以上表决权的股东通过；股份有限
                          公司修改章程，须经出席股东大会的股
                          东所持表决权的 2/3 以上通过。"
```

```
2/3 以上的    否    决议不能通过   →   重新修改决议的草案
股东通过
```

是

公司章程的修改涉及
需要审批的事项   →   公司章程应报政府主管机关批准

公司章程的修改涉及
要登记事项   →   公司章程应报公司登记机关核准

公司章程的修改涉及
公告事项   →   公司章程应依法进行公告

流程

```
公司向公司登记机关    否    登记事项是否      公司向工商行政部门
提交修改后的公司章   ←    涉及备案     ←    申请变更登记
程和公司章程修正案
```

是

```
公司将修改的公司章程或公司章    补充
程修正案送公司登记机关备案      说明
```

为避免登记管理机关存留的公司章程与修改后公司章程的不一致，同时便于登记机关掌握公司情况，方便监督管理，公司通过修改公司章程的决议后，应当将修改后的公司章程或者公司章程修正案送原登记机关备案。

◎ 确定股权激励计划的合法权源

确定股权激励计划的合法权源是开展股权激励计划的基础步骤，因为股权激励计划直接关系到企业现有股权的稀释问题，若稍有不慎，则可能导致企业的绝对控股权被动摇。

股权激励计划股票的来源

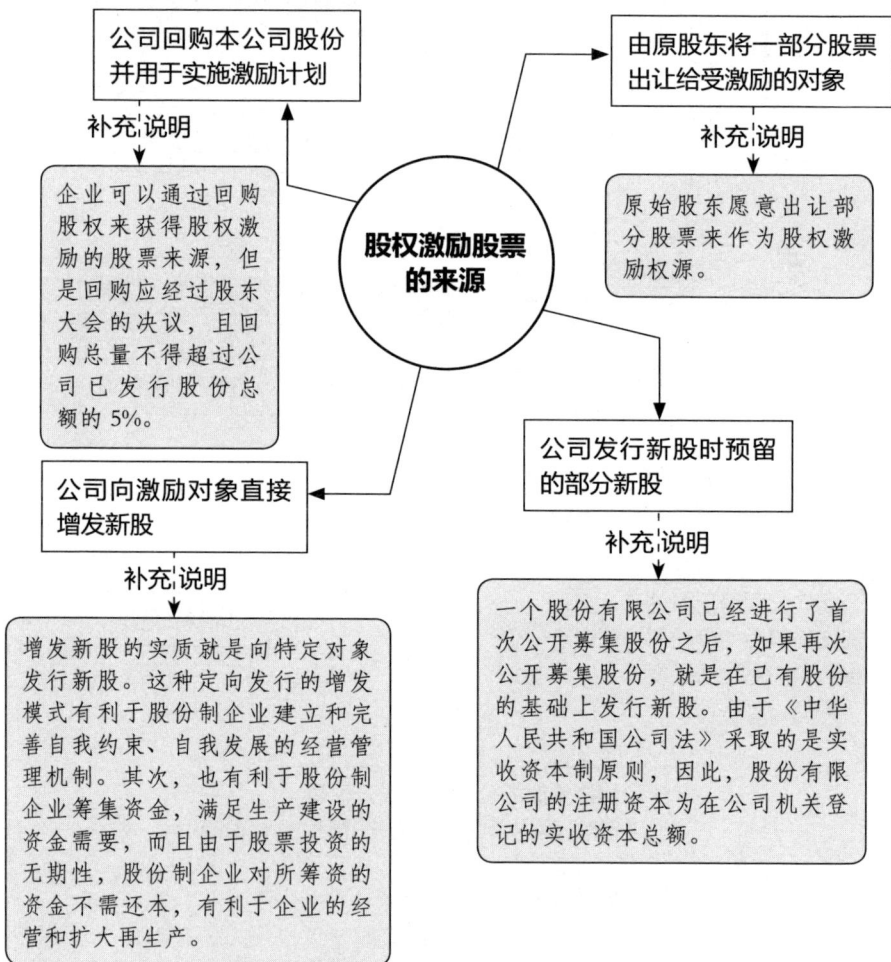

公司回购本公司股份并用于实施激励计划

由原股东将一部分股票出让给受激励的对象

补充说明

企业可以通过回购股权来获得股权激励的股票来源，但是回购应经过股东大会的决议，且回购总量不得超过公司已发行股份总额的5%。

股权激励股票的来源

补充说明

原始股东愿意出让部分股票来作为股权激励权源。

公司向激励对象直接增发新股

公司发行新股时预留的部分新股

补充说明

增发新股的实质就是向特定对象发行新股。这种定向发行的增发模式有利于股份制企业建立和完善自我约束、自我发展的经营管理机制。其次，也有利于股份制企业筹集资金，满足生产建设的资金需要，而且由于股票投资的无期性，股份制企业对所筹资的资金不需还本，有利于企业的经营和扩大再生产。

补充说明

一个股份有限公司已经进行了首次公开募集股份之后，如果再次公开募集股份，就是在已有股份的基础上发行新股。由于《中华人民共和国公司法》采取的是实收资本制原则，因此，股份有限公司的注册资本为在公司机关登记的实收资本总额。

◎ 确定股权激励计划的执行机构

股权激励计划的重点对象就是管理层和技术层，为保证激励的公平性，这两者不能成为激励计划的执行机构。一般而言，董事会和股东大会是充当"监督人"的执行机构。

股权激励计划的授权基础

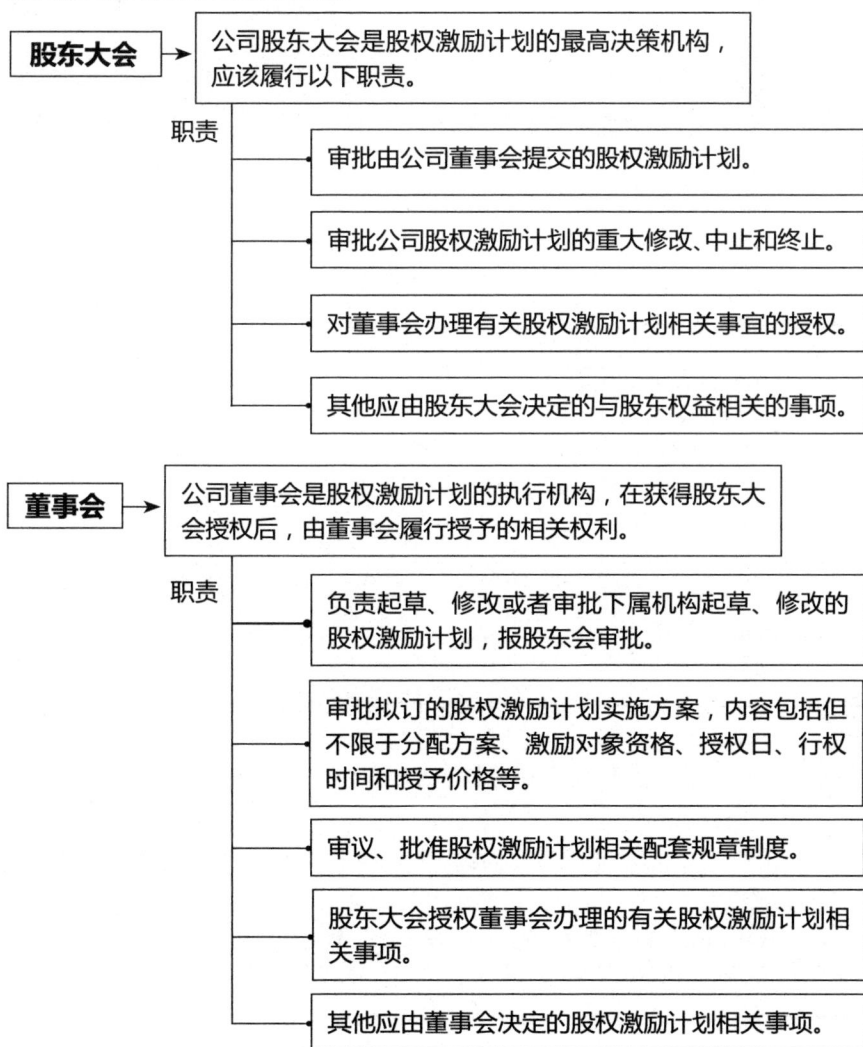

股东大会 → 公司股东大会是股权激励计划的最高决策机构，应该履行以下职责。

职责
- 审批由公司董事会提交的股权激励计划。
- 审批公司股权激励计划的重大修改、中止和终止。
- 对董事会办理有关股权激励计划相关事宜的授权。
- 其他应由股东大会决定的与股东权益相关的事项。

董事会 → 公司董事会是股权激励计划的执行机构，在获得股东大会授权后，由董事会履行授予的相关权利。

职责
- 负责起草、修改或者审批下属机构起草、修改的股权激励计划，报股东会审批。
- 审批拟订的股权激励计划实施方案，内容包括但不限于分配方案、激励对象资格、授权日、行权时间和授予价格等。
- 审议、批准股权激励计划相关配套规章制度。
- 股东大会授权董事会办理的有关股权激励计划相关事项。
- 其他应由董事会决定的股权激励计划相关事项。

◎ 关于激励对象的持股利益分配

股权激励的持股利益若分配不公平，则会让激励对象感到所持有的股份没有实际价值，致使股权激励计划达不到预期的激励效果。

股权激励计划的持股分配是根据各个岗位层级来分类的，具体内容如表4-4所示。

表4-4 股权激励对象的持股利益分配表

激励层级	岗位设置	每名激励对象获授分红权比例	激励人数	股权合计
决策层	董事长/副董事长	1%	1	3%～4%
	董事长助理	1%	1	
	总经理/副总经理	1～2%	2	
管理层	总监/副总监	2%～3%	3	18%～26%
	主管/副主管	3%～5%	5	
	部门经理	5%～8%	8	
	部门组长	8%～10%	10	
骨干层	总工程师/副总工程师	10%～15%	15	38%～68%
	技术工程师	15%～20%	20	
	售后工程师	10%～20%	20	
	技术专员	8%～13%	25	
特殊贡献	对企业做出重大贡献的员工	1%～2%	视情况而定	1%～2%

由表格内容得出结论

1 股权激励分层级进行，确保股权激励涵盖了企业内部的各个岗位。

2 股权激励的重点对象是管理层和技术层，有利于留住企业的核心人才。

3 股权激励对象应该考虑到特殊贡献员工，激励数量应视具体情况而定。

第四步，股权激励计划的实施

股权激励计划实施前要梳理具体的操作步骤，首先要确定股权激励工具；其次是确保股权激励流程要清晰；然后是规定股权激励的周期；最后是完善股权激励的退出机制并形成一套科学的股权激励考核方案。

◎ 设计股权激励方案

由于股权激励工具的多元化，为保证股权激励计划的顺利开展，企业应该根据自身的实际情况来设计一套科学的股权激励方案，其中重点包括激励对象的资格、划分不同岗位的持股数量及股权性质转化的办法等内容。

确定股权激励的对象及其资格

管理层的资格

1. 任职时间不得低于 5 年。
2. 担任企业的重要职务，例如，总经理、销售区域经理、财务主管、技术总监及人事主管等。
3. 具有独立带领团队能力，善于提升团队的战斗力和凝聚力。
4. 高度认同企业文化，始终以企业利益为导向。

核心层的资格

1. 任职时间不得低于 3 年。
2. 拥有丰富的工作经验，能够独当一面地开展工作，能够及时地处理岗位中的各种复杂问题。
3. 获得两次及以上"公司优秀员工"称号的员工。
4. 具有较强的团队合作意识。

特殊员工的资格

1. 任职时间不得低于两年。
2. 及时地帮助公司解决重大问题，例如，化解公关危机、引进新技术提升生产效率或者解决法律纠纷问题。
3. 特殊贡献的员工成为激励对象必须经过董事会、股东大会和管理层的一致决定。

设计激励对象的持股数量

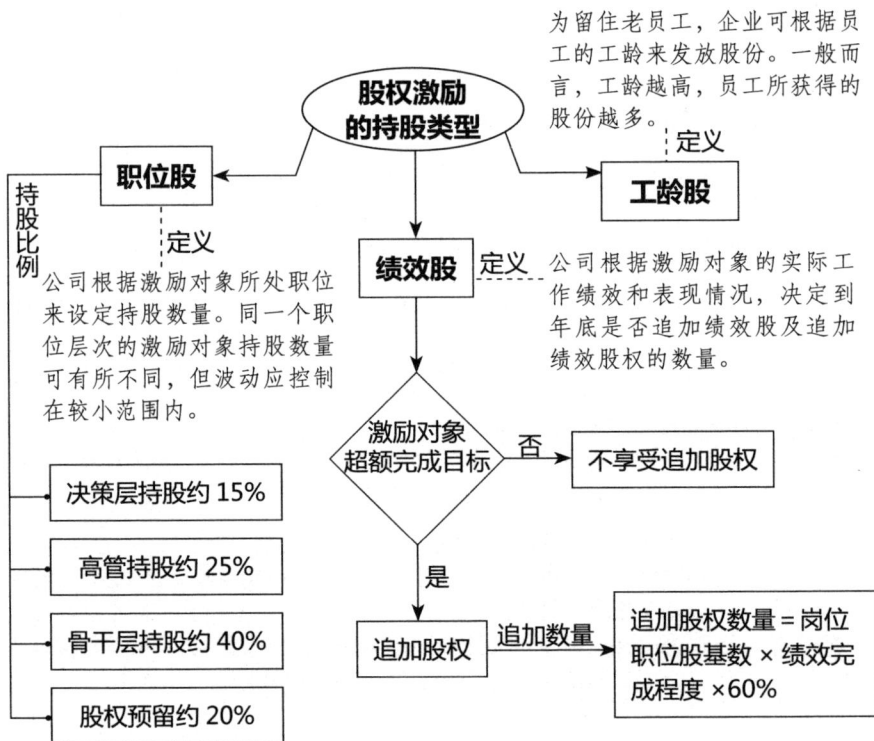

为留住老员工，企业可根据员工的工龄来发放股份。一般而言，工龄越高，员工所获得的股份越多。

股权激励的持股类型

职位股

定义

持股比例

公司根据激励对象所处职位来设定持股数量。同一个职位层次的激励对象持股数量可有所不同，但波动应控制在较小范围内。

- 决策层持股约 15%
- 高管持股约 25%
- 骨干层持股约 40%
- 股权预留约 20%

工龄股 ---- 定义

绩效股 ---- 定义 公司根据激励对象的实际工作绩效和表现情况，决定到年底是否追加绩效股及追加绩效股权的数量。

激励对象超额完成目标 —否→ **不享受追加股权**

↓ 是

追加股权 —追加数量→ 追加股权数量＝岗位职位基数 × 绩效完成程度 ×60%

股权变动的因素和转化的办法

股权变动的因素

正常变动因素

- 升职
- 超额绩效
- 重大贡献
- 工龄增加

非正常变动因素

- 离职
- 辞退
- 解约

转化方法

转化方法

现金转化

分红转化

强制性转化

将激励对象所持有的股权按照一定比例折算为现金，并发放给激励对象。

按照激励对象所持股权在到年终分配时参与分红兑现，按比例折算具体分红数额。

非正常因素的股权变动采用强制性转化办法。若激励对象在工作过程中出现降级、待岗处分等处罚时，公司有权减少或取消其分红收益权和股权享有权。

股权激励的分红流程

公司建立分红基金 → 考核当年的经营目标 → 完成经营目标 — 否 → 不参与激励分红

完成经营目标 — 是 ↓

制定激励分红的提取计划 ← 确定激励分红的对象和数量 ← 正式实施分红方案

◎ 制定股权激励计划方案的审核流程

股权激励计划的审校流程也应该严格地按照一定的流程来执行，一般而言，股权激励计划的审核流程主要是由董事会、股东大会、监事会和薪酬委员会这 4 个机构来执行的。

股权激励计划的审核流程

◎ 律师对股权激励计划出具法律意见书

企业实施股权激励应该聘请专业的律师团队来评估股权激励计划的可行性和风险性，在降低激励计划纠纷概率的同时，也能够确保股权激励计划不触碰法律的"红线"。

律师的法律意见书

律师出具的法律意见书的内容

- 公司是否符合法律规定的实行股权激励的条件。

- 股权激励计划的内容是否符合法律、法规的规定。

- 股权激励计划的拟定、审议、公示等程序是否符合法律规定。

- 股权激励对象的确定是否符合相关法律、法规的规定。

- 公司是否已按照工商行政部门的相关要求履行信息披露义务。

- 公司是否为激励对象提供财务资助。

- 股权激励计划是否存在明显损害上市公司及全体股东利益和违反有关法律、行政法规的情形。

- 拟作为激励对象的董事或与其存在关联关系的董事是否根据本办法的规定进行了回避。

- 其他应当说明的事项。

◎ 完善股权激励的退出机制

股权激励的开展过程中难免会遇到激励对象中途退出的情况，为了避免激励对象在退出过程中和公司产生纠纷，企业应该完善股权激励退出机制。

按照股权的期限来制定退出机制

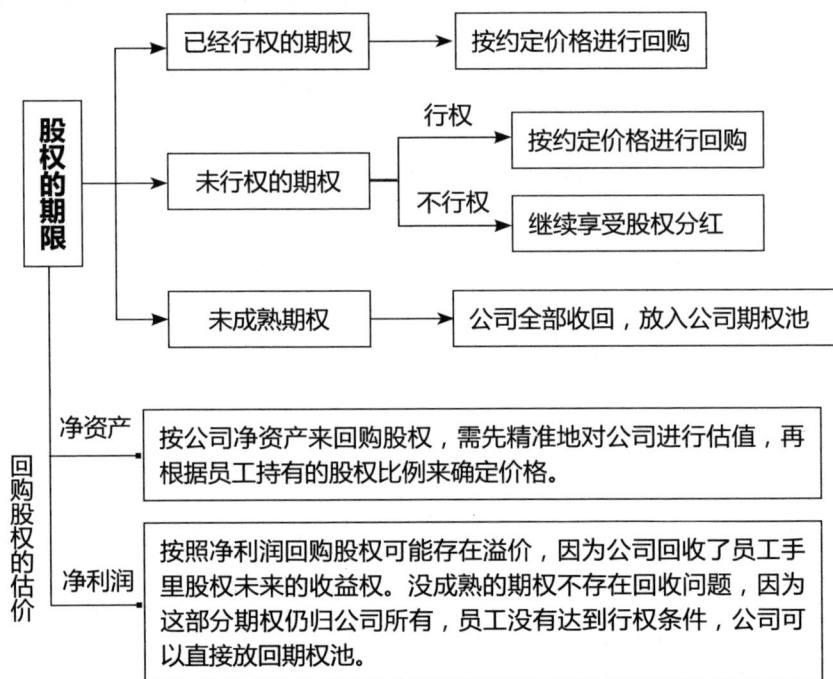

```
                    ┌─ 已经行权的期权 ──────→ 按约定价格进行回购
                    │
                    │                      行权 ──→ 按约定价格进行回购
        股          ├─ 未行权的期权 ──┤
        权          │                      不行权 ─→ 继续享受股权分红
        的
        期          └─ 未成熟期权 ────────→ 公司全部收回，放入公司期权池
        限
```

回购股权的估价

净资产：按公司净资产来回购股权，需先精准地对公司进行估值，再根据员工持有的股权比例来确定价格。

净利润：按照净利润回购股权可能存在溢价，因为公司回收了员工手里股权未来的收益权。没成熟的期权不存在回收问题，因为这部分期权仍归公司所有，员工没有达到行权条件，公司可以直接放回期权池。

第5章

拓展发力，股权激励的延伸

企业在实施股权激励计划的过程中会受到外部客观环境的影响，由于不同企业实施股权激励的方式不同，可能会导致股权激励的发挥具有一定局限性。为了充分发挥股权激励计划的功效，企业可以将股权激励进行拓展，即同时使用多种激励工具。

组合优化，股权激励发挥无边威力

企业在实施股权激励的过程中可以同时使用多种激励方案，充分利用多种激励工具优劣互补的特点，全方位地发挥股权激励的作用，让其更好地为企业发展而服务。

◎ 强强联合：干股＋实股

企业只给员工收益而不让员工获得管理权，会增加管理者的负担。如果只给员工管理权而不让员工获得收益，又可能会造成企业的绝对控股权被稀释。但采取"干股＋实股"的模式，则可完美地解决这些问题。

"干股＋实股"模式

干股

干股是指未出资而获得的股份。干股只能够享受分红权，不具备管理权，其具体的权利和义务由企业内部规定。

＋

实股

实股指能够代表企业的形式权利，包括投票权、否决权、分享红利权、参加股东大会及参与企业重大决策等。

下面我们通过一个实例来了解一下，企业该如何实施"干股＋实股"模式的股权激励方案。

案例陈述

某互联网信息技术企业在实施股权激励过程中出现了只分给员工干股，企业管理者任何琐事都亲力亲为，负担非常重的现象，后来调整为实股，但是又出现员工利用私权谋福利的问题。为了解决当前的问题，企业召开股东大会，决定推行"干股＋实股"模式，具体方案如下所示。

《××企业实施"干股＋实股"激励方案（内部稿）》

第一条 股权激励的目的

为促进企业战略性发展，稳定企业的核心团队，使团队更具凝聚力和战斗力，故制定本激励方案。

第二条 "干股＋实股"激励计划的授予对象

董事会、高级管理者、中级管理层和核心层。

第三条 股权激励的授予对象比例和数量

企业以各个岗位层级的贡献值为维度，确定各个岗位所持有股权的比例和数量，分配方案如表5-1所示。

表5-1 ××企业不同岗位层级的股权分配方案

岗位层级	岗位总人数（人）	拟定激励人数（人）	岗位贡献	持股分配比重
董事会	8	2	大	10%
高级管理者	15	3	大	15%
中级管理者	32	10	中	20%
核心员工	86	30	中	30%
重大贡献员工	—	—	大	1%～2%

第四条 干股的激励方案

1. 干股的实施基础性操作

企业在增资扩股过程中，鼓励高级管理者、中级管理者和核心技术员工出资购股，捆绑激励对象与企业的利益。

2. 干股激励的实施方案

干股激励分配以岗位对企业的贡献值和业绩表现为依据，具体考核方案如表5-2所示。

表5-2 ××企业的干股激励考核方案

考核单位	考核周期	考核结果	奖惩方案
个人	月／次	超额完成业绩	适当地增加股权，其范围控制在1%～2%
		未完成规定业绩	暂停发放部分激励分红，直至下次完成业绩和任务
部门	季度／次	团队的完成业绩	主管和员工获得额外的激励分红，主管提名竞选中级管理
		团队销售下滑幅度大	主管和员工扣除部分激励分红，主管承担绝大部分责任
企业	半年／次	净盈利超过预期指标	全体激励对象均可获得额外的激励分红
		净盈利严重缩水	全体激励对象都扣除一定比例的激励分红，主管的惩罚加倍

第五条 实股激励方案

1. 开展实股激励的目的

实股激励的重点是将管理权分给员工，减轻企业管理者的负担。

2. 实股激励的落地办法

企业以工作能力、组织能力及团队协作能力为考核标准，给表现优秀的员工发放实股，具体方案如表5-3所示。

表 5-3　××企业的干股激励考核方案

考核指标	考核标准	考核得分	持股权重
工作能力	工作能力强，保质保量完成业绩指标	90～100 分	3%
	工作能力较强，能够完成业绩指标	80～90 分	1%
	工作能力差，不能完成业绩指标	80 分以下	无
组织能力	组织能力强，高效率地投入工作中	90～100 分	2%
	组织能力较强，灵活处理工作	80～90 分	1%
	组织能力差，不能协调工作各种要素	80 分以下	无
团队协作能力	团队合作意识强，能够带领团队工作	90～100 分	2%
	团队合作意识较强，团队交流较顺利	80～90 分	0.5%
	团队合作意识差，完全不顾团队进度	80 分以下	无

企业股东大会对该激励方案进行全方位的考核，充分了解了方案的可行性、实施环境及实施风险，借鉴了前两次股权激励的失败经验，开始了第三次股权激励。

在"干股+实股"这两驾马车的带领下，企业的年度销售业绩突破千万元，内部大量的优秀人才被挖掘出来，企业的管理负担减轻，员工也得到了锻炼。

通过如上案例可以得出如下结论。

"干股+实股"激励模式实施的意义

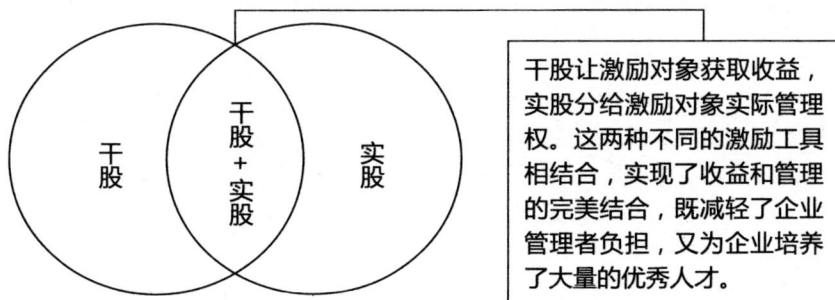

干股｜干股+实股｜实股

干股让激励对象获取收益，实股分给激励对象实际管理权。这两种不同的激励工具相结合，实现了收益和管理的完美结合，既减轻了企业管理者负担，又为企业培养了大量的优秀人才。

◎ 三权分立：虚拟股票 + 业绩股票 + 股票期权

虚拟股票激励、业绩股票激励和股票期权是股权激励计划中运用得最广泛的激励工具，因为每种激励工具运用方式灵活，因此非常适合于中小型企业，但是每种激励工具存在的缺陷也非常明显。若企业能将这 3 种激励工具相结合，将会碰撞出不一样的火花。

三权分立的激励模式

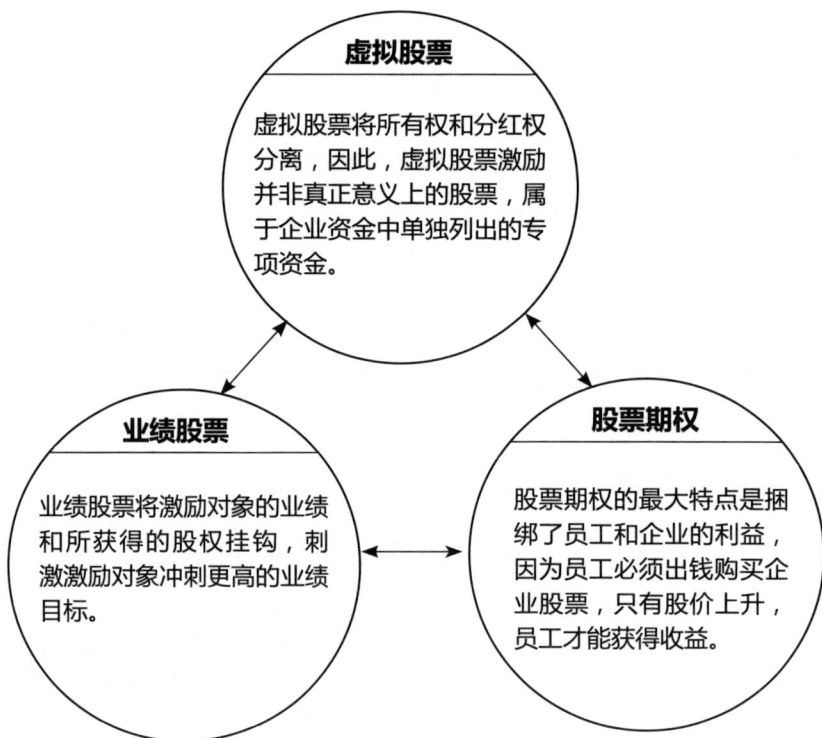

虚拟股票

虚拟股票将所有权和分红权分离，因此，虚拟股票激励并非真正意义上的股票，属于企业资金中单独列出的专项资金。

业绩股票

业绩股票将激励对象的业绩和所获得的股权挂钩，刺激激励对象冲刺更高的业绩目标。

股票期权

股票期权的最大特点是捆绑了员工和企业的利益，因为员工必须出钱购买企业股票，只有股价上升，员工才能获得收益。

下面我们通过一个案例来了解一下企业该如何利用虚拟股票、股票期权和业绩股票来实现管理权、业绩权和所有权的"三权分立"。

案例陈述

某传媒企业为加大股权激励的力度，对内实行了虚拟股票、股票期权和业绩股票的多层次激励计划，具体方案如下。

一、股票期权激励方案

1. 公司总股本为 300 万股，股票期权占总股本的 10%，行权价为 1 元 / 股。

2. 按照"以岗定股、股随岗走"的原则进行浮动分配股权，其具体的股权激励分配方案如表 5-4 所示。

表 5-4　××企业的股票期权的分配表

职务	股权分配比重	股票期权（股）	目标分配人员（人）	人均分持股（股）
董事长	5%	15 000	1	15 000
副董事长	10%	30 000	3	10 000
总经理	10%	30 000	5	6 000
总监	15%	45 000	8	5 625
部门经理	15%	45 000	15	3 000
部门主管	20%	60 000	25	2 400
核心骨干	25%	75 000	60	1 250

3. 股票期权的授予时机根据受聘、升职和每个考核周期的业绩来确定，根据公司当年整体业绩来决定股票期权的数量。

……

二、业绩股票激励方案

1. 业绩股票激励方案以每次考核结果为基准，达到规定的业绩则可以获得相应的股权。

2.为公平地考核各个岗位的业绩而引入岗位责任系数指标，岗位责任系数表示各个岗位对公司业绩的影响程度，具体如表5-5所示。

表5-5　××企业的股票期权的分配表

职务等级	职务	岗位责任系数
I	董事长 / 副董事长	100
II	总经理 / 副总经理	95 ～ 100
III	总监 / 副总监	90 ～ 95
IV	部门经理 / 部门副经理	85 ～ 90
V	部门主管 / 部门副主管	80 ～ 85
VI	核心骨干	70 ～ 80

3.若同一激励对象兼任数职，只计算其所担任职务中的最高岗位责任系数，且不累计计算。

4.只有在公司超额完成总体的业绩考核指标后才能计提激励基金。以净资产收益率为考核指标，根据年初设定的目标净资产收益率，计算出当年目标净利润，实际净利润与目标净利润的差额即为计提激励基金的基数，对该基数按照超额累进的方法提取奖金。

……

三、虚拟股票激励方案

1.公司人力资源部负责虚拟股权的组织管理工作，根据公司年度税后净利润确定虚拟股权分配方案，登记员工持有的虚拟股权，结算年终分红收益。

2.公司董事长审核虚拟股权授予方案，批准虚拟股权方案。

3.由公司董事长提名与人力资源部根据以下标准在可选范围内确定具体人员名单，报经董事会批准。

4. 个人年度授予额度＝年度每基点授予份数 × 岗位系数 × 工龄系数。

5. 工龄系数＝（1＋当年工龄 ×40%）。

6. 回购价格以回购年份公司上一年的每股净资产计算：

个人回购收入＝可回购的虚拟股份数额 ×（回购年份上一年的每股净资产 – 授予年度每股净资产）。

每股净资产＝（年初净资产＋年末净资产）÷2。

公司股本以实收资本为基准，按每股 1 元计算。

……

通过上述案例可以得出如下结论。

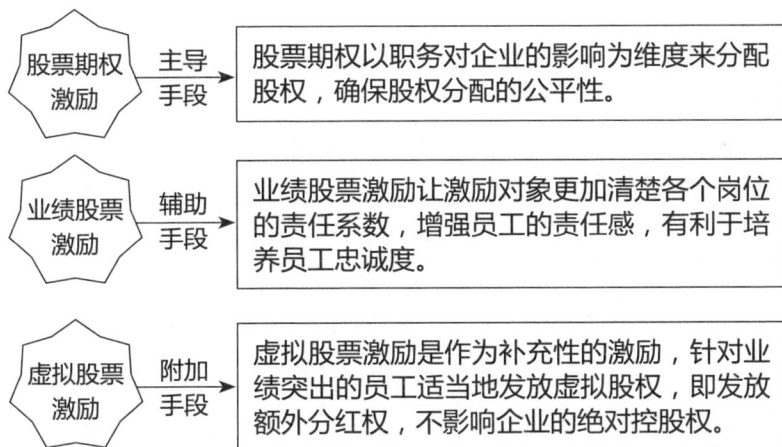

股票期权激励	主导手段 →	股票期权以职务对企业的影响为维度来分配股权，确保股权分配的公平性。
业绩股票激励	辅助手段 →	业绩股票激励让激励对象更加清楚各个岗位的责任系数，增强员工的责任感，有利于培养员工忠诚度。
虚拟股票激励	附加手段 →	虚拟股票激励是作为补充性的激励，针对业绩突出的员工适当地发放虚拟股权，即发放额外分红权，不影响企业的绝对控股权。

◎ 稳住军心：员工持股＋管理层收购

初创型企业的运营重点是保持创业团队的稳定性，而员工持股和管理层收购则是稳定军心的不二法宝。企业通过捆绑员工和企业的利益，达到留下人才的目的。

"员工＋管理层"激励模式

员工持股

企业内部员工出资认购企业部分股份。这种激励方法比较适合初创型企业、对人力资源依附性较强的企业。

＋

管理层收购

管理层利用杠杆原理来融资，成为企业的股东，与企业共担风险、共享成果、共同发展，实现持续经营。

下面我们通过一个案例来了解一下，企业如何站在员工的角度来实施股权激励计划，从而达到激励核心员工和管理层的目的。

案例陈述

在互联网浪潮的冲击下，某印染厂被迫面临着产业升级，为了留住管理层和核心员工，企业决定实施"管理层收购＋员工持股"模式激励，具体方案如下。

一、企业的基本情况

公司成立于1993年，主要经营印染布料和服装加工，现有员工300余人，管理层成员23人。公司的净资产为人民币800万元。公司拟通过管理层持股计划改变股权结构，使公司成为股权多元化的两权分离、产权清晰、决策民主、管理科学的有限责任公司。

二、管理层收购激励方案

1.管理层收购的基本原则

（1）凡是管理层成员，经过持股资格和持股份额认定后，必须持股。

（2）管理层持股可以内部转让，但最低持股额不得低于本人原定持股份额的 20%，如果转让后不持股，则作为自动离职处理。

（3）管理层持股实行末位减持制和首位增持制，减持或增持比例以本人现持股份额的 50% 为限，可分若干等级。

（4）竞争上岗，离任审计，绩效考核，股权浮动，有增有减。

2. 股份来源

企业股减持 60%，减持部分通过股权转让方式由管理层通过持股公司出资持有。

3. 股权分配

公司总股本为 100 万元，1 元 / 股，共 100 万股。管理层占总股本的 60%，共 60 万股，80% 现权为 48 万股，20% 期权预留为 20 万股。具体的股权分配方案如表 5-6 所示。

表 5-6　××企业管理层持股分配表

管理层等级	总持股比例	实际持股数量	预留期权比例
创始人	62.5%	37.5 万股	20%
高级管理者	20.8%	12.48 万股	30%
中级管理者	16.7%	10.02 万股	40%

4. 持股主体

公司管理层 16 人共同出资注册成立持股公司，注册资金为人民币 500 万元，持股公司作为不得从事与持股无关的任何经营活动的、特定的企业法人。

……

三、员工持股激励计划

1. 参加对象确定的法律依据

本员工持股计划的参加对象系依据《中华人民共和国公司法》《中华人民共和国证券法》《指导意见》等有关法律而确定，公司员工按照依法合规、自愿参与、风险自担的原则参加本员工持股计划。

2. 参加对象的确定标准

本员工持股计划的参加对象包括公司中层管理人员、核心员工和其他对公司发展有较高贡献的人员。

3. 股票来源

管理层持股 60 万股，出让 10% 作为员工持股激励的股票来源。

4. 员工持股计划的持股分配方案

参加员工持股计划的总人数为 20 人，持股分配方案如表 5-7 所示。

表 5-7　××企业员工持股分配方案

持有人	所属岗位层次	出资额（元）	占本员工持股计划筹集资金总额比例
李某	中级管理层	100 000	16.67%
黄某		80 000	13.33%
顾某	核心骨干层	60 000	10%
杨某		30 000	5%
白某	重大贡献员工	10 000	1.67%
其他人员	—	320 000	53.33%

通过如上案例可以看出，该企业主要是通过管理层收购企业股份，直接让员工成为企业股东，再从管理层持股中让渡一部分股权来实施员工持股激励计划，同时激励了管理层和普通员工，达到了双重激励的目的。

全面激励，无限激发员工的动力

企业实施全面股权激励策略，可以最大限度地激发员工的工作动力，其中主要是指超额激励和全岗位激励，进而形成全方位的激励策略，确保股权激励的效果。

◎ 超额激励：激励对象的业绩越好激励力度越大

超额利润分红是企业给员工设定既定的目标，若激励对象完成了规定的业绩，则可以按照一定比例分红。一般而言，超额业绩越多，所获得的激励就越多，这样可以激发员工的工作动力。

超额激励分红实施流程

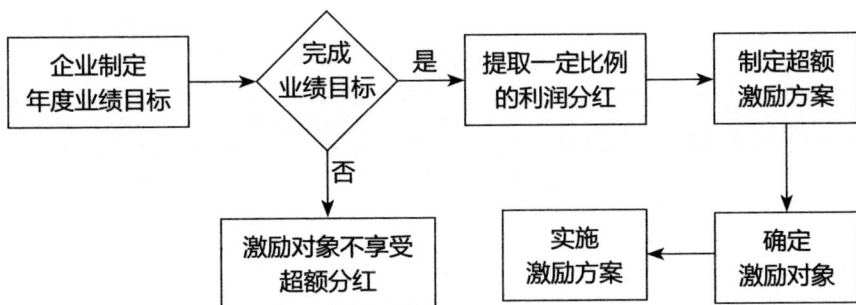

```
┌──────────┐      ╱完成╲   是   ┌──────────┐      ┌──────────┐
│企业制定   │ ──▶ ╱业绩目标╲ ──▶ │提取一定比例│ ──▶ │制定超额   │
│年度业绩目标│      ╲        ╱     │的利润分红  │      │激励方案   │
└──────────┘      ╲      ╱      └──────────┘      └──────────┘
                     │否                                   │
                     ▼                                     ▼
              ┌──────────┐      ┌──────────┐      ┌──────────┐
              │激励对象不享受│ ◀──│实施       │ ◀──│确定       │
              │超额分红    │      │激励方案   │      │激励对象   │
              └──────────┘      └──────────┘      └──────────┘
```

超额激励分红方案实施

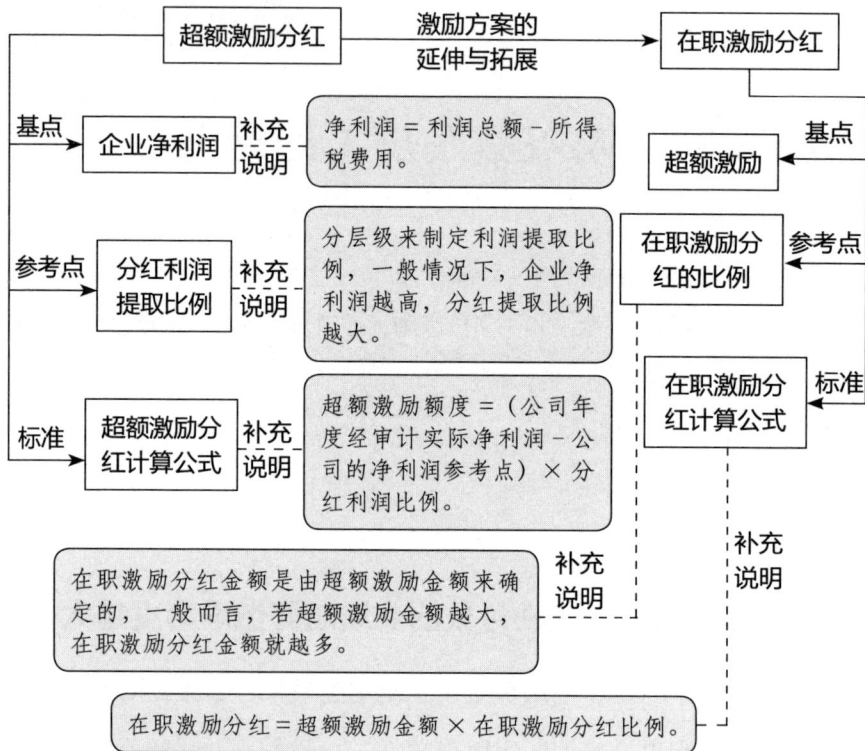

超额分红激励的策略

企业在实施超额激励分红计划前，应该根据自身具体的情况制定超额分红激励策略，具体如表5-8所示。

表5-8　××企业超额利润分红激励策略

分红激励层级	超额利润比例	实施奖励的方案
I	5%＜超额利润比例≤10%	奖励超额利润的8%
II	10%＜超额利润比例≤20%	奖励超额利润的10%
III	20%＜超额利润比例≤30%	奖励超额利润的20%
IV	超额利润比例＞30%	奖励超额利润的28%

◎ 全岗激励：各个岗位的全方位激励

一个企业中有多个部门和岗位，股权激励的激励范围应该包含大部分的岗位，让更多的员工都享受到股权激励的福利，这样有助于提升企业的整体水平。

全岗激励的模型

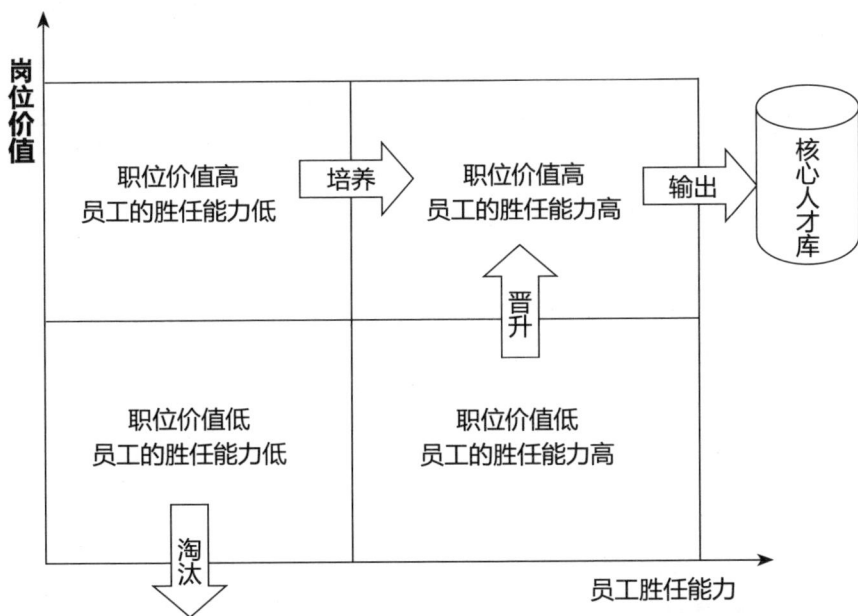

小贴士

全岗激励模式以岗位价值和员工胜任能力为指标，以坐标轴的形式将激励对象分成 4 种类型，职位价值低和员工胜任能力低的岗位不在激励范畴中，其他 3 种均可以培养成激励对象，并输出形成企业的核心人才库。因此，全方位地考核岗位价值与员工胜任能力是实施全岗激励的前提与基础。

创新激励，打破传统激励的束缚

股权激励工具的类目较多，不同的企业适合不同的激励工具。且随着企业的不断发展壮大，股权激励计划也应与时俱进。所以，企业应该打破陈规，不断对股权激励进行创新性运用，保证股权激励的先进性。

◎ 模式变革：股权激励 + 薪酬激励

股权激励计划实施的目的之一是改善员工的薪酬，所以，企业管理者可以以此作为创新的切入点，将股权激励和薪酬激励相结合，最大限度地激发员工参与的积极性。

股权激励和薪酬激励的组合

两种激励方式简介	目的	实施的目的都是改善员工的薪酬福利，提升员工的工作效率，增强员工的战斗力和凝聚力。
	实质	两种激励工具的实质都属于正向激励，通过不同形式的激励来满足员工对于薪酬和福利的追求。
	意义	建立和健全公司长效激励机制，将股东利益、公司利益和员工利益结合在一起，共同关注公司发展。

案例陈述

甲企业是一家食品行业公司，其销售部门是整个企业的核心部门，但是销售人员流动性特别大，为了改善这一现状，企业决定实施股权激励，并且以业绩股权激励和薪酬激励作为主要的激励工具。

企业的激励对象包括了销售总监、销售主管及销售骨干员工，并且针对不同的岗位设置了相对应的激励要求，具体如表5-9所示。

表 5-9　××企业股权激励岗位任务表

岗位设置	业绩要求与任务	激励方案
销售总监	1. 企业年度销售额达到 1 000 万元 2. 企业的年度净盈利达到 200 万元 3. 组建一支稳定、充满战斗力的团队 4. 培养销售精英	1. 获得公司 10 000 股股票 2. 年度奖金 20 万元 3. 双人游新马泰 7 日 4. 年终额外带薪休假 10 天
	1. 企业年度销售额达到 800 万元 2. 企业的年度净盈利达到 100 万元 3. 降低销售团队的离职率	1. 获得公司 5 000 股股票 2. 年度奖金 10 万元 3. 国内双人游 3 日
	1. 企业年度销售额达到 500 万元 2. 企业的年度净盈利达到 50 万元	1. 获得公司 1 000 股股票 2. 年度奖金 5 万元
	企业年度销售额低于 500 万元	无任何激励
销售主管	1. 销售部门年度销售额达到 300 万元 2. 销售部门的年度净盈利达到 50 万元 3. 培养销售精英	1. 获得公司 5 000 股股票 2. 年度奖金 10 万元 3. 年终额外带薪休假 7 天
	1. 销售部门年度销售额达到 100 万元 2. 销售部门的年度净盈利达到 30 万元 3. 增强销售人员的工作积极性	1. 获得公司 3 000 股股票 2. 年度奖金 8 万元 3. 年终额外带薪休假 3 天
	1. 销售部门年度销售额达到 80 万元 2. 销售部门的年度净盈利达到 10 万元	年度奖金 5 万元
	销售部门年度销售额低于 80 万元	无任何奖励
销售骨干	1. 个人年度销售额达到 100 万元 2. 个人的年度净盈利达到 30 万元 3. 负责带领销售新人	1. 获得公司 2 000 股股票 2. 年终奖 10 万元 3. 年终额外带薪休假 7 天

岗位设置	业绩要求与任务	激励方案
销售骨干	1. 个人年度销售额达到 50 万元 2. 个人的年度净盈利达到 10 万元	1. 获得公司 1 000 股股票 2. 年终奖 8 万元 3. 年终额外带薪休假 3 天
	1. 个人年度销售额达到 30 万元 2. 个人的年度净盈利达到 5 万元	年终奖 5 万元
	个人年度销售额低于 30 万元	无任何奖励

通过如上案例可以得出如下结论。

◎ 形式创新：现金激励 + 福利激励

相对于其他的激励手段而言，股权激励计划是一种比较复杂的激励工具，需要考虑的因素较多。而对于一部分中小型企业而言，更需要一种简单的激励工具，那么，企业可以考虑在激励发放的形式上进行创新，例如，现金激励或福利激励。

现金激励与福利激励包含的内容

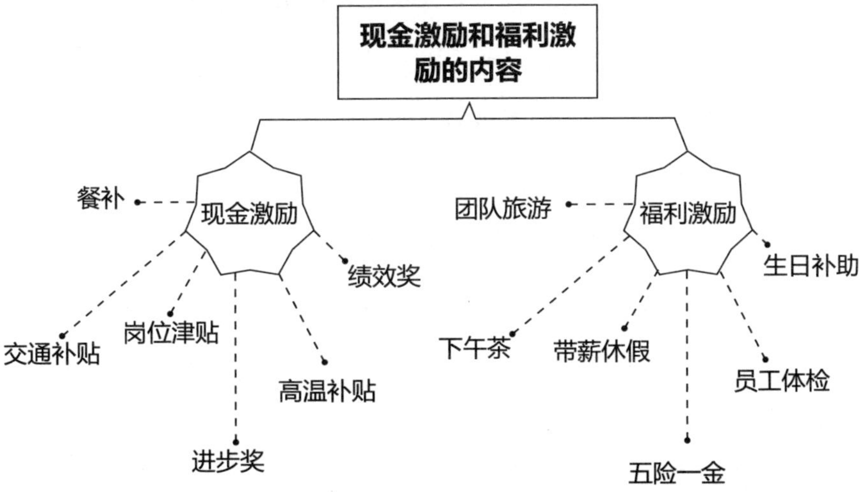

下面我们通过一个实例来了解企业应该如何实施福利激励方案。

案例陈述

因为装修行业有旺季和淡季之分，旺季时业务繁忙，员工的工作强度大，但淡季时公司的业务则较少，员工闲暇时间相对较多。因此，昆明某装修企业利用淡季的时间组织员工旅游，并且制定了员工外出旅游的方案，具体如下。

《×× 企业关于公司组织员工旅游通知》

为感谢全体员工为公司发展所付出的不懈努力，也为了增进同事之间的交流与沟通。经公司领导同意，特组织员工到福建省厦门市旅游。

一、活动时间

2019 年 9 月 3 日至 9 月 6 日（活动为期 4 天）

二、活动地点

福建省厦门市周边景点（鼓浪屿、南普陀寺、万国建筑博览、日月谷温泉主题公园、海沧大桥、集美嘉庚园和厦门大学）

三、参加人员

符合以下条件的员工均可报名参加：

1. 工作年满一年的股权激励对象，工作业绩表现优秀者；

2. 获得"年度优秀员工"嘉奖的员工；

3. 近期工作表现突出，为公司做出重大贡献的员工。

符合条件者请到部门报名参与，由领导根据部门实际情况上报公司行政部。

四、旅游费用

本次旅游的费用均由公司承担。若携带朋友或亲属的员工，自费3 000元/人。

五、往返时间

1. 集合时间：2019年9月2日17:00于公司楼下集合，统一乘坐大巴车前往昆明长水国际机场；

2. 返程时间：2019年9月6日17:00于鼓浪屿假日酒店楼下集合，统一乘坐大巴车前往厦门高崎国际机场。

六、注意事项

1. 提前准备好旅游需要的证件，并交由人事部购买机票、预订酒店和景点门票等；

2. 旅游过程中注意个人财物及人身安全；

3. 所有人员必须服从公司和领队安排，不得脱离团队单独行动；

4. 本次旅游活动为公司组织员工享受的福利计划之一，报名由员工本人签字确认，不参加活动者不享受任何补贴；

5.旅游要有大局意识，公司员工之间互帮互助、团结友爱、不讲不利于团结的话、不做不利于团结的事。

×× 装修有限公司

2019 年 × 月 × 日

通过如上案例可以看出，尽管员工旅游是作为企业的一项福利，但是在通知中却明确地限定了参加人员的条件，这也表现出该福利是在为股权激励计划服务，进而达到稳定人心的目的。

◎ 他山之石：自身实情 + 同行成功案例

尽管股权激励是一种实用的激励工具，但是对于没有经验的初创型企业而言，在实施过程中可能会遇到各种问题，为避免"走弯路"，企业可以借鉴同行成功的经验，结合自身的情况制订激励计划。

同行成功案例借鉴点

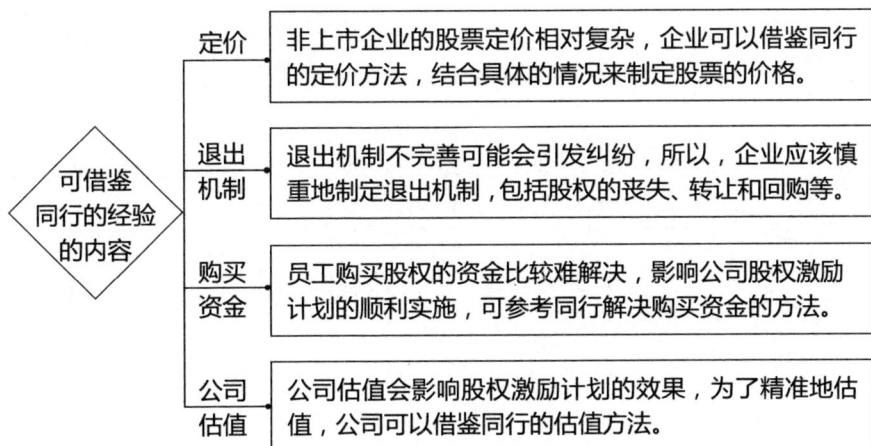

可借鉴同行的经验的内容

- **定价**：非上市企业的股票定价相对复杂，企业可以借鉴同行的定价方法，结合具体的情况来制定股票的价格。
- **退出机制**：退出机制不完善可能会引发纠纷，所以，企业应该慎重地制定退出机制，包括股权的丧失、转让和回购等。
- **购买资金**：员工购买股权的资金比较难解决，影响公司股权激励计划的顺利实施，可参考同行解决购买资金的方法。
- **公司估值**：公司估值会影响股权激励计划的效果，为了精准地估值，公司可以借鉴同行的估值方法。

成功案例的要点总结

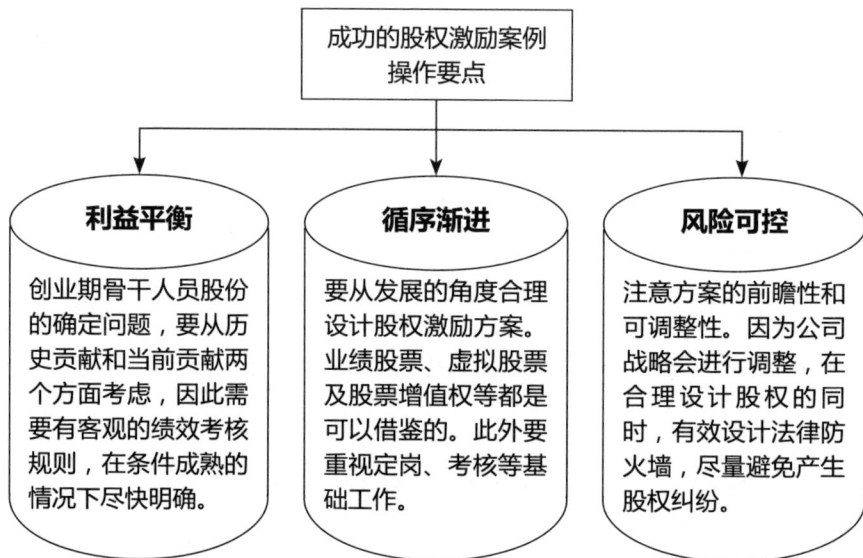

```
┌─────────────────┐
│ 成功的股权激励案例 │
│   操作要点       │
└─────────────────┘
```

利益平衡

创业期骨干人员股份的确定问题，要从历史贡献和当前贡献两个方面考虑，因此需要有客观的绩效考核规则，在条件成熟的情况下尽快明确。

循序渐进

要从发展的角度合理设计股权激励方案。业绩股票、虚拟股票及股票增值权等都是可以借鉴的。此外要重视定岗、考核等基础工作。

风险可控

注意方案的前瞻性和可调整性。因为公司战略会进行调整，在合理设计股权的同时，有效设计法律防火墙，尽量避免产生股权纠纷。

成功案例的实施原则

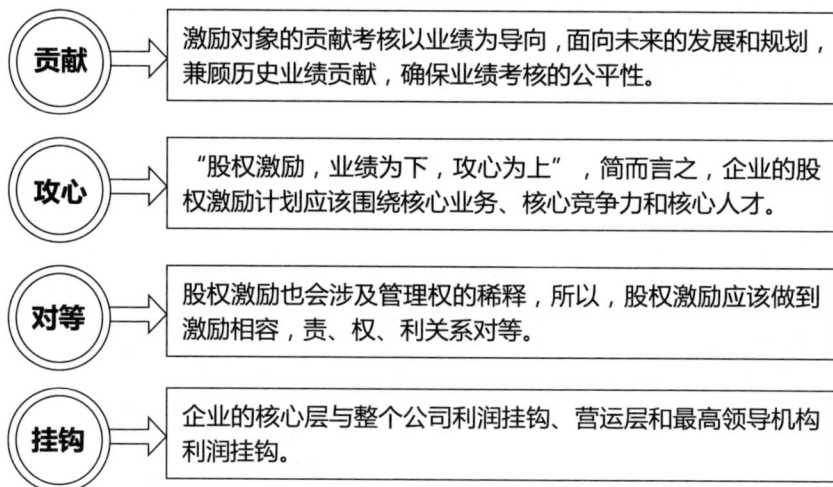

贡献 ➡ 激励对象的贡献考核以业绩为导向，面向未来的发展和规划，兼顾历史业绩贡献，确保业绩考核的公平性。

攻心 ➡ "股权激励，业绩为下，攻心为上"，简而言之，企业的股权激励计划应该围绕核心业务、核心竞争力和核心人才。

对等 ➡ 股权激励也会涉及管理权的稀释，所以，股权激励应该做到激励相容，责、权、利关系对等。

挂钩 ➡ 企业的核心层与整个公司利润挂钩、营运层和最高领导机构利润挂钩。

第 6 章

效果评估，股权激励的效果考评

股权激励计划在实施一段时间后，企业就应该对股权激励计划进行考评，考评的指标有反映股东价值的每股收益、净资产收益率和经济增加值等指标；反映公司成长性的净利润增长率和主营业务收入增长率指标；反映公司收益质量的主营业务利润率和现金运营指数等，这些数据能够直观地反映出股权激励的效果。

股权激励效果的考评指标

反映股东回报指标、反映公司成长性指标和反映企业收益质量指标3项指标分别从激励对象、企业发展潜力及企业收益这3个角度进行了深入剖析，为企业评估股权激励效果提供了更加科学、直观的数据。

◎ 反映股东回报的指标

股东是股权激励计划的主要参与对象，股东最关心的问题就是自己能够获取多少收益。一般而言，反映股东回报的指标包括每股收益、净资产收益率和经济增加值等。

了解每股收益

每股收益的基础内容

含义 → 每股收益也被称之为每股税后利润、每股盈余，主要是指税后利润与股本总数的比率。

作用 →
- 每股收益是衡量公司盈利能力的重要财务指标。
- 进行公司间的比较，以评价公司相对的盈利能力。
- 进行不同时期的比较，了解公司盈利能力的趋势。

每股收益的实操

每股收益

计算公式 → 每股收益 = 归属于普通股股东的当期净利润 ÷ 当期发行在外普通股的加权平均数

使用方法
- 公司的每股收益增长率和整个市场的比较。
- 公司和同一行业其他公司的比较。
- 公司当前的每股受益和公司历史的每股收益增长率相比较。
- 以每股收益增长率和销售收入增长率相比较，衡量公司未来的成长潜力。

分析方法

横向比较 → 横向比较同行业的每股收益来选择龙头企业。

纵向比较 → 纵向比较个股的每股收益来判断该公司的成长性。

指标排序

绩优股 **补充说明** → 绩优股表示股东能够获得更多的收益，股权激励对于股东的吸引力更强，更容易刺激其参与热情。

垃圾股 **补充说明** → 垃圾股说明企业绩效较差，股东难以从激励计划中获得收益，很难让股东参与到激励计划中。

下面我们通过一个实例来了解一下企业该如何运用每股收益来衡量公司的盈利能力。

案例陈述

某公司是一家办公用品销售企业，成立于 2010 年，由于办公用品销售行业的竞争力日趋白热化，为了建立和健全企业的激励机制，该企业于 2012 年开始实施股权激励计划。

该公司 2012 年归属于普通股股东的净利润为 500 万元。2011 年末的股本为 100 万股，2012 年 2 月 1 日，以截至 2011 年总股本为基础，向全体股东每 10 股送 10 股，总股本变为 200 万股，2012 年 12 月 3 日再次发行新股 100 万股。

根据公式则可以大概计算出该公司 2012 年度基本每股收益。

每股收益：$500 \div (100+100 \times 12/12+100 \times 1/12) \approx 2.4$（元）

通过上述案例可以得出如下结论。

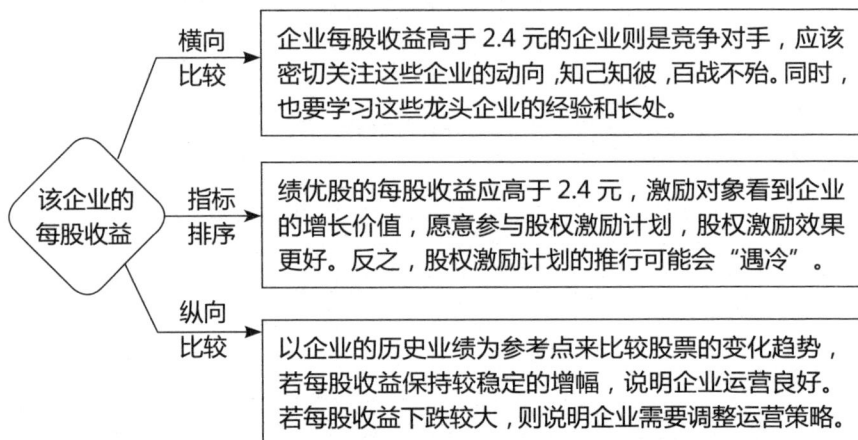

该企业的每股收益	横向比较	企业每股收益高于 2.4 元的企业则是竞争对手，应该密切关注这些企业的动向，知己知彼，百战不殆。同时，也要学习这些龙头企业的经验和长处。
指标排序	绩优股的每股收益应高于 2.4 元，激励对象看到企业的增长价值，愿意参与股权激励计划，股权激励效果更好。反之，股权激励计划的推行可能会"遇冷"。
纵向比较	以企业的历史业绩为参考点来比较股票的变化趋势，若每股收益保持较稳定的增幅，说明企业运营良好。若每股收益下跌较大，则说明企业需要调整运营策略。

小贴士

企业在运用每股收益指标分析股权激励效果时，应综合企业其他经营状况，不可盲目追求过高的每股收益率。由于每股收益仅仅代表的是某个时间段每股的收益情况，基本不具备延续性。如果总股本发生变化，每股收益也会发生相反的变化。这个时候，纵向比较每股收益的增长率会发现，公司收益的增长率都偏低，甚至是出现负增长，因此，不能够将每股收益单独作为判断公司成长性的指标。

认识净资产收益率

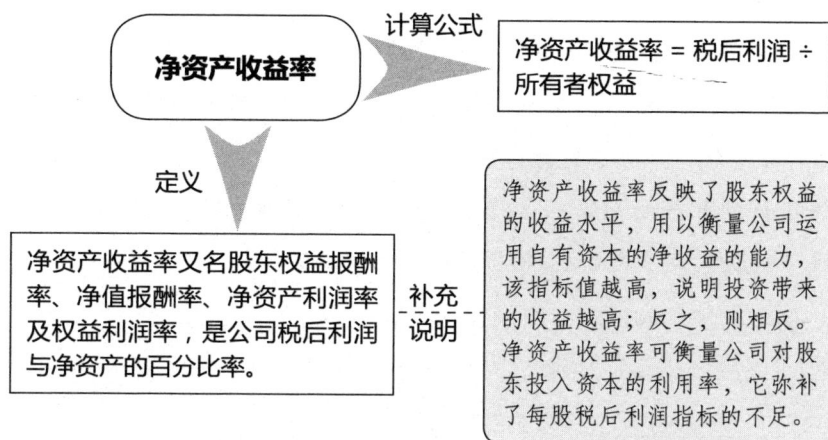

净资产收益率

计算公式 → 净资产收益率 = 税后利润 ÷ 所有者权益

定义 ↓

净资产收益率又名股东权益报酬率、净值报酬率、净资产利润率及权益利润率，是公司税后利润与净资产的百分比率。

补充说明 ┄

净资产收益率反映了股东权益的收益水平，用以衡量公司运用自有资本的净收益的能力，该指标值越高，说明投资带来的收益越高；反之，则相反。净资产收益率可衡量公司对股东投入资本的利用率，它弥补了每股税后利润指标的不足。

下面通过一个案例来了解，企业该如何利用净资产收益率来评估股权激励的效果。

案例陈述

四川长虹电器股份有限公司（以下简称"长虹电器"）创立于 1958 年，位于四川科技城——绵阳。从单一的彩电产业发展到黑电、白电、通信、服务、零部件等多种门类，已成为集军工、消费电子、核心器件研发与制造为一体的综合型跨国企业集团。看似一帆风顺的发展历程，但长虹电器也经历了一场"暴风雨"。

1994 年 3 月 11 日，长虹电器在上海交易所 A 股上市。1997 年 5 月，其股价飙升至每股 66.18 元，是当时沪市 A 股的龙头企业。

但在 1999 年，长虹电器的业绩猛然下跌，净利润从 1998 年的 17.43 亿元骤然跌至 5.25 亿元，销售净利率从 17.27% 降为 5.2%，此后年度持续走低，长虹电器的净资产收益率甚至低于国债收益率。

2000 年，长虹电器的净利润已经低于 3 亿元，之后净利润一直维持在 1 亿 ～ 2 亿元之间。净利润的急速下降使得长虹电器在 2000 ～ 2007 年的资产报酬率仅为 1% 左右。

根据风险与收益相匹配的原则，导致长虹电器的净资产收益率连续 8 年低于国债利率，这就意味着企业的股东承担着比国债高的风险，却没有得到相应的回报，这将严重地影响到股东的投资热情，在这种情况下，企业是不适合于推行股权激励计划的。

通过上述案例可以得出如下结论。

如何判断净资产收益率是否正常？

- 理论上来讲，企业的净资产收益率越高越好，上不封顶。
- 实际上，企业的净资产收益率不能低于银行定期存款利率，否则会让股东对企业失去信心。

走进经济增加值

经济增加值的基础知识

定义 ➤ 经济增加值是指从税后净营业利润中扣除包括股权和债务的全部投入资本成本后的所得，其中全部投入资本包括债务资本的成本和股本资本的成本。

补充说明

经济增加值是一种评价企业经营者有效使用资本和为股东创造价值的能力，体现企业最终经营目标的经营业绩考核的工具，它为企业管理者提供了更加科学的数据，便于企业管理者精准地掌握股权激励计划的实施效果。

计算公式

经济增加值 = 税后营业净利润 - 资本总成本

经济增加值评估的应用

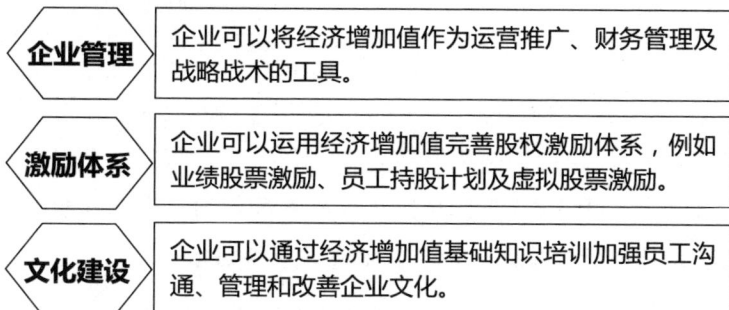

企业管理 企业可以将经济增加值作为运营推广、财务管理及战略战术的工具。

激励体系 企业可以运用经济增加值完善股权激励体系，例如业绩股票激励、员工持股计划及虚拟股票激励。

文化建设 企业可以通过经济增加值基础知识培训加强员工沟通、管理和改善企业文化。

◎ 反映公司成长性的指标

为保证企业运营始终处于正轨，企业管理者需要密切关注净利润增长率和主营业务收入增长率这两项指标，因为这两项指标反映了公司的成长性。

净利润增长率的基础内容

净利润增长率

含义 企业净利润增长率是指企业本期净利润额与上期净利润额的比率。净利润增长率是衡量一个企业经营效益的重要数据指标。

意义 净利润增长率反映了企业实现价值最大化的扩张速度，是综合衡量企业资产营运与管理业绩，以及成长和发展的指标。

计算公式 净利润增长率 =（本期净利润额 - 上期净利润额）÷ 上期净利润额 ×100%

下面通过一个案例来帮助企业管理者借助于净利润增长率评估股权激励的效果。

案例陈述

某灯具企业于 2010 年开始实施股权激励计划，企业管理者为了评估股权激励计划的效果而查看了企业年度财务报告。

根据财务报告显示，2010 年的营业额为 672.49 万元，其中采购灯具的成本为 106.02 万元；支付员工一年的工资为 16.73 万元；房屋租赁等支出为 22.58 万元。假设企业需要缴纳 3% 的营业税，缴纳 25% 的所得税，具体的成本计算如下所示。

年度总成本 $=106.02 + 16.73 + 22.58 = 145.33$（万元）

营业税 $= 672.49 \times 3\% \approx 20.17$（万元）

企业利润总额 $=672.49 - 145.33 - 20.17 \approx 506.99$（万元）

所得税 $=506.99 \times 25\% \approx 126.75$（万元）

企业净利润 $=506.99 - 126.75 = 380.24$（万元）

假设 2009 年企业的净利润为 269.16 万元，那么，该企业的净利润增长率如下。

净利润增长率 $=（380.24 - 269.16）\div 269.16 \times 100\% \approx 41.27\%$

从上述案例中可以看出，该企业的净利润增长率较大，则说明企业的盈利能力较强，如果企业管理者还想继续保持这种增长率，可以继续加强股权激励的力度，不断调整和优化股权激励，进而刺激员工的工作热情。

认识主营业务收入增长率

主营业务收入增长率 —— 概述 —— 主营业务收入增长率是指本期主营业务收入与上期主营业务收入之差与上期主营业务收入的比值。主营业务收入增长率主要是用来衡量公司的产品生命周期，判断公司发展所处的阶段。

计算 公式 —— 主营业务收入增长率 =（本期主营业务收入 - 上期主营业务收入）÷ 上期主营业务收入 ×100%

案例 陈述

某企业 2015 年年度的主营业务收入为 805.86 万元，2016 年年度的主营业务收入为 1 183.52 万元，那么，企业在 2016 年的主营业务收入增值率为：
（1 183.52 - 805.86）÷805.86×100% ≈ 46.86%

企业管理者可以根据主营业务收入增长率来判断企业当前所处的阶段，具体如表 6-1 所示。

表 6-1　主营业务收入增长率与企业发展阶段类型

主营业务收入增长率	企业所处阶段的描述	企业发展阶段
大于 10%	企业主营业务的收益额保持较好的增长率，尚未面临产品更新的风险	成长期
5% ～ 10%	企业主营业务的收益额逐渐趋于稳定，市场占有份额已经达到最大值	稳定期
低于 5%	企业主营业务的收益额不断降低，其增长率大幅下降	衰退期

小贴士

若企业的主营业务收入增长率低于 30%，说明公司主营业务收益额大幅滑坡，企业需要立即调整股权激励的方案。若主营业务收入增长率小于应收账款增长率，甚至是为负数时，则极有可能存在企业股东操纵利润行为，企业更需要严加防范。

◎ 反映企业收益质量的指标

优秀的企业管理者不仅重视反映股东回报指标和反映公司成长性的指标，更重视反映企业收益质量的指标。一般而言，企业收益质量指标包括主营业务利润率和现金运营指数。

认识主营业务利润率

什么是主营业务利润率

?

含义

主营业务利润率是指企业在一定时期内主营业务利润同主营业务收入净额的比率，该数据指标表明企业每单位主营业务收入能带来多少主营业务利润。

计算公式

主营业务利润率＝（主营业务收入－主营业务成本－主营业务税金及附加成本）÷主营业务收入×100%

案例陈述

某高新科技企业于 2018 年开展股权激励计划，年度主营业务收入为 322 万元，支付员工薪酬为 73 万元，办公场所租赁成本等为 33 万元，企业缴纳 3% 增值税。那么该企业的主营业务利润为：

（322－73－33－322×3%）÷322×100% ≈ 64.08%

解读现金运营指数

现金运营指数

定义

现金营运指数是指经营现金流量与经营现金毛流量的比值，现金营运指数反映企业现金回收的质量。

计算公式

现金营运指数＝经营现金净流量÷经营所得现金＝（经营所得现金－经营性营运资产净增加）÷经营所得现金

经营所得现金＝经营净收益＋各项非付现费用

经营性营运资产净增加＝经营所得现金－应付账款

下面我们通过一个实例来了解一下，企业该如何利用现金运营指数来衡量企业的盈利效益。

案例陈述

某纺织企业为了保证企业能在市场中突围，实施了精细化管理，在 2018 年 1 月正式推行了股权激励计划，企业管理者利用现金运营指数来评估股权激励的效果。

根据企业财务报表显示，2018 年该企业的净利润为 396 万元，计提的各项资产减值共计 35 万元，提取的固定资产折旧为 14 万元，处置固定资产的收益 13 万元，财务费用 10 万元，投资收益 39 万元，存货增加 30 万元，经营性应收项目增加 46 万元，经营性应付项目增加 73 万元，所缴纳的所得税率为 33%。

经营所得现金：39 + 13 = 52 万元

经营性营运资产净增加：30 + 46 − 73 = 3 万元

现金营运指数 = {396 + 52 − 3×（1−33%）− 3} ÷ {396 + 52 − 3×（1−33%）} ≈ 0.99

从上述案例中可得出如下结论。

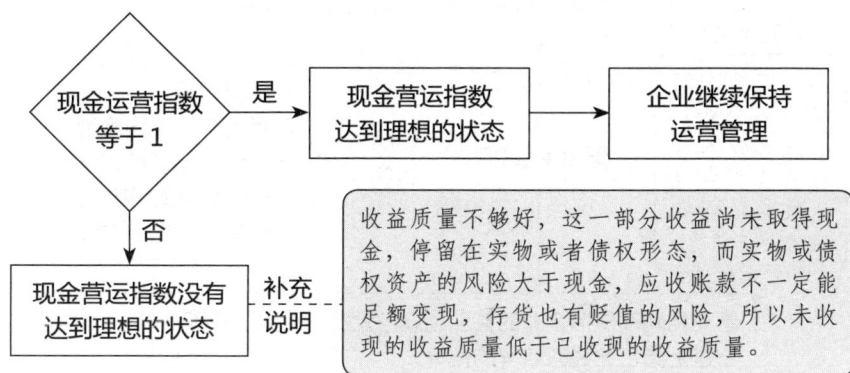

构建股权激励的评估体系

因为股权激励的主旨是促成激励对象与企业管理者的目标达成一致，这就需要企业建立和完善股权激励计划的评估体系，即通过企业管理者制定和执行评估方案和决策，不断鞭策激励对象前进。

◎ 完善股权激励的经营性业绩指标

股权激励的业绩能力指标主要通过营业利润率和成本费用利润率来评估。

营业利润率的基础内容

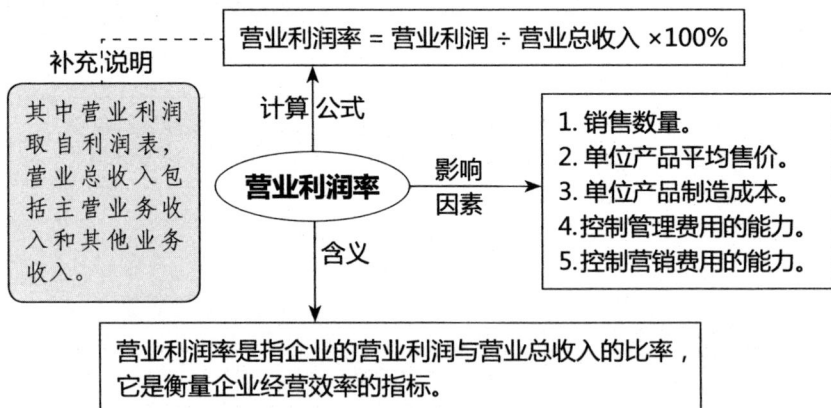

营业利润率 ＝ 营业利润 ÷ 营业总收入 ×100%

补充说明

其中营业利润取自利润表，营业总收入包括主营业务收入和其他业务收入。

营业利润率

计算公式

影响因素
1. 销售数量。
2. 单位产品平均售价。
3. 单位产品制造成本。
4. 控制管理费用的能力。
5. 控制营销费用的能力。

含义

营业利润率是指企业的营业利润与营业总收入的比率，它是衡量企业经营效率的指标。

下面通过一个案例来分析企业管理者应该如何衡量股权激励计划对企业带来的利润率。

案例陈述

A 公司是一家母婴用品销售企业，销售部门一直是公司的重点部门，屡屡为公司创造佳绩。A 公司为激励销售团队的管理人才和核心销售骨干，于 2018 年开始实施了股权激励计划。

在 2018 年年底，企业财务部核算了 2018 年 4 个季度的营业利润，具体的利润数据如表 6-2 所示。

表 6-2　××企业营业利润年度报告

考核时间	营业利润（万元）	营业总收入（万元）	营业利润率	预期目标
第一季度	182.79	369.26	49.51%	50%
第二季度	194.34	409.57	47.45%	50%
第三季度	172.63	429.81	40.16%	51%
第四季度	236.82	434.13	54.55%	53%

从表 6-2 中可以看出，尽管营业总收入不断攀升，实际上，只有第 4 季度达到了预期目标，其他 3 个季度的营业利润率均没有达标，尤其是第 3 季度，营业利润率仅为 40.16%，创下年度新低。

从上述案例中可以看出，企业衡量股权激励计划的效果不仅要关注营业总收入，还要重视营业利润率。一般而言，造成营业利润率过低的主要原因是费用成本控制不到位。尽管激励对象创造了收益，但实际上却没有给企业带来利润，容易打压激励对象的工作热情。

认识成本费用利润率

成本费用利润率

含义 → 成本费用利润率是指企业一定期间的利润总额与成本费用总额的比率，表示企业每付出一定成本费用可获得的利润。

计算公式 → 成本费用利润率＝利润总额÷成本费用总额×100%

意义 → 成本费用利润率体现了企业经营耗费所带来的经营成果，该项指标越高，利润就越大，企业的经济效益越好。

鱼骨法分析成本费用

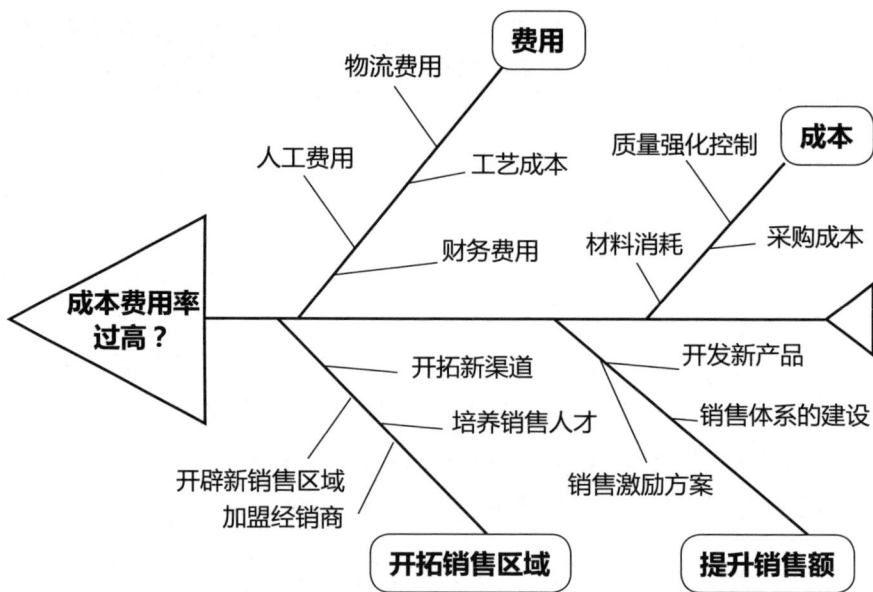

经过分析可知，企业的成本、费用会影响成本费用利润率，为保证股权激励的效益，企业必须严格控制其成本费用，具体方案如下表6-3所示。

表 6-3 　××企业降低成本费用的目标分解

成本费用率		成本控制			
现状	目标	指标	基准值	目标值	改善值
76.13%	90%	主营业务收入（万元）	693.85	800	+106.15
		制造成本率	82.04%	78%	−4.04%
		管理费用率	8.53%	6%	−2.53%
		人工费用率	9.88%	7%	−2.88%
		财务费用（万元）	26.79	20	−6.79

◎ 评估股东所产生的财富效应

股权激励红利分配的主要依据是激励对象所产生的财富贡献，财富贡献值越大，所分配的红利就越多。一般而言，评估股东产生的财富效益的指标主要是股权激励授权日、行权日等时点的股票收益率。

实施股东财富效应评估的必要性

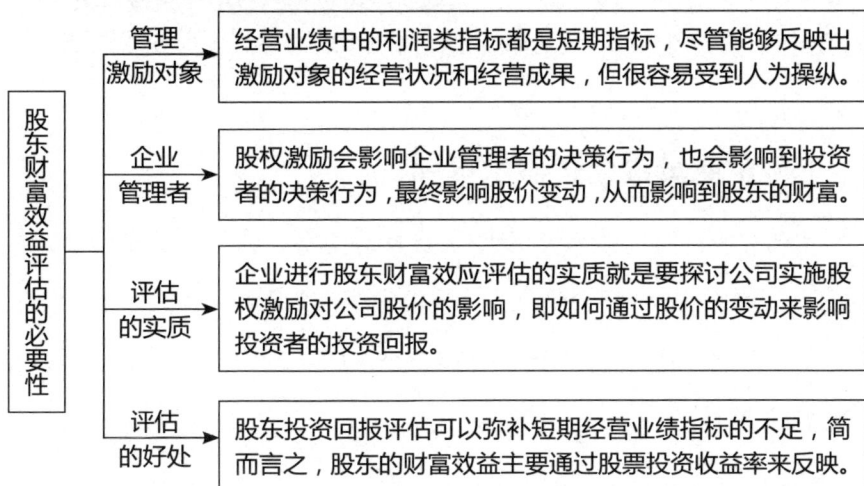

| | 管理激励对象 | 经营业绩中的利润类指标都是短期指标，尽管能够反映出激励对象的经营状况和经营成果，但很容易受到人为操纵。 |

股东财富效益评估的必要性
- 管理激励对象 → 经营业绩中的利润类指标都是短期指标，尽管能够反映出激励对象的经营状况和经营成果，但很容易受到人为操纵。
- 企业管理者 → 股权激励会影响企业管理者的决策行为，也会影响到投资者的决策行为，最终影响股价变动，从而影响到股东的财富。
- 评估的实质 → 企业进行股东财富效应评估的实质就是要探讨公司实施股权激励对公司股价的影响，即如何通过股价的变动来影响投资者的投资回报。
- 评估的好处 → 股东投资回报评估可以弥补短期经营业绩指标的不足，简而言之，股东的财富效益主要通过股票投资收益率来反映。

评估股东财富效应的切入点

切入点 1 ◆ 评估股东财富效应 ◆ 切入点 2

市场反应分析

企业在实施股权激励计划之后，要分析市场反应。即企业董事会通过股权激励方案日、股东大会通过对股权激励方案日、股权激励授权日和行权日等重要时点的股票收益率进行分析，客观、公正地评价市场反应，尤其是重要股东的贡献值。

股东实际收益分析

当股权激励计划实施完毕后，企业要分析股权激励实施期间及之后的股东股票投资收益。通常而言，股东所获得的红利与其业绩是紧密相关的，若出现红利与业绩不匹配的现象，企业需要进行调整和优化，确保股权激励正常开展。

小贴士

企业在评估股东产生的财富效益的过程中，应该结合我国股市的具体情况来执行，若股市因某些客观因素而出现较大的波动，企业可以考虑使用股票价值指标替代股票价格指标。

◎ 企业是否存在盈余管理

企业的经营业绩除了会受到会计核算方法、会计估计及会计政策的客观因素影响外，还会受到人为性的主观因素影响，例如，虚假业绩、利用职权谋私利等。为判断企业业绩是否出现人为操控，企业有必要进行盈余管理。

快速了解盈余管理

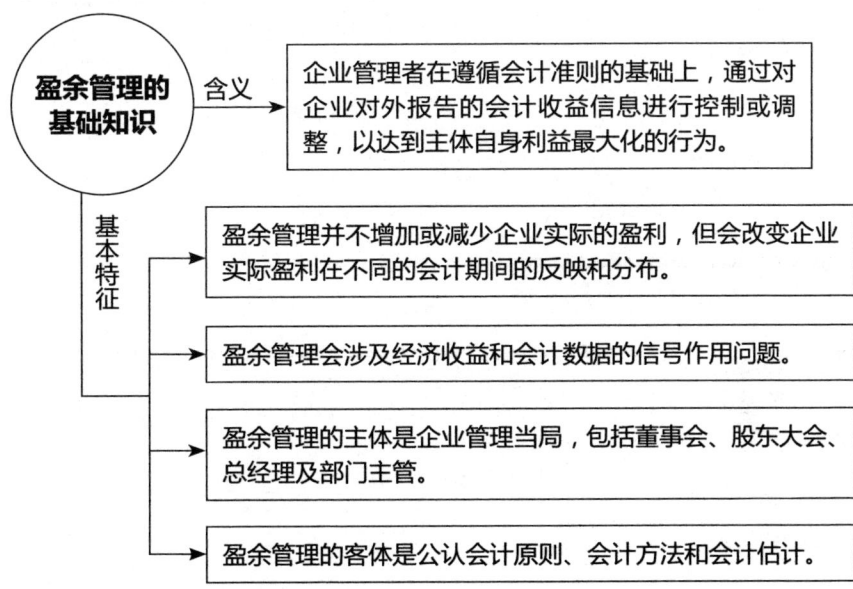

盈余管理的基础知识

含义 → 企业管理者在遵循会计准则的基础上，通过对企业对外报告的会计收益信息进行控制或调整，以达到主体自身利益最大化的行为。

基本特征

→ 盈余管理并不增加或减少企业实际的盈利，但会改变企业实际盈利在不同的会计期间的反映和分布。

→ 盈余管理会涉及经济收益和会计数据的信号作用问题。

→ 盈余管理的主体是企业管理当局，包括董事会、股东大会、总经理及部门主管。

→ 盈余管理的客体是公认会计原则、会计方法和会计估计。

企业进行盈余管理的办法

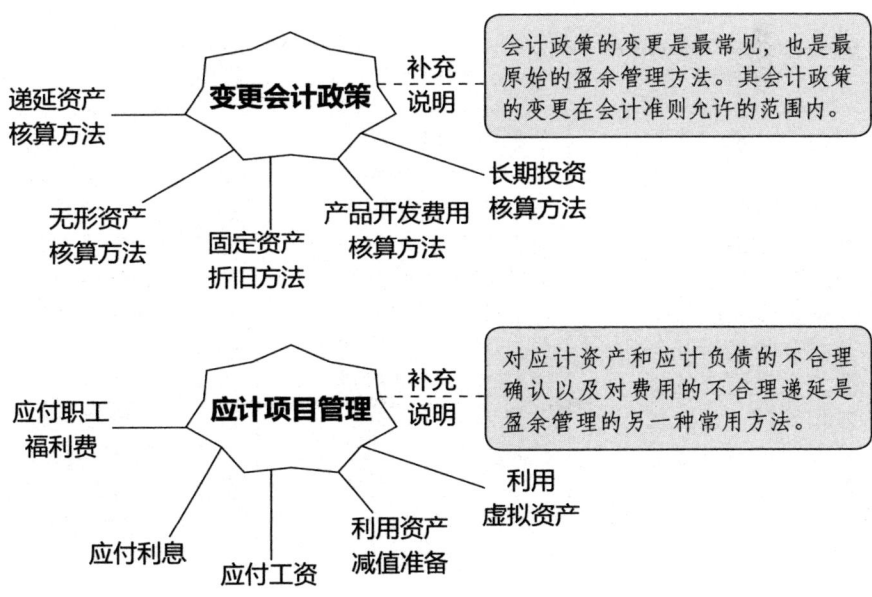

变更会计政策

递延资产核算方法

无形资产核算方法

固定资产折旧方法

产品开发费用核算方法

长期投资核算方法

补充说明：会计政策的变更是最常见，也是最原始的盈余管理方法。其会计政策的变更在会计准则允许的范围内。

应计项目管理

应付职工福利费

应付利息

应付工资

利用资产减值准备

利用虚拟资产

补充说明：对应计资产和应计负债的不合理确认以及对费用的不合理递延是盈余管理的另一种常用方法。

资产的
出售与注销 —— **资产重组** --- 补充
说明

企业通过资产重组来创造特殊交
易，这也是一种非常有效的盈余
管理手段。

资产置换

债务重组　　对外
　　　　　转让资产　　对外收购
　　　　　　　　　　和兼并

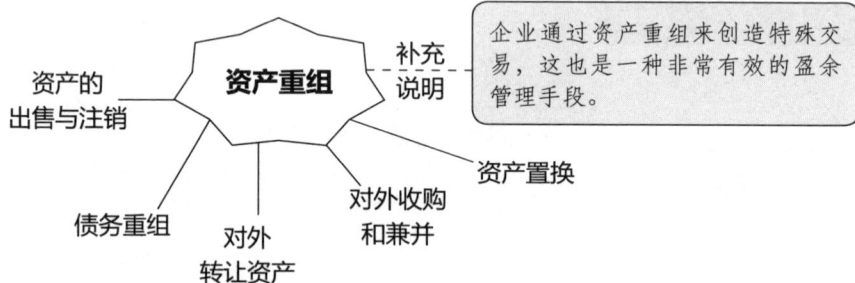

企业减少盈余管理的策略

**为何要减少
盈余管理** → 原因

？

盈余管理是一种机会主义行为，可能存在
着股权激励对象操纵企业财务、谎报业绩
的情况，并不属于公认会计原则或会计方
法，由它产生的财务报告缺乏真实性。

**企业减少盈余管理
的实用策略**

提高资金市场有效性	完善公司的治理结构	完善会计准则与方法
因为企业管理者是盈余管理的最大受害者，也是企业外部利益相关者，如果所有的外部利益相关者都是理性的，并且具备辨析财务报告及其附注的能力和知识，企业管理者就会减少盈余管理。	公司治理结构的实质是对相关权利、责任和收益的安排。企业管理者之所以能够进行盈余管理，与公司治理结构有关。此外，管理者进行的盈余管理其实是短期行为的一种表现。	会计准则和方法给管理者提供了一定的判断空间，所以，准则和制度的制定者可以更清楚地设定会计处理方法和估计方法。同时，在成本效益原则的基础上，提高会计信息披露的质量，也会一定程度上减少企业的盈余管理。

股权激励典型案例分析

　　企业评估股权激励计划的效果不仅可以从自身出发，还可以借鉴成功的案例，尤其是行权条件的设置。因为激励对象只有达到既定的目标才能行权，这就涉及股权激励对象的考评。

◎ 佛山照明的业绩股票激励

　　业绩股票激励的关键点是设置行权条件，让激励对象不断挑战更高目标，最终实现激励对象与企业的双赢。下面通过佛山照明的业绩股票激励来了解该企业如何将业绩融入股权激励的行权条件中。

案例陈述

　　佛山照明成立于 1958 年，是国内电光源行业的大型骨干企业，于 2001 年正式开始实施股权激励计划，具体方案如下。

　　一、实施目的

　　为了强化激励与约束机制，稳定公司的管理骨干队伍，并充分调动员工的工作积极性，促进公司长期稳定发展，故实施股权激励计划。

二、股权激励制度的实施流程

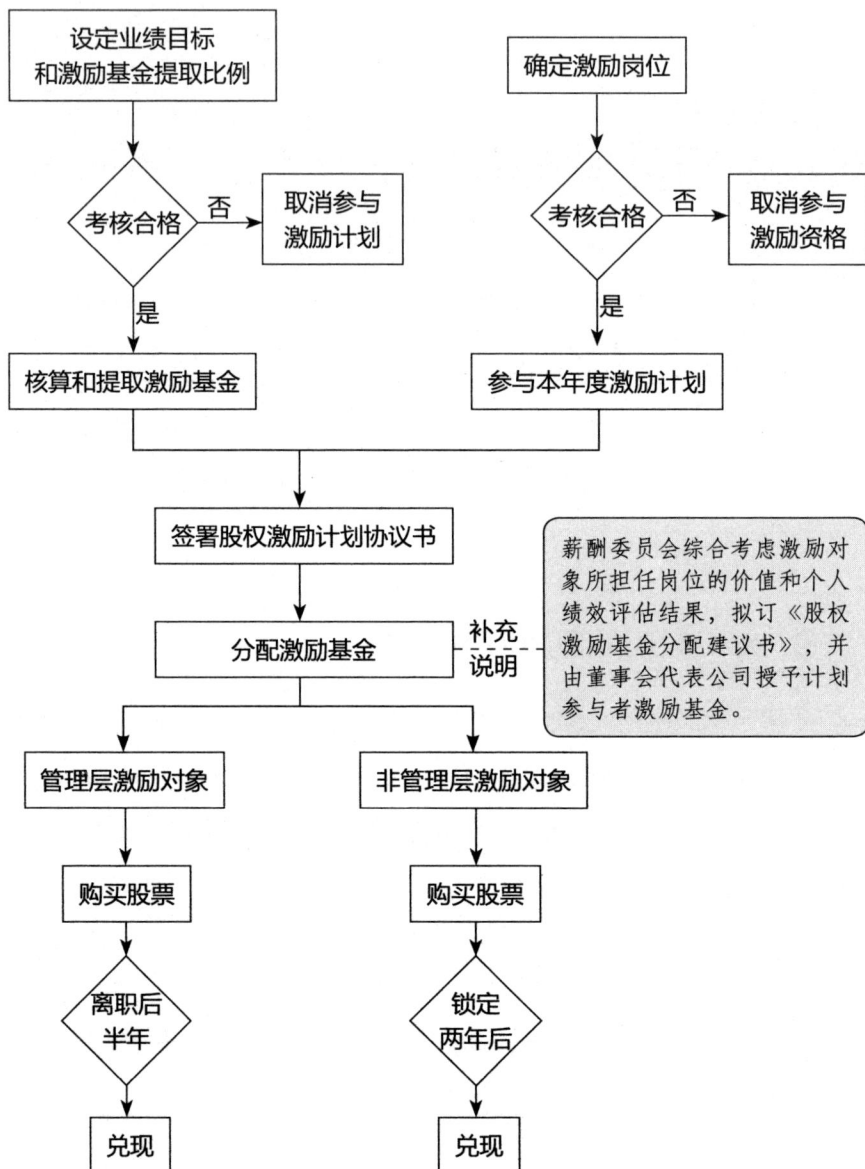

```
┌─────────────────┐                    ┌─────────────────┐
│  设定业绩目标     │                    │   确定激励岗位    │
│和激励基金提取比例 │                    └─────────────────┘
└─────────────────┘                             │
         │                                      │
         ▼                                      ▼
      ◇考核◇   否  ┌─────────────┐          ◇考核◇   否  ┌─────────────┐
      ◇合格◇ ────→│  取消参与    │          ◇合格◇ ────→│  取消参与    │
       ◇◇        │  激励计划    │           ◇◇        │  激励资格    │
        │是        └─────────────┘            │是        └─────────────┘
        ▼                                      ▼
┌─────────────────┐                    ┌─────────────────┐
│ 核算和提取激励基金 │                    │ 参与本年度激励计划 │
└─────────────────┘                    └─────────────────┘
```

```
┌─────────────────┐
│签署股权激励计划协议书│            ┌──────────────────────┐
└─────────────────┘            │ 薪酬委员会综合考虑激励对 │
        │                      │ 象所担任岗位的价值和个人 │
        ▼                      │ 绩效评估结果，拟订《股权 │
┌─────────────────┐  补充      │ 激励基金分配建议书》，并 │
│   分配激励基金    │──说明─────│ 由董事会代表公司授予计划 │
└─────────────────┘            │ 参与者激励基金。          │
                               └──────────────────────┘
```

```
┌──────────────┐              ┌──────────────┐
│ 管理层激励对象 │              │非管理层激励对象│
└──────────────┘              └──────────────┘
        │                              │
        ▼                              ▼
   ┌─────────┐                    ┌─────────┐
   │ 购买股票 │                    │ 购买股票 │
   └─────────┘                    └─────────┘
        │                              │
        ▼                              ▼
     ◇离职后◇                       ◇锁定◇
     ◇半年◇                        ◇两年后◇
        │                              │
        ▼                              ▼
   ┌─────────┐                    ┌─────────┐
   │  兑现   │                    │  兑现   │
   └─────────┘                    └─────────┘
```

三、股权激励制度的激励对象

股权激励对象包括高层管理人员、中层管理人员和技术骨干等。

四、激励基金核算、提取、分配及处理的方法

1. 每年以公司年度净资产收益率作为确定是否授予股权激励基金的考核基准指标，具体方案如表 6-4 所示。

表 6-4　佛山电器关于业绩股票的激励基金核算方案

净资产收益率	激励基金提取比例
低于 6%	不得提取股权激励基金
达到 6%	按照公司该年度净利润的 5% 提取股权激励基金
超额完成公司业绩目标，净资产收益率超过 6%	激励基金计提的比例和净资产收益率增长的比例同步提高

若净资产收益率达到 6% 的情况下，调整后的激励基金提取比例高于 5%，则须由董事会和股东大会重新审议通过后才能执行。

2. 激励基金总数核算公式为：$F = X \times R$，其中 F 是本年度为实施股权激励提取的激励基金总数；X 是本年度净利润；R 是本年度激励基金的提取比例。

3. 激励对象实得激励基金数为：$FAT = F_i \times (1 - T)$，其中 FAT 是激励对象税后所得的激励基金；F_i 是第 i 个激励对象所分配的激励基金；T 是指激励对象应交纳的个人所得税税率。

五、激励对象的考核

根据激励对象的岗位职责确定考核内容，包括工作态度、工作能力和工作业绩等，其中工作业绩是重点考核内容，具体如 6-5 表所示。

表 6-5　佛山电器关于激励对象的考核指标细分表

业绩考核指标分类	细分指标
财务类指标	营业利润、净利润、投资回报率、净资产收益率
经营类指标	新业务收入、市场拓展率、新客户开发率、老客户维护率
管理类指标	流程规范性、员工满意度、员工流失指标、设备管理指标
技术类指标	新品研发进度、工程方案周密性、物料消耗控制率、工程质量、5S 现场与安全管理、设备监控状态

通过上述案例可以得出如下结论。

企业如何制定股权激励的行权标准

?

企业以资产收益率为标准，若企业达标则进行股权激励；反之，不进行股权激励。

补充说明

超额完成公司业绩目标，净资产收益率也达标，激励基金也会相应地提高。

◎ 正泰集团的股权激励之路

股权激励计划是结合当前企业发展而制定的，激励计划应该始终以适应企业发展为导向。那么，接下来将以案例的形式来讲解正泰集团的激励之路。

案例陈述

正泰集团创建于 1984 年，是我国工业电器龙头企业。正泰集团的股权稀释之路是典型的企业发展的不同阶段实施不同的激励策略的企业。

第一次股权稀释：家族股权稀释个人股权

1984 年，修鞋匠南存辉与小学同学胡成中每人出资 1.5 万元创办求精开关厂，南存辉与胡成中约法三章：其一，每人股权一半，互不控制；其二，各自的夫人不能进厂，不干预企业决策；其三，谁要引进亲戚谁就出让股权。

这种契约式的公司章程体现出了商人的超前智慧，但是随着企业发展，由契约章程而引发了一系列的问题，例如，企业在遇到重大决策时，谁才是真正拍板人？最后，因为两人经营管理理念的不同而分道扬镳。

1991 年，求精开关厂一分为二，两人各分得资产 100 万元。南存辉带着人生的第一桶金与妻兄黄李益合资成立了中美合资温州正泰电器有限公司。

此外，南存辉的弟弟南存飞、外甥朱信敏、妹夫吴炳池等先后加入，完成了正泰公司至为关键的基础构建。南存辉的 100% 股权被稀释为 60%，家族成员控股 40%，但是南存辉始终牢牢掌握了正泰的控股权。

第二次股权稀释：社会资本稀释家族股权

温州柳市镇的许多电器企业和正泰达成合作，他们给正泰贴牌生产，正泰收取 1% 的品牌费和少许管理费。到 1994 年初，和正泰合作的企业已有 38 家。

但是这种合作模式也逐渐出现弊端，因为贴牌生产的合作模式管理非常松散，由于加盟企业大部分都具有独立法人的资格，很容易出现"集而不团"的难题。最致命的是，正泰难以保证贴牌生产商的产品质量，有可能砸了正泰的品牌。

从 1994 年开始，正泰对 48 家加盟企业进行股权改造。通过出让正泰的股份，控股、参股或者投资其他企业，正泰以品牌为纽带，以股权为手段，完成了对 48 家企业的兼并联合。

这次改造后，原来拥有独立法人资格的企业取消法人资格，正泰健全了股东大会、监事会和董事会，并且实行了所有权和经营权的分离，加强了对分公司的控制力，使集团成为真正意义上的集团。

1994 年 2 月，温州正泰集团成立，正泰的股东增加到 40 名，而南存辉个人的股份也下降到 40% 左右。正泰第二次的股权稀释为公司整合了大量的社会资源，净资产从 400 万元飙升至 5000 万元，南存辉个人的财富在 3 年间增加了近 20 倍。直到 1998 年，正泰才完成由家族企业到企业集团的转变。

第三次股权稀释：知识资本稀释家族股权

尽管正泰集团的规模已经达到了一个空前的高度，但是正泰仍然是一个家族化很高的企业，公司的迅速扩张给企业管理带来了巨大的麻烦。因此，南存辉又进行了第3次股权稀释，而南存辉看中的不再是资金，而是另一种对企业发展更重要的资本——人力资本。

1998年，正泰电器股份公司逐渐推行股权配送制度，即"要素入股"，包括管理入股、技术入股和经营入股三大要素。"要素入股"策略为正泰招揽了大量的具有真才实干的股东，股东数量增加至118人。

此时，南存辉个人的股份下降到20%左右，其他几位创业元老分别持7%～10%不等的股份。在正泰决策层中，南氏家族成员所占比例不足1/3。正泰在这次股权改革中按股东对正泰的贡献大小进行合理的股权分配，秉持了公平的分配原则，避免创业元老和企业产生内讧。

通过上述案例可以得出如下结论。

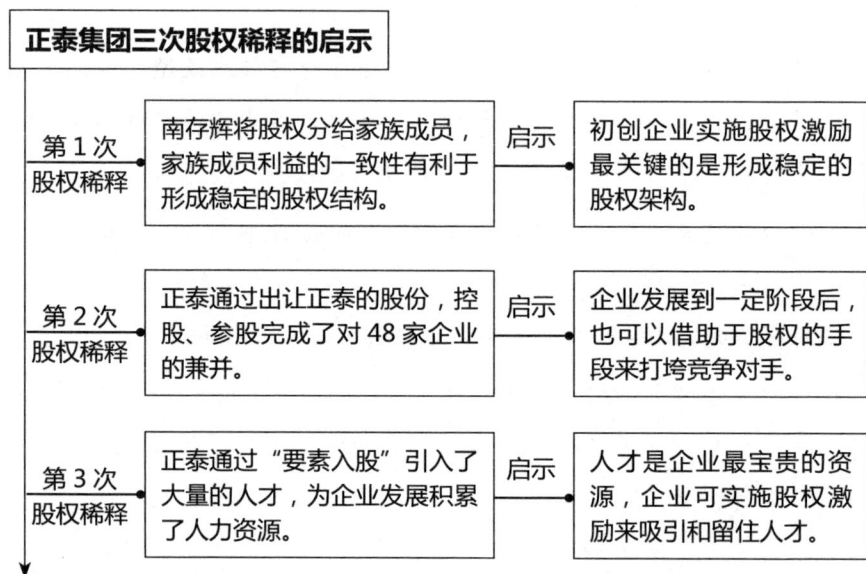

正泰集团三次股权稀释的启示

第1次股权稀释	南存辉将股权分给家族成员，家族成员利益的一致性有利于形成稳定的股权结构。	启示	初创企业实施股权激励最关键的是形成稳定的股权架构。
第2次股权稀释	正泰通过出让正泰的股份，控股、参股完成了对48家企业的兼并。	启示	企业发展到一定阶段后，也可以借助于股权的手段来打垮竞争对手。
第3次股权稀释	正泰通过"要素入股"引入了大量的人才，为企业发展积累了人力资源。	启示	人才是企业最宝贵的资源，企业可实施股权激励来吸引和留住人才。

◎ 华为全员持股的股权激励方案

全员持股激励模式最大的好处就是将大部分员工的利益与企业捆绑在一起，能够最大限度提升企业的生产力和战斗力。接下来将讲解华为的全员持股的激励方案。

案例陈述

在创业初期，华为面临着双重压力，对内，华为需要大量资金来拓展市场；对外，华为面临的竞争对手较多，需要投入经费来进行创新。因此，华为陷入了融资的困境，为解决这一问题，华为选择了内部融资。

1990 年，华为提出了员工持股的概念。当时参股的价格为每股 10元，以税后利润的 15% 作为股权分红。而华为员工的薪酬由工资、奖金和股票分红 3 部分组成。其中股票分红是在员工入职 1 年以后，依据员工的职位、季度绩效、任职资格状况等因素进行派发。新员工的年度奖金不够派发的股票额，由公司帮助员工获得银行贷款来购买。华为实施的员工持股融资方式既减少了公司现金流风险，又增强了员工的归属感，稳住了创业团队。

在这一阶段中，华为完成了"农村包围城市"的战略任务。1995年销售收益达到 15 亿元；1998 年将销售市场从农村拓展到一线城市；2000 年在瑞典首都斯德哥尔摩设立研发中心，海外市场销售额达到 1亿美元。

2000 年经济泡沫时期，IT 行业受到毁灭性的打击，IT 行业融资极为困难。华为迎来发展史上的第一个"冬天"，此时华为开始推行虚拟受限股的期权激励。

公司授予员工享受一种虚拟的股票，员工可以享受股票的分红权和股价升值权，但是没有所有权，没有表决权，也不能转让和出售，在离开企业时自动失效。虚拟股票激励的实施加强了华为公司管理层对企业的控制能力，留住了大部分的创业元老。

2003 年，华为又遭受"非典"重创，出口大幅度下降。此外，华为与海科的产权官司纠纷也直接影响了华为在全球市场的销量。在这种雪上加霜的处境下，华为号召公司中层以上员工自愿提交降薪申请，同时进一步实施管理层收购，稳住员工队伍，共同渡过难关。

2008 年，美国爆发全球性的次贷危机。华为面对经济危机的冲击，采取了配股激励手段，此次配股的股票价格为每股 4.04 元，年利率逾 6%，涉及范围包括华为入职 1 年以上的员工。

这次配股属于饱和配股，不同工作级别匹配不同的持股量，例如，13 级员工的持股上限为 2 万股；14 级员工的持股上限为 5 万股。因为大部分老员工的持股已经达到上限，所以，此次配股激励主要是针对一部分新进员工和业绩突出的员工。

通过上述案例可以得出如下结论。

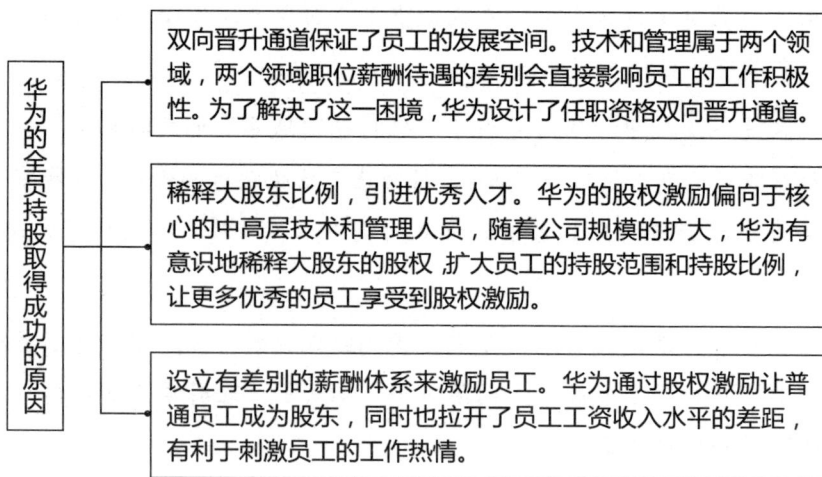

华为的全员持股取得成功的原因	双向晋升通道保证了员工的发展空间。技术和管理属于两个领域，两个领域职位薪酬待遇的差别会直接影响员工的工作积极性。为了解决这一困境，华为设计了任职资格双向晋升通道。
	稀释大股东比例，引进优秀人才。华为的股权激励偏向于核心的中高层技术和管理人员，随着公司规模的扩大，华为有意识地稀释大股东的股权，扩大员工的持股范围和持股比例，让更多优秀的员工享受到股权激励。
	设立有差别的薪酬体系来激励员工。华为通过股权激励让普通员工成为股东，同时也拉开了员工工资收入水平的差距，有利于刺激员工的工作热情。

第 7 章

学以致用，股权激励的实践

股权激励工具的种类较多，不同的企业适合于不同的激励工具。为全方面拓展股权激励的形式，企业管理者还需要不断学习，使企业的股权激励计划更加实用，最终实现股权激励的目的。

学汇中西，学习中西方股权激励的精髓

股权激励源于西方国家，进入中国后形成了独具中国特色的股权激励，但是中国的股权激励体制也存在着一定的缺陷。因此，企业应该学习和借鉴西方的股权激励精髓，帮助企业完成股权激励的"升级"。

◎ 认识中国式股权激励

中国式股权激励方案是国内的各大企业根据宏观环境和自身实际情况而制定的。一般而言，中国式股权激励计划实施的重点是分离管理权和收益，这样既能够留住核心员工和吸引优秀的外部人才，又能够避免企业的管理权被稀释。

中国式股权激励的本质

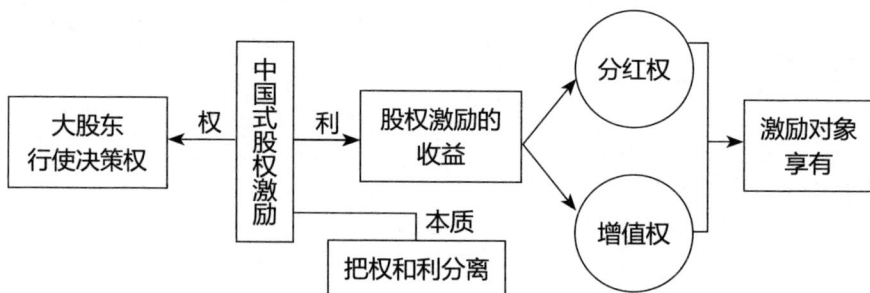

中国式股权激励的问题和应对方法

中国式股权激励存在的问题

内部人操控

内部人控制是指我国许多公司掌握实际控制权的不是股东，而是公司的经营管理者。内部人控制下的股权激励不能达到促进公司收益持续增长的目的，还可能引发公司管理层刻意降低公司收益率的情况。

解决措施

完善公司治理结构

设置独立董事。企业赋予独立董事特别职权，并且对重大事项发表独立意见。

企业需要不断建立、完善和规范职业经理人市场。

建立科学的业绩考核制度和方案。

资本市场不成熟

目前，我国的资本市场尚不成熟。公司股票进行的交易主要以投机性交易为主，所引起的价格波动既不能向企业管理者传达投资信号，也不能对公司的盈利能力和激励对象的业绩水平予以客观的评价。

解决措施

国家规范资本市场

国家可以适当地放松对机构投资者进入资本市场的管制。同时，监管部门应当严厉打击股票市场的内幕交易行为。

为机构投资者以大股东的身份参与企业监控创造条件。

法律法规的不完善

以《中华人民共和国公司法》为代表的法律法规是规范资本市场的交易行为，但仍不完善。

解决措施

国家健全法律法规

国家可以加大对于中小企业的扶持，尤其是政策扶持。

适当地降低中小型企业实施股权激励计划的税收成本。

加大关于会计制度的建设力度。

◎ 中国式股权激励的适用类型

股权激励作为一种实用的激励工具，在实际的运用中也有适用类型。一般而言，中国式股权激励的适用类型主要是按照其性质来细分的，如表 7-1 所示。

表 7-1　中国式股权激励的不同类型及适用类型

特性＼类型	干股	实股	期权	期股
性质	虚拟股权	真实股权	一种权利	虚拟股权
分红权	√	√	×	√
增值权	×	√	√	√
决策权	×	√	×	
出资	×	√	×	√
退出难度	容易	较难	容易	容易
适用情况	适合于利润率较高的、具有潜力的企业	适用于初创型企业或成熟期企业	适用于利润增长较快的成长型企业	适用于利润增长缓慢的成熟型企业

从表 7-1 中得出的结论

初创型企业	成长型企业	成熟型企业
初创型企业缺乏资金，但是急需成立创业团队，因此，干股、实股和期权都是非常适合的激励工具。	成长型企业发展潜力巨大，同时，企业也需要的大量的优秀人才作为发展的储备力量，而干股和期权都是不二选择。	成熟型企业的资金充足，利润率增长速度放缓，而实股和期股正是成熟型企业的首选，可帮助企业再度发展起来。

◎ 西方股权激励以基础理论为支撑

在西方国家，股权激励计划是以理论为支撑的，其中关于管理层持股比例与公司绩效之间的关系是理论研究的重点内容。

西方股权激励的理论基础

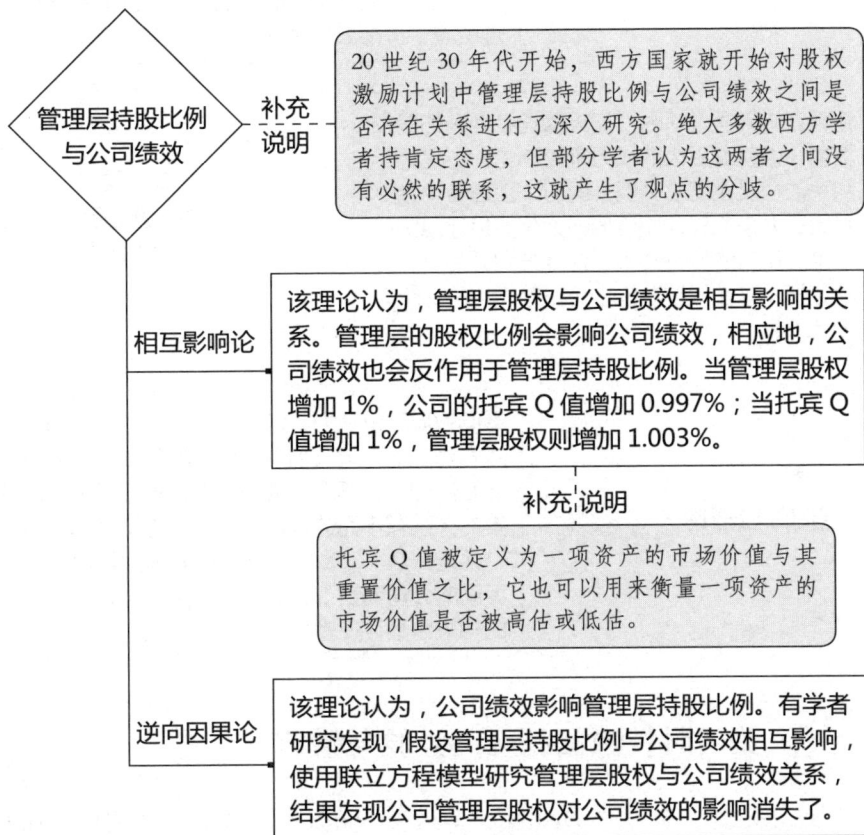

管理层持股比例与公司绩效 —— 补充说明

> 20 世纪 30 年代开始，西方国家就开始对股权激励计划中管理层持股比例与公司绩效之间是否存在关系进行了深入研究。绝大多数西方学者持肯定态度，但部分学者认为这两者之间没有必然的联系，这就产生了观点的分歧。

相互影响论

> 该理论认为，管理层股权与公司绩效是相互影响的关系。管理层的股权比例会影响公司绩效，相应地，公司绩效也会反作用于管理层持股比例。当管理层股权增加 1%，公司的托宾 Q 值增加 0.997%；当托宾 Q 值增加 1%，管理层股权则增加 1.003%。

补充说明

> 托宾 Q 值被定义为一项资产的市场价值与其重置价值之比，它也可以用来衡量一项资产的市场价值是否被高估或低估。

逆向因果论

> 该理论认为，公司绩效影响管理层持股比例。有学者研究发现，假设管理层持股比例与公司绩效相互影响，使用联立方程模型研究管理层股权与公司绩效关系，结果发现公司管理层股权对公司绩效的影响消失了。

小贴士

相互影响论和逆向因果论都属于股权激励的启蒙理论，尽管缺乏强有力的理论作为支撑，没有得到学界的认可，但也在某种程度上也体现了西方股权激励理论思想的先进性与活跃性。

管理层持股比例与企业绩效的理论

利益汇聚假说

学者 Jensen 与 Meckling 提出的利益汇聚假说认为更多的管理者股份会使管理者与其他股东有更多的共同利益，或者说让管理层也拥有剩余索取权会使得管理者与股东的目标函数趋于一致，所以管理者持股作为一种内在激励机制可以汇聚管理者和股东的利益，从而降低代理成本，提高公司绩效。

管理者防御假说认为，如果管理者拥有的股权增加，他就有更大的权力来控制企业，受外界约束的程度也随之减弱。同时，管理者也会尽最大努力来实现公司价值最大化的目标。此外，管理层持有的股份越多，企业被购并的可能性就越低，这使得控制权市场对管理层的约束力度减弱。

管理者防御假说

区间效应理论

区间效应理论认为，管理者持股比例与公司绩效有明显的相关关系，但是这种关系并不是单一方向的，在管理者持股比例的不同区间，二者的关系有不同的表现。这种理论又被称之为"区间效应"，即对处于不同管理层持股比例区间的公司而言，管理层持股比例与公司绩效的相关系数存在差异。

◎ 美国股权激励制度的经验与借鉴

追根溯源，股权激励起源于 20 世纪 50 年代的美国，其根本目的是为了解决股份公司发展中产生的委托代理问题。作为股权激励的"发源地"，美国股权激励制度相对完善，有许多值得企业管理者学习和借鉴的地方。

美国股权激励的发展概况

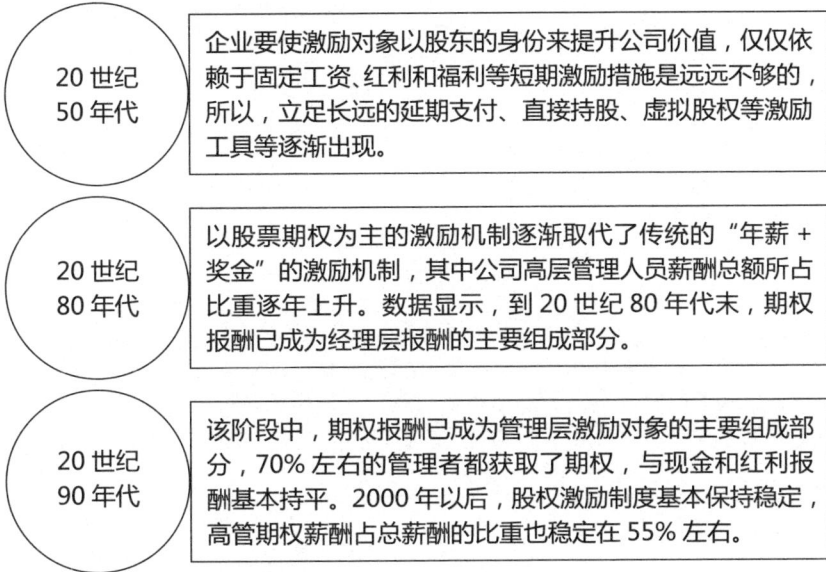

20 世纪 50 年代
企业要使激励对象以股东的身份来提升公司价值，仅仅依赖于固定工资、红利和福利等短期激励措施是远远不够的，所以，立足长远的延期支付、直接持股、虚拟股权等激励工具等逐渐出现。

20 世纪 80 年代
以股票期权为主的激励机制逐渐取代了传统的"年薪 + 奖金"的激励机制，其中公司高层管理人员薪酬总额所占比重逐年上升。数据显示，到 20 世纪 80 年代末，期权报酬已成为经理层报酬的主要组成部分。

20 世纪 90 年代
该阶段中，期权报酬已成为管理层激励对象的主要组成部分，70% 左右的管理者都获取了期权，与现金和红利报酬基本持平。2000 年以后，股权激励制度基本保持稳定，高管期权薪酬占总薪酬的比重也稳定在 55% 左右。

借鉴多元化的薪酬激励机制

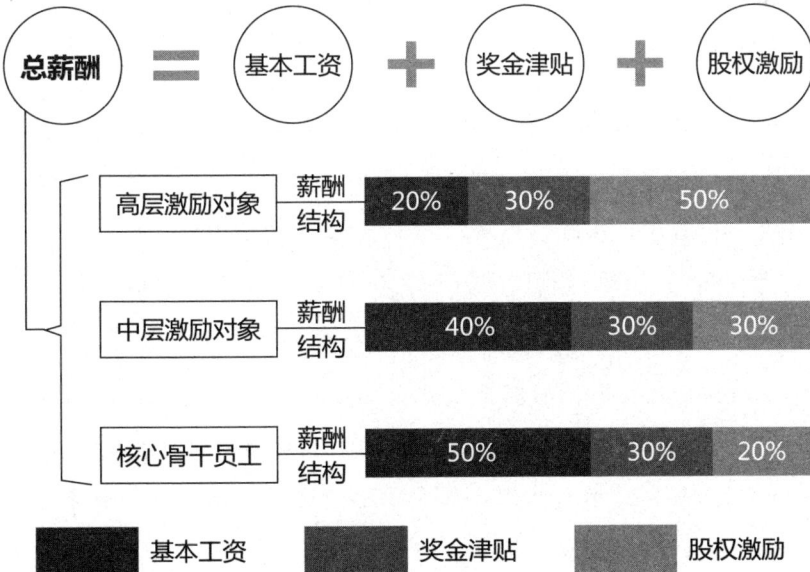

总薪酬 = 基本工资 + 奖金津贴 + 股权激励

高层激励对象 薪酬结构：20% 30% 50%

中层激励对象 薪酬结构：40% 30% 30%

核心骨干员工 薪酬结构：50% 30% 20%

基本工资　奖金津贴　股权激励

借鉴科学的定价机制

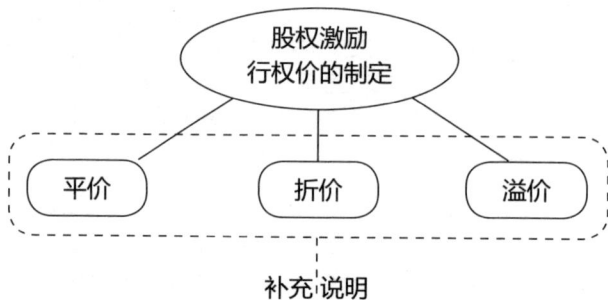

```
        ┌─────────────────┐
        │   股权激励        │
        │ 行权价的制定      │
        └─────────────────┘
         ╱        │        ╲
   ┌────────────────────────────────┐
   │ ( 平价 )   ( 折价 )   ( 溢价 )  │
   └────────────────────────────────┘
                  ┊
             补充说明
```

> 在实践中，大多数美国公司股票期权行权价的确定方法采用折价或平价，基本不采用溢价。由于股票期权计划的行权条件过于宽松，导致公司业绩增长幅度低于公司高管人员收入的增长幅度，股票期权激励给公司的财务带来巨大压力，因此，美国公司逐步提高行权的门槛，目前，股权激励的行权价格以平价和溢价为主。

下面我们通过一个实例来了解一下，分析 Facebook 公司如何科学地制定股权激励的行权价。

案例陈述

截至北京时间 2016 年 7 月 28 日，全球性的社交工具 Facebook 发布了第二季度财报，营收、利润和用户增长等多项指标都超过华尔街的预期。Facebook 目前的月活跃用户数已达到 17.1 亿，较前一季度增长了 6 000 万，同比增幅达到 15%。Facebook 的日活跃用户数达到了 11.3 亿，移动日活跃用户也突破了 10 亿。

Facebook 之所以能够取得如此大的成就，这和 Facebook 的内部管理是分不开的，尤其是 Facebook 实施的股权激励计划。这其中有两点，一是 Facebook 的创始人马克·扎克伯格始终牢牢地掌握了企业的绝对控股权；二是 Facebook 股权激励的行权价格很科学。

Facebook 股票期权激励的行权价格就采用的是平价和溢价相结合的方式。在股权激励方案中明确规定："股票期权的行权价一般不低于期权授予日股票的公允价值；而对于持股比例超过 10% 的股东而言，其期权行权价不能低于期权授予日股票公允价值的 110%。"

目前我国已经颁布了《上市公司股权激励管理办法》，其中对于股票期权的行权价进行了限定，行权价不得低于公告前 20 个交易日公司股票交易均价。

若股权激励计划的行权价过低，即使是企业的股票已经跌到谷底，但是激励对象仍然能够享受到高额的激励，这样就会致使股权激励沦为激励对象谋福利的工具，增加企业的激励成本。

通过上述案例可以得出如下结论。

企业应该如何设置行权价？

企业立足于自身的实际情况，可通过参考历史定价、同行定价、资产估值定价、业绩定价及相关法律、法规，使确定的股权激励的行权价在合理的范围内，既能够达到预期的激励效果，又能够避免企业陷入财务危机中。

股权激励的授予频率

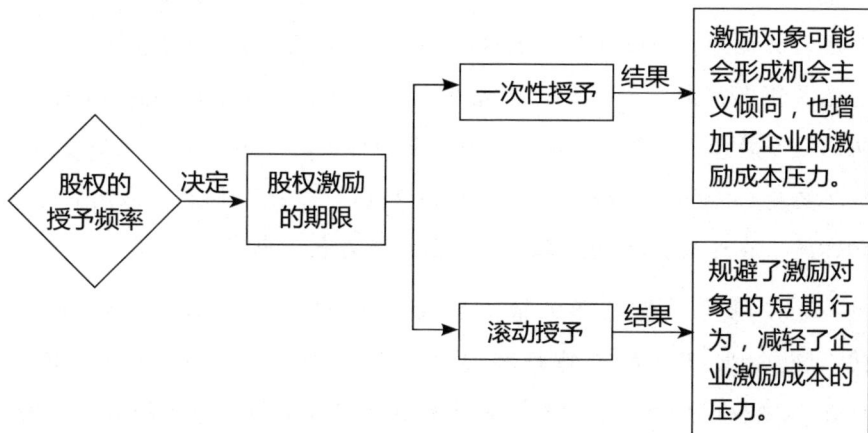

股权的授予频率 →决定→ 股权激励的期限
- 一次性授予 →结果→ 激励对象可能会形成机会主义倾向，也增加了企业的激励成本压力。
- 滚动授予 →结果→ 规避了激励对象的短期行为，减轻了企业激励成本的压力。

为了规避激励对象的各种短期行为，企业可以参考苹果公司所采取的授予方法，下面将以案例的形式进行讲解。

案例陈述

苹果公司是美国的一家高科技公司，由史蒂夫·乔布斯、斯蒂夫·沃兹尼亚克和罗·韦恩等人创建，旗下的产品 MacBook Pro、iPhone、iPad 及 Apple Watch 等畅销全球，属于当之无愧的国际大企业。

为了激励企业员工，苹果公司于 2015 年推出了限制性股票激励计划（Restricted Stock Units，简称"RSU"），苹果公司的 CEO 蒂姆·库克明确表示："每位员工都有资格获得 RSU。"

RSU 是为苹果管理层和产品工程师预留的股权激励，是一种长期留住人才的方法。早在 2011 年，蒂姆·库克就获得了苹果授予的 100 万股 RSU，激励期限为 10 年，也就意味着十年之后这些股票将全部归属于库克。

2015 年 10 月 15 日，库克在内部邮件中公布了一个 RSU 计划："之前大家可以通过公司的员工股票购买计划（ESPP）以折扣价购买公司股票，许多人已经获益颇丰。不过现在我很高兴向大家宣布一个股票归属的新计划，该计划通过 RSU 的授予来实现，未来会覆盖之前没有资格获得苹果股票的员工，包括我们表现优异的零售和 Apple Care 团队的众多员工。在苹果，我们最为重要的资源和公司的灵魂就是员工。除了之前公布的多项福利计划，新的 RSU 计划是我们表达感谢的另一种方式，在这里，我对大家一直以来的努力表示感谢。"

显而易见，苹果公司推出的 RSU 是针对苹果零售、AppleCare 团队及企业部门员工的薪酬奖励。初期授予的 RSU 股票价值在 1 000 ～ 2 000 美元，RSU 股票的申购数量可能会根据员工的工作时间、所在岗位及分配的项目而增长。

苹果公司每次发放的 RSU 都采取滚动授予的形式，在这样的方案设计下，每年都有新的、未到期的 RSU 授予，也有以前年度授予的 RSU 到期。这样就大大减少激励对象的短期行为。

小贴士

为防止激励对象的短期行为，企业可以采取一定的解决措施，例如，企业可以选择股价低迷时期推出股权激励计划，以获得较低的行权价格，降低企业的激励成本；在行权窗口期，企业采用市值管理的手段管理股价，以获得较高的行权收益。此外，企业可以多次频繁授予，减少激励对象的机会主义行为。

◎ 西方股权激励内外的约束机制

企业推行股权激励的初衷是增加员工的薪酬福利，促进企业的长期发展。但由于股权激励的实施过程中可能会遇到各种突发问题，因此，股权激励也离不开约束机制。

公司内部的控制与管理

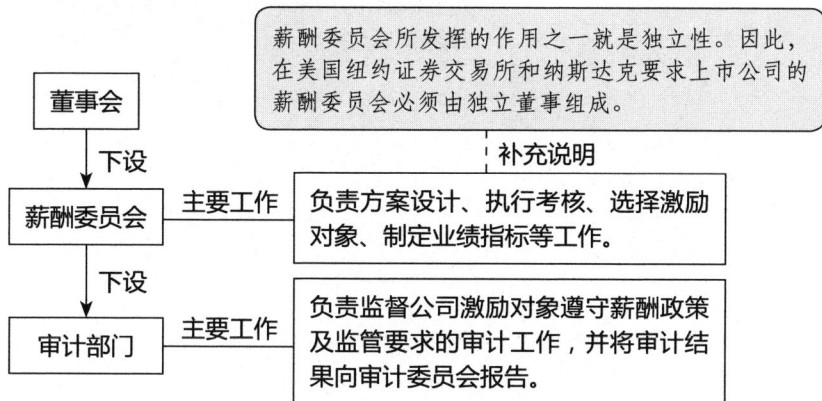

薪酬委员会所发挥的作用之一就是独立性。因此，在美国纽约证券交易所和纳斯达克要求上市公司的薪酬委员会必须由独立董事组成。

董事会 → 下设 → 薪酬委员会 → 下设 → 审计部门

补充说明

薪酬委员会 主要工作：负责方案设计、执行考核、选择激励对象、制定业绩指标等工作。

审计部门 主要工作：负责监督公司激励对象遵守薪酬政策及监管要求的审计工作，并将审计结果向审计委员会报告。

激励风险管理

将激励对象的业绩与同行比较	企业设置激励对象的收益上限	企业适当地增加定性考核指标
激励对象获得股权收益的前提是以同行的业绩为标杆，超过同行业绩就可以行权，反之，则不能行权。这样确保激励对象始终充满竞争力。	如果激励收益无上限，很有可能会给企业的财务带来巨大的压力，企业可以设置激励收益上限，避免出现过度激励，保证企业的财务正常化运作。	为降低股权激励过程中的风险，企业需适当地增加定性指标，例如，研发投入、股东回报、培训考核等，这样能够保证降低激励对象的短期行为。

股权激励的外部约束机制

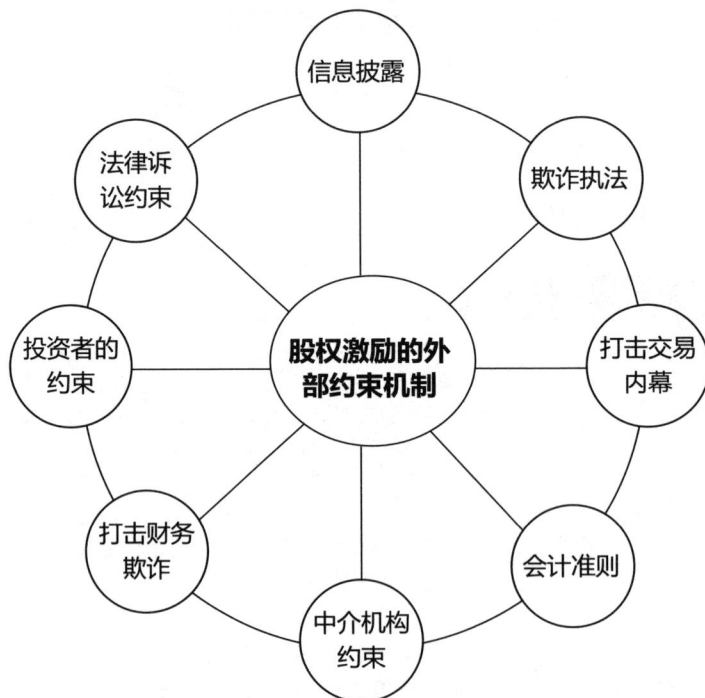

循序渐进，股权激励从初级到高级

股权激励计划的开展也是循序渐进的，初级阶段，股权激励计划比较简单，只要适合企业发展即可；进阶阶段，股权激励计划则更加重视留住人才和创造利润；高级阶段，股权激励计划则是实现企业二次发展的利器。

◎ 135 渐进式激励法保持激励力度

135 渐进式激励法是一种创新型的股权激励工具，捆绑了员工和企业的利益，适合作为长期激励工具。

认识 135 渐进式激励法

135 渐进式激励法

?

含义 →

其中"1"是指 1 年的在职分红期限；"3"是指 3 年的滚动考核期；"5"是指 5 年的锁定期；股权激励的有效期是 8 年。

示意图

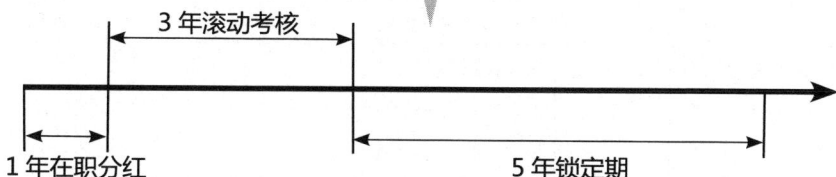

3 年滚动考核

1 年在职分红

5 年锁定期

在 135 渐进式股权激励计划过程中，员工股权比例的分配是至关重要的一步，下面来了解一下如何设计 135 渐进式股权激励方案。

案例陈述

某餐饮企业为了在行业中脱颖而出，高薪对外引进了几名高管人员，为了留住这些核心人才，企业于 2011 年 3 月实施了 135 渐进式股权激励，具体方案如下。

高管人员在 1 年内享受在职分红；在 3 年内以个人业绩和团队业绩作为考核标准进行滚动式考核，若考核结果合格，股权激励计划则进入锁定期，高管的股权在 5 年内全部解锁，每次解锁比例不超过 20%，考核不合格，则取消高管的股权激励资格。

企业为了保证股权激励的公平性，对内制定了统一的考核方案，具体如表 7-2 所示。

表 7-2　企业高管人员的股权激励考核表

一级考核指标	权重 A	二级子考核指标	权重 B
岗位职责	30%	1. 进行市场调研与分析，研究同行、业界发展状况	20%
		2. 定期进行市场预测及情报分析，为公司决策提供依据	30%
		3. 负责企业营销战略计划的执行，以及对执行过程进行控制，做好协调工作	30%
		4. 组织编制年度营销计划、营销费用和内部利润指标等计划	20%
工作能力	25%	1. 利润与成本控制能力	20%
		2. 团队领导能力	20%
		3. 制度建设能力	20%
		4. 授权与激励能力	20%
		5. 内部沟通与协调能力	20%

续表

一级考核指标	权重 A	二级子考核指标	权重 B
任职能力	20%	1. 工商企业管理、人力资源管理、公共事业管理等相关专业，本科以上学历	25%
		2. 熟悉国家各项有关法规政策	25%
		3. 具备市场营销理念和广告策划能力	25%
		4. 能够快速建立一支高效的团队	25%
学习能力	15%	1. 敢于改革创新，有改革的决心和魄力	30%
		2. 学习财务管理，组织企业开源节流，提高企业创新能力	30%
		3. 学习危机公关，提升自我应变能力	20%
		4. 组织员工培训，增强员工的忠诚度	20%
工作环境	10%	1. 工作环境风险的评估	50%
		2. 环境条件的评估	50%

当高管考核结果合格后，则进入锁定期，企业采取的是滚动解锁的方式，具体的解锁方案如表 7-3 所示。

表 7-3　企业高管人员的股权激励的解锁安排表

解锁安排	解锁时间	解锁比例
第一次解锁	2013 年 3 月 1 日～ 2013 年 3 月 15 日	10%
第二次解锁	2015 年 3 月 1 日～ 2015 年 3 月 15 日	20%
第三次解锁	2017 年 3 月 1 日～ 2017 年 3 月 15 日	30%
第四次解锁	2019 年 3 月 1 日～ 2019 年 3 月 15 日	40%

从上述案例中可以看出：该企业所推行的股权激励有两处值得借鉴，一是制定统一的绩效考核方案，保证股权激励的公平性；二是股权激励是长期性的，从实施激励计划开始就已经捆绑了员工和企业的利益，为企业的发展留住了核心人才。

◎ 延长激励周期让股权激励更长效

为了适当地延长股权激励的周期，留住企业需要的人才，企业可采用延期支付这一激励工具。

延期支付的应用

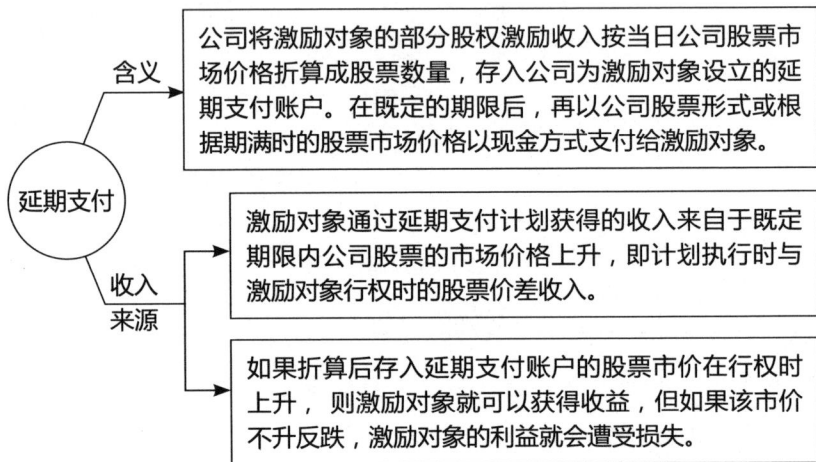

含义 → 公司将激励对象的部分股权激励收入按当日公司股票市场价格折算成股票数量，存入公司为激励对象设立的延期支付账户。在既定的期限后，再以公司股票形式或根据期满时的股票市场价格以现金方式支付给激励对象。

延期支付

收入来源 →

激励对象通过延期支付计划获得的收入来自于既定期限内公司股票的市场价格上升，即计划执行时与激励对象行权时的股票价差收入。

如果折算后存入延期支付账户的股票市价在行权时上升，则激励对象就可以获得收益，但如果该市价不升反跌，激励对象的利益就会遭受损失。

下面通过一个案例来了解企业该如何利用延期支付来增强股权激励的时效性。

案例陈述

某企业为了延长股权激励的有效期，同时降低人力资源成本，大力培养和挖掘内部的优秀人才，故实施了延期支付激励计划，其方案具体如下。

《××企业的股权激励计划方案（讨论稿）》

一、激励目的

为提高企业经济效益和市场竞争力，倡导以业绩为导向的竞争理念，让员工分享公司发展和成长的收益，故制定本激励计划。

二、股权激励的有效期限

本计划有效期限为 5 年，即 2016 ~ 2020 年。

三、股权激励的组织实施流程

1. 董事会下设薪酬委员会，负责统筹股权激励事宜。

2. 薪酬委员会和人事部共同草拟股权激励方案。

······

四、授予对象确定的范围

公司高级管理人员、中层管理人员和核心骨干员工。

五、延迟支付激励

此次股权激励共授予 100 000 股，分为 5 年行权，每年可行权 20 000 股。

六、虚拟股权持有数量的确定

股权的初始授予数量＝基准职位股数 × 能力系数 × 工龄系数

七、股权级别及职位股数确定

股权级别划分的依据是按照激励对象的业绩完成度和个人能力，具体的方案如表 7-4 所示。

表 7-4　企业股权激励的职位股数评定表

激励等级	基准职位股数（股）	评定标准
1	1 000	在规定的期限内完成岗位的工作任务
2	2 000	独立、合格、按时完成岗位的工作任务
3	3 000	激励对象能够凭借自己的技术、专长或经验出色地完成本岗位工作
4	4 000	激励对象能够带领团队保质保量地完成工作目标，业绩卓越且能保持团队稳定

八、激励对象的个人能力系数评定

股权激励的能力系数以个人能力为考核标准，具体的考核方案如表7-5所示。

表7-5　企业关于激励对象的个人能力系数评定表

能力等级	能力系数	能力系数评定标准
初级	0.5	1. 将所掌握的知识、技能和经验运用到工作中
		2. 团队协作意识较强
		3. 能够把握工作中的风险和潜在问题
中级	0.8	1. 熟练地掌握某一方面知识或技能
		2. 能够独立处理富有挑战性和复杂的问题
		3. 能够带领团队开展相关工作
高级	1.0	1. 能够被征询意见，解决本职工作中复杂的问题
		2. 对岗位的发展有敏锐的洞察力并提出解决方案
		3. 能够运用积累的经验和工作技能对企业的发展提出战略性建议

九、激励对象的工龄系数评定表

激励对象的工龄系数按照入职时间的长短来评定，具体的方案如表7-6所示。

表7-6　企业关于激励对象的工龄系数表评定表

激励对象的工龄	激励对象的工龄系数
3年以下（含）	1.0
3～5年（含）	1.2
5年以上	1.5

从上述案例中可以看出：该企业实施延迟支付激励方案主要是从职位股数、能力系数和工龄系数这3个维度来制定的，既能够减少激励对象的短期行为，又能够保证股权激励的时效性。

◎ 5 步连贯法形成闭环激励系统

股权激励工具较多，其中 5 步连贯法的应用范围最广，大部分企业的股权激励计划都遵循 5 步连贯法。

5 步连贯法的内容

企业适合于哪种激励工具？激励工具在使用时应注意什么？

股权激励定人要遵循哪些原则？定人的一般流程是什么？

股权激励的有效期是多久？如何设置行权期、禁售期和解锁期？

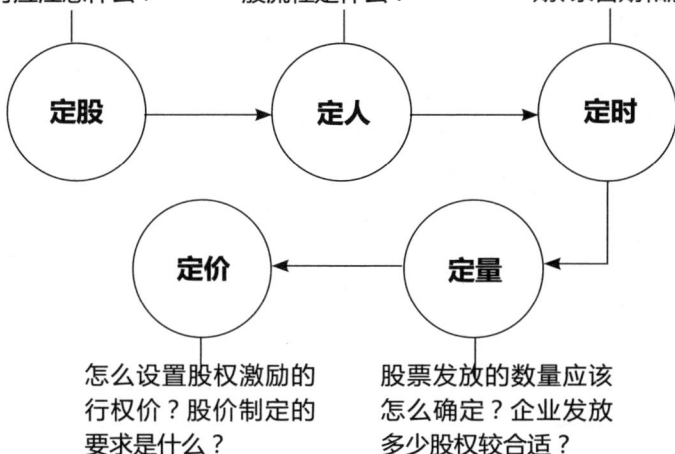

定股 → **定人** → **定时**

定价 ← **定量** ←

怎么设置股权激励的行权价？股价制定的要求是什么？

股票发放的数量应该怎么确定？企业发放多少股权较合适？

股权激励的定股

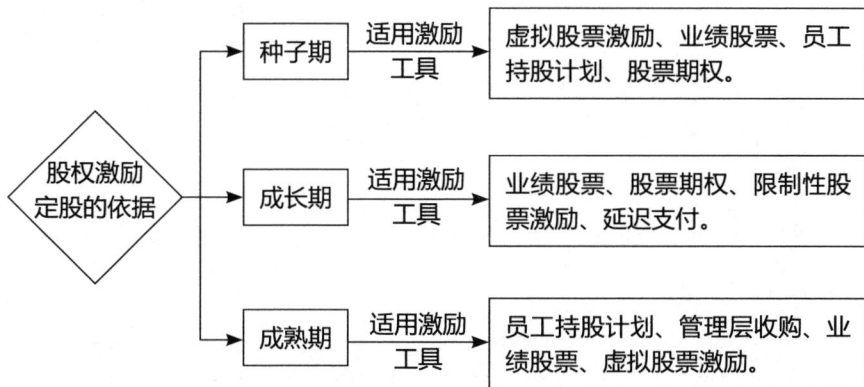

股权激励定股的依据

- 种子期 —— 适用激励工具 → 虚拟股票激励、业绩股票、员工持股计划、股票期权。
- 成长期 —— 适用激励工具 → 业绩股票、股票期权、限制性股票激励、延迟支付。
- 成熟期 —— 适用激励工具 → 员工持股计划、管理层收购、业绩股票、虚拟股票激励。

股权激励的定人

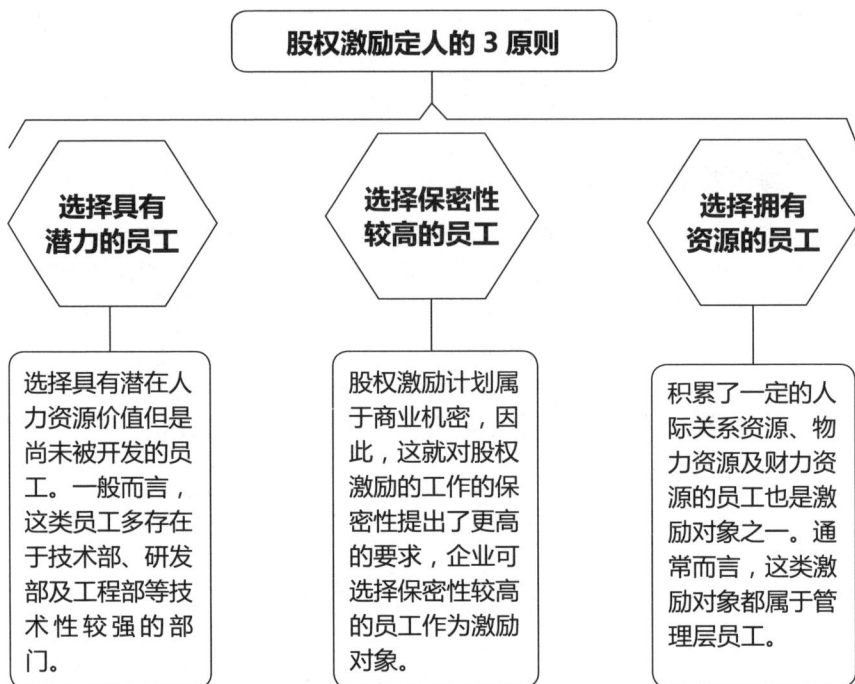

股权激励定人的 3 原则

选择具有
潜力的员工

选择保密性
较高的员工

选择拥有
资源的员工

选择具有潜在人
力资源价值但是
尚未被开发的员
工。一般而言，
这类员工多存在
于技术部、研发
部及工程部等技
术性较强的部
门。

股权激励计划属
于商业机密，因
此，这就对股权
激励的工作的保
密性提出了更高
的要求，企业可
选择保密性较高
的员工作为激励
对象。

积累了一定的人
际关系资源、物
力资源及财力资
源的员工也是激
励对象之一。通
常而言，这类激
励对象都属于管
理层员工。

股权激励的定时

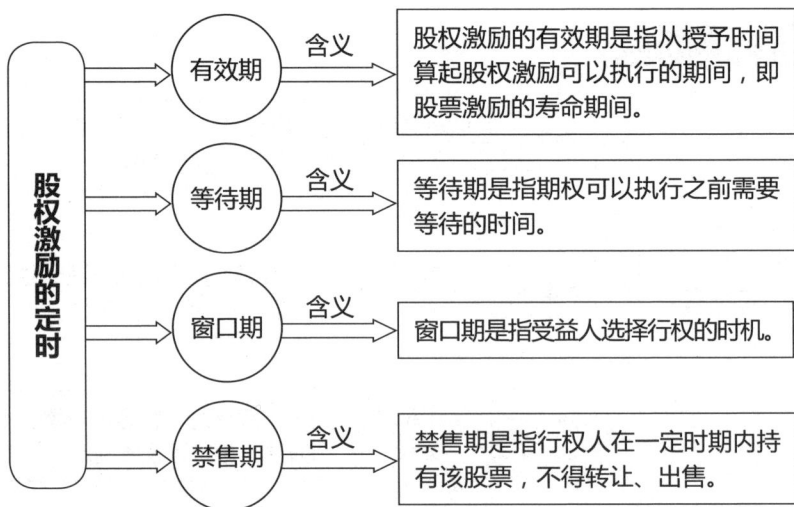

股权激励的定时

有效期 ──含义──▶ 股权激励的有效期是指从授予时间
算起股权激励可以执行的期间，即
股票激励的寿命期间。

等待期 ──含义──▶ 等待期是指期权可以执行之前需要
等待的时间。

窗口期 ──含义──▶ 窗口期是指受益人选择行权的时机。

禁售期 ──含义──▶ 禁售期是指行权人在一定时期内持
有该股票，不得转让、出售。

其中等待期是重点内容，下面具体将讲解。

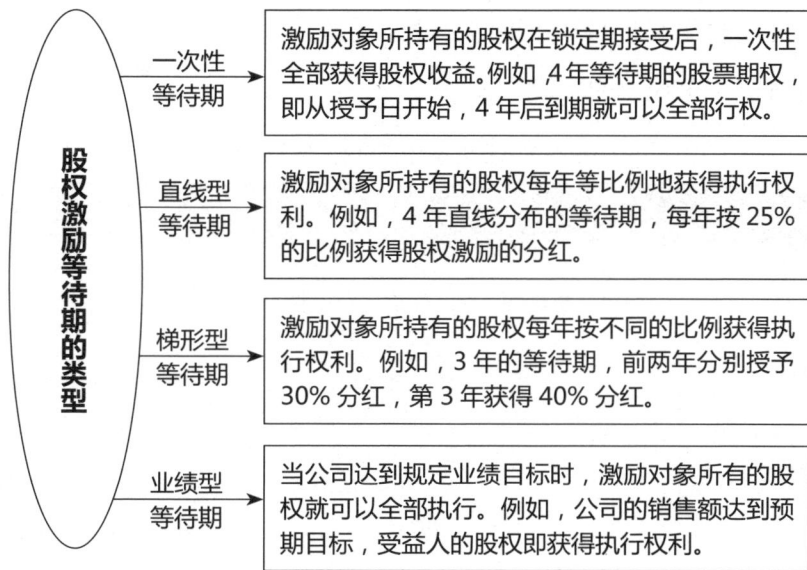

股权激励等待期的类型		
	一次性等待期	激励对象所持有的股权在锁定期接受后，一次性全部获得股权收益。例如，4 年等待期的股票期权，即从授予日开始，4 年后到期就可以全部行权。
	直线型等待期	激励对象所持有的股权每年等比例地获得执行权利。例如，4 年直线分布的等待期，每年按 25% 的比例获得股权激励的分红。
	梯形型等待期	激励对象所持有的股权每年按不同的比例获得执行权利。例如，3 年的等待期，前两年分别授予 30% 分红，第 3 年获得 40% 分红。
	业绩型等待期	当公司达到规定业绩目标时，激励对象所有的股权就可以全部执行。例如，公司的销售额达到预期目标，受益人的股权即获得执行权利。

股权激励的定量

股权激励的数量是按照岗位重要性和贡献值来确定的，具体如表 7-7 所示。

表 7-7　股权激励的定量表

激励层级	高管
高管	个人激励额度＝岗位激励总量 × 个人分配系数
	个人分配系数＝工龄系数 ×30% ＋工资系数 ×70%
	总分配系数 ＝ ∑个人分配系数
中层管理者	个人激励额度＝岗位激励总量 × 个人分配系数 ×80% 股权预留
	个人分配系数＝工龄系数 ×15% ＋工资系数 ×85%
	总分配系数 ＝ ∑个人分配系数
核心骨干	个人激励额度＝岗位激励总量 × 个人分配系数 ×60% 股权预留
	个人分配系数＝工龄系数 ×10% ＋工资系数 ×80%
	总分配系数 ＝ ∑个人分配系数

股权激励的定价

定价也是影响激励效果的关键性因素，对于非上市企业而言，可采用如表 7-8 所示的定价方法。

表 7-8　非上市企业的定价方法表

定价方法		具体实施方法
资产价值评估定价法	净资产定价法	1. 算出公司净资产 2. 确定公司总股本 3. 每股价值 = 净资产 ÷ 总股本
	综合定价法	1. 综合考虑销售收入、净利润与净资产定价，分别赋予不同的权重，计算公司的总价值 2. 确定公司的总股本 3. 公司股份价值 = 总资产 ÷ 总股本
	"有形资产 + 无形资产"定价法	1. 对公司有形资产、无形资产分别赋予不同的权重，计算公司总价值 2. 确定公司的总股本 3. 公司股份价值 = 总资产 ÷ 总股本
净现金流量折现法		1. 贴现率 = 利率 ÷（1 + 利率 × 时期） 2. 根据贴现率计算公司净现值，并按照一定的折扣率计算，以此确定公司的股份价格
市盈率定价法		1. 股票价格 = 每股收益 × 市盈率 2. 每股收益 = 净利润 ÷ 年末普通股股份总数 3. 市盈率 = 普通股每股的市场价格 ÷ 普通股每年每股的盈利（即股票每股税后收益）
市场评估定价法		1. 选择规模、发展阶段和运营模式与本公司相近的公司作为参考 2. 根据参考公司的净利润、净资产或现金流量等股价指标算出参考公司相关指标的价值比例
组合定价法		将资产价值评估定价法、净现金流量折现法、市盈率定价法和市场评估定价法组合起来确定股权激励的股价

第 8 章

与时俱进，股权激励不同时期的布局

企业始终处于不断发展的状态，这就要求股权激励计划应该顺应企业发展而进行"升级"，即在不同的发展期设计出不同的激励方案。因此，本章将讲解企业在创业期、成长期和成熟期的激励方案。

创业初期，企业最需要的是人才

当企业刚成立时，缺乏运营经验，资金周转能力差，没有形成稳定的创业团队。在重重困难的压迫下，企业最需要做的就是组建创业团队，而股权激励则是组建团队的制胜法宝。

◎ 团队合伙人应合理分配股权

股权激励计划的第一件事就是分配股权，股权若分配合理，能够吸引优秀人才加入，快速形成创业团队；股权若分配不合理，则无疑会为企业后续发展埋下"地雷"。

股权分配的原则和方法

原则一 最大责任者一股独大。成功的模式一般是这样的：一个大家都信服的大股东作为牵头人，他是公司决策的中心，对公司承担最大的责任，搭配占股权 10% ~ 20% 的合伙股东，与大股东能力和资源互补，对公司有一定的影响力。

原则二 股权分配杜绝平均和拖延。创业团队的股权分配绝对不能搞平均主义。但是很多创始人不愿意谈论股权分配问题，或是完全回避这个问题，比如"我们是平等的"、"先做事，其他好商量"或者"我们之间还有什么不好说的，以后再说吧"。

原则三

股权绑定，分期兑现。企业仅仅和激励对象达成股权比例的共识还不够，还需要实现股权绑定，但是中国的创业公司没有执行股权绑定是十分普遍的现象，后果可能十分严重，很可能会直接导致项目失败或者岗位无人的尴尬局面。

原则四

股权分配最核心的原则是契约精神。对于创始团队成员而言，股权分配方案一旦确定，也就意味着利益分配机制确定了。抛开后期的调整机制因素，一般而言，激励对象业绩和贡献是与股权分配数量成正比的，企业应该坚持不渝地贯彻这一准则。

创始人的个人的贡献和价值

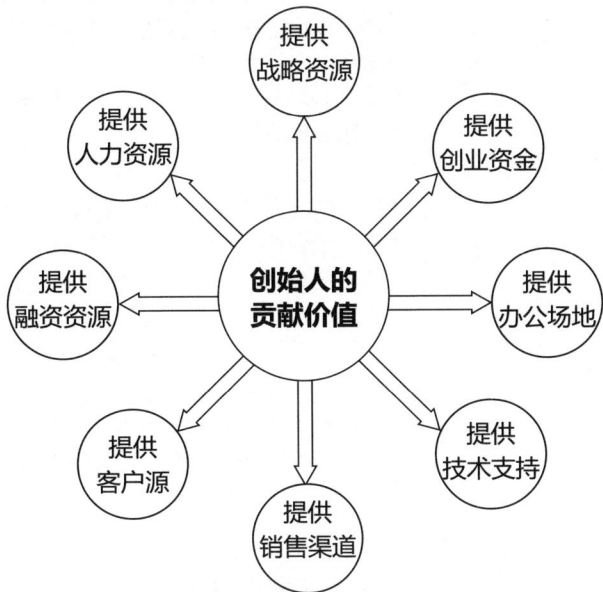

小贴士

合伙人创业常常是各尽其力、各司其职。有的人提供创业资金；有的人提供技术；有的人提供场地。由于各个创始人贡献的资源不同，无法进行对比，但是如果没有统一的评估标准，创始人之间的股权分配就会成为一个难题。因此，股权激励的分配机制要按照一定的方法来实施。

评估创始人个人贡献的方法

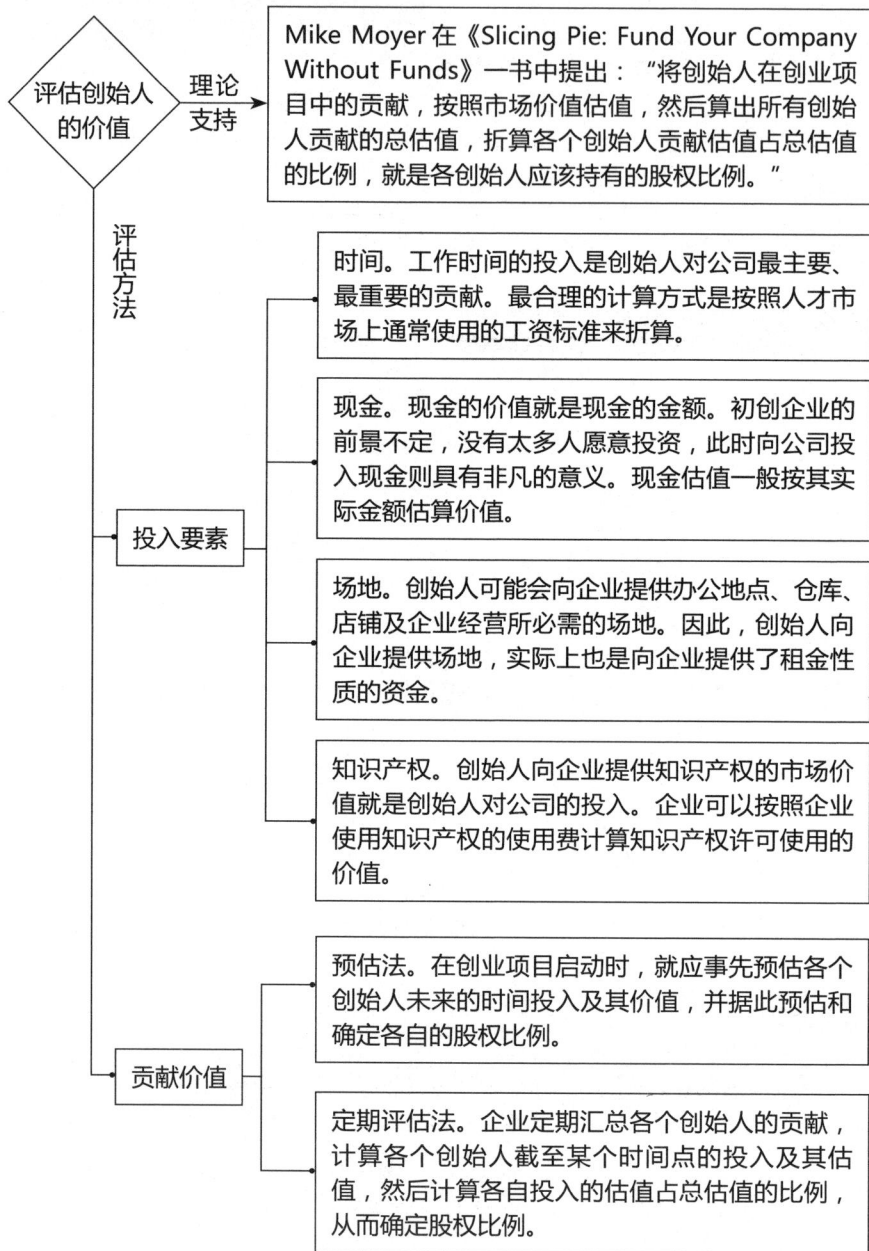

评估创始人的价值 —— 理论支持 —— Mike Moyer 在《Slicing Pie: Fund Your Company Without Funds》一书中提出："将创始人在创业项目中的贡献，按照市场价值估值，然后算出所有创始人贡献的总估值，折算各个创始人贡献估值占总估值的比例，就是各创始人应该持有的股权比例。"

评估方法

投入要素

时间。工作时间的投入是创始人对公司最主要、最重要的贡献。最合理的计算方式是按照人才市场上通常使用的工资标准来折算。

现金。现金的价值就是现金的金额。初创企业的前景不定，没有太多人愿意投资，此时向公司投入现金则具有非凡的意义。现金估值一般按其实际金额估算价值。

场地。创始人可能会向企业提供办公地点、仓库、店铺及企业经营所必需的场地。因此，创始人向企业提供场地，实际上也是向企业提供了租金性质的资金。

知识产权。创始人向企业提供知识产权的市场价值就是创始人对公司的投入。企业可以按照企业使用知识产权的使用费计算知识产权许可使用的价值。

贡献价值

预估法。在创业项目启动时，就应事先预估各个创始人未来的时间投入及其价值，并据此预估和确定各自的股权比例。

定期评估法。企业定期汇总各个创始人的贡献，计算各个创始人截至某个时间点的投入及其估值，然后计算各自投入的估值占总估值的比例，从而确定股权比例。

◎ 优质的股权架构是必不可少的

企业的股权结构对企业的类型、发展及组织结构的形成都具有重大的意义。因此，企业管理者在进行股权激励的过程中应该充分考虑股权结构设计的各个要素。

股权架构的合理安排

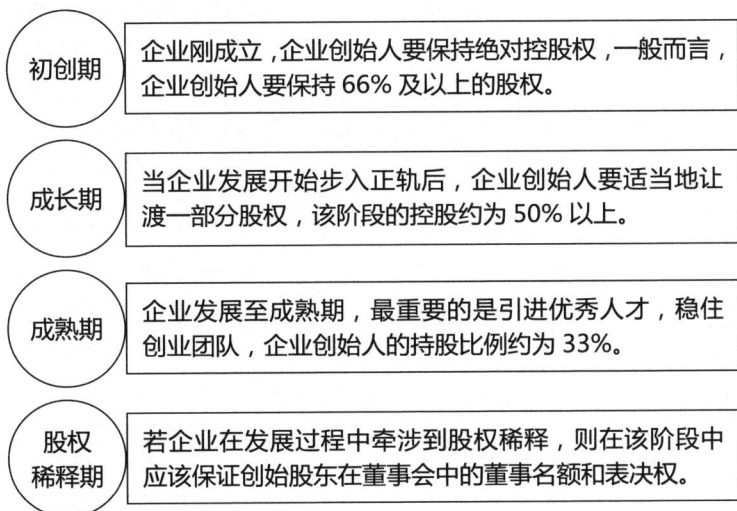

初创期	企业刚成立，企业创始人要保持绝对控股权，一般而言，企业创始人要保持 66% 及以上的股权。
成长期	当企业发展开始步入正轨后，企业创始人要适当地让渡一部分股权，该阶段的控股约为 50% 以上。
成熟期	企业发展至成熟期，最重要的是引进优秀人才，稳住创业团队，企业创始人的持股比例约为 33%。
股权稀释期	若企业在发展过程中牵涉到股权稀释，则在该阶段中应该保证创始股东在董事会中的董事名额和表决权。

投资人入股的分类

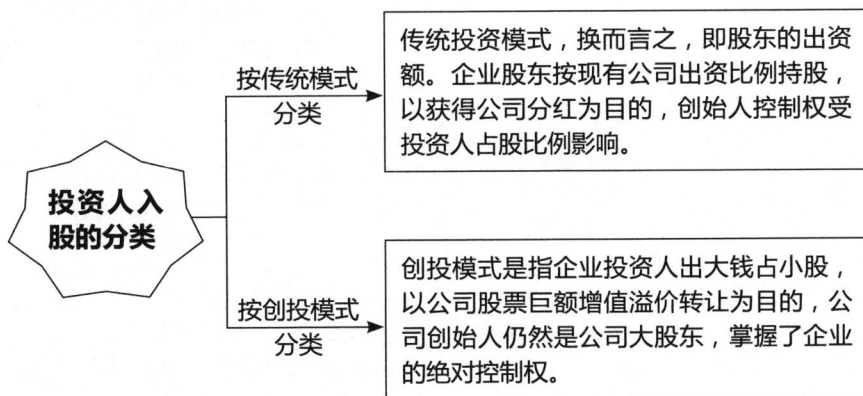

投资人入股的分类

按传统模式分类：传统投资模式，换而言之，即股东的出资额。企业股东按现有公司出资比例持股，以获得公司分红为目的，创始人控制权受投资人占股比例影响。

按创投模式分类：创投模式是指企业投资人出大钱占小股，以公司股票巨额增值溢价转让为目的，公司创始人仍然是公司大股东，掌握了企业的绝对控制权。

◎ 初创企业常用的股权激励工具

在创业初期，企业由于缺乏专业的运营经验，很有可能会落入陷阱中，那么，初创企业常用的股权激励工具有哪些呢？

初创企业股权激励的常见方式

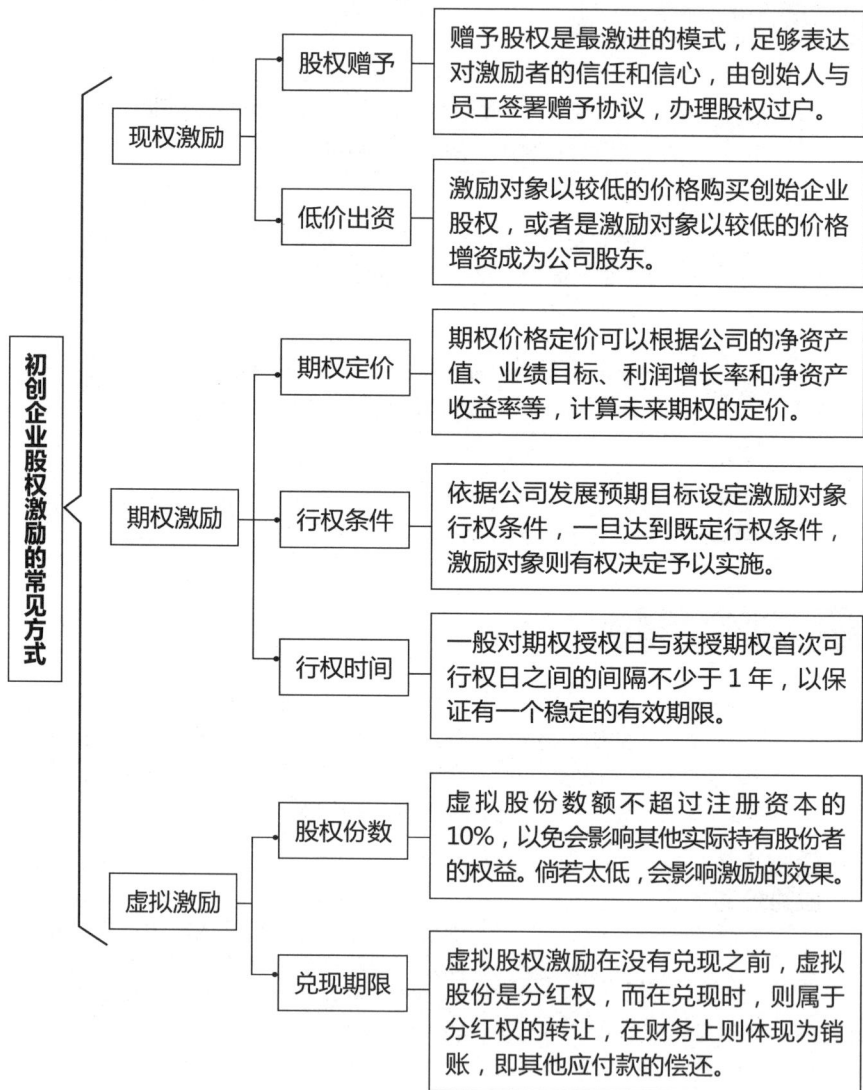

初创企业股权激励的常见方式

- 现权激励
  - 股权赠予：赠予股权是最激进的模式，足够表达对激励者的信任和信心，由创始人与员工签署赠予协议，办理股权过户。
  - 低价出资：激励对象以较低的价格购买创始企业股权，或者是激励对象以较低的价格增资成为公司股东。
- 期权激励
  - 期权定价：期权价格定价可以根据公司的净资产值、业绩目标、利润增长率和净资产收益率等，计算未来期权的定价。
  - 行权条件：依据公司发展预期目标设定激励对象行权条件，一旦达到既定行权条件，激励对象则有权决定予以实施。
  - 行权时间：一般对期权授权日与获授期权首次可行权日之间的间隔不少于1年，以保证有一个稳定的有效期限。
- 虚拟激励
  - 股权份数：虚拟股份数额不超过注册资本的10%，以免会影响其他实际持有股份者的权益。倘若太低，会影响激励的效果。
  - 兑现期限：虚拟股权激励在没有兑现之前，虚拟股份是分红权，而在兑现时，则属于分红权的转让，在财务上则体现为销账，即其他应付款的偿还。

高速成长，企业需要源源不断的动力

　　企业发展至成长期时，企业的股权架构已经具有一定规模，积累了一定的股权激励运营经验。由于该阶段属于"长跑阶段"，企业需要源源不断的资金和人才作为后盾，因此，成长期的股权激励应该有所调整。

◎　明确定位成长型企业股权激励的目的

　　成长型企业在实施股权激励过程中最重要的是明确实施的目的，若盲目地实施股权激励计划，很可能会导致企业出现逆向发展。

股权激励计划实施的目的

实施股权激励是为了企业发展	实施股权激励不是为了筹集资金	股权激励是企业管理的辅助性工具
股权激励属于长期激励机制，目的是激励优秀人才，调动员工的工作积极性，构建一个团结奋进的核心团队，提升企业竞争力，创造优秀业绩，实现可持续发展。	股权激励是一套严格的管理制度体系，并非是帮助企业筹集资金。若是这样的实施目的，就容易触碰到法律的"红线"，致使企业陷入非法集资的尴尬处境中。	股权激励不等同于公司管理制度。公司管理制度的建立是一个繁杂的工程，需要企业根据自身情况不断完善，是任何形式的激励工具都不能取代的。

哪些股权激励会影响企业上市

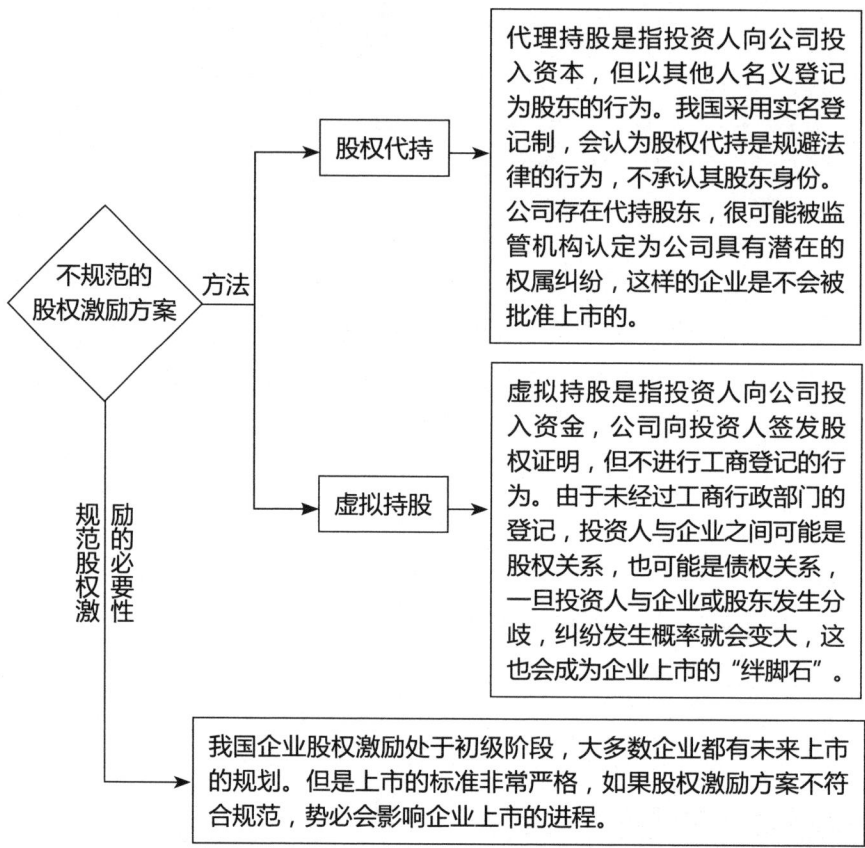

不规范的股权激励方案 ── 方法 ──

股权代持 → 代理持股是指投资人向公司投入资本，但以其他人名义登记为股东的行为。我国采用实名登记制，会认为股权代持是规避法律的行为，不承认其股东身份。公司存在代持股东，很可能被监管机构认定为公司具有潜在的权属纠纷，这样的企业是不会被批准上市的。

虚拟持股 → 虚拟持股是指投资人向公司投入资金，公司向投资人签发股权证明，但不进行工商登记的行为。由于未经过工商行政部门的登记，投资人与企业之间可能是股权关系，也可能是债权关系，一旦投资人与企业或股东发生分歧，纠纷发生概率就会变大，这也会成为企业上市的"绊脚石"。

规范股权激励的必要性 → 我国企业股权激励处于初级阶段，大多数企业都有未来上市的规划。但是上市的标准非常严格，如果股权激励方案不符合规范，势必会影响企业上市的进程。

小贴士

为了规范股东人数超过 200 人的未上市股份有限公司申请公开发行并在证券交易所上市，在全国中小企业股份转让系统挂牌公开转让等行政许可事项，证监会在 2013 年 12 月 26 日正式颁布《非上市公众公司监管指引第 4 号——股东人数超过 200 人的未上市股份有限公司申请行政许可有关问题的审核指引》，解决了因各种原因导致股东超过 200 人的公司没有规范或核准，进而影响企业上市及挂牌的问题，市场预期也变为了实践。

◎ 科学地设置股权激励方案

股权激励方案的设置必须要综合考虑各方面的影响因素，这样才能够保证股权激励的顺利实施。

股权激励方案设计的切入点

设置股权激励方案的切入点

- 企业要选择合适的激励对象，在股权激励计划层面中给予激励对象足够的重视，以期激励对象为公司的发展作出重大贡献。

- 激励股份要分期授予，每期分别向激励对象授予一定比例的股权，这样能够减少激励对象的短期行为，降低对企业带来的损失。

- 股权激励计划的影响因素较多，为激励和约束员工，企业可以适当地增加附加条件，激励对象每年必须完成公司规定的任务，若没有完成规定任务或者严重失职，激励对象会受到相应的处罚。

- 企业制定规范、统一的绩效考核方案，所有激励对象都必须接受考核，保证股权激励的公平性。

劳动方需要考虑进去

股权激励为什么要考虑劳动方

?

激励对象属于劳动方，是处于弱势的一方，其警惕心理很高，会质疑股权激励的公平性。因此，企业要想激励计划达到预期目的，就必须考虑到劳动方。

补充说明

作为企业，必须保障激励对象能够行使股东权利，例如，了解公司财务状况、获得年度分红以及对公司重大事项进行投票的权利等。

◎ 建立和完善动态股权激励系统

成长型企业实施股权激励的难度更大。因为成长型企业的股份不能流通，自身发展不稳定，股权价格不能得到资本市场检验，缺乏衡量标准，企业的当务之急是建立和完善股权激励系统。

股权激励的实施要点

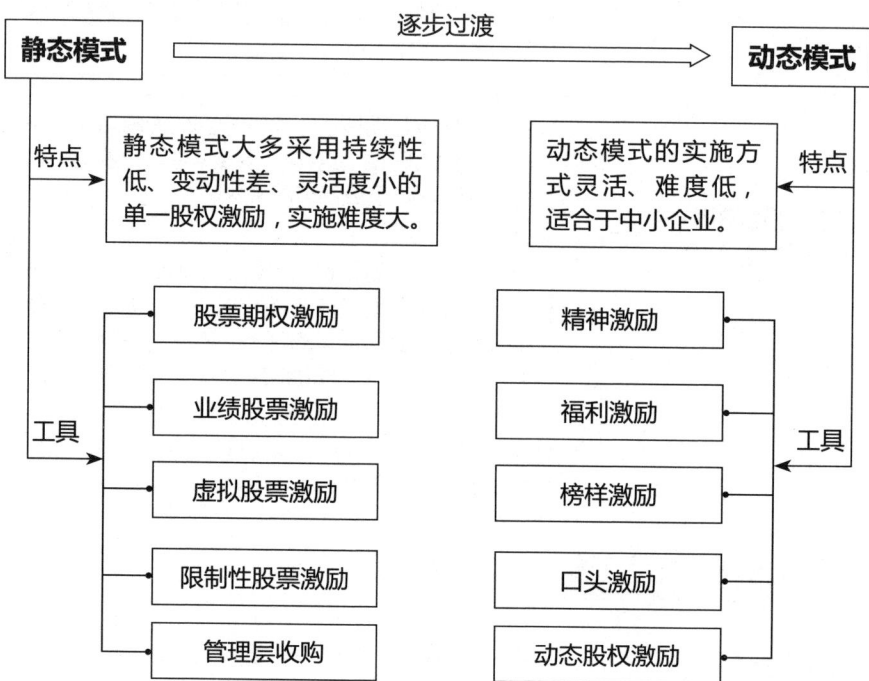

逐步过渡

静态模式	→	动态模式

特点 — 静态模式大多采用持续性低、变动性差、灵活度小的单一股权激励，实施难度大。

特点 — 动态模式的实施方式灵活、难度低，适合于中小企业。

工具
- 股票期权激励
- 业绩股票激励
- 虚拟股票激励
- 限制性股票激励
- 管理层收购

工具
- 精神激励
- 福利激励
- 榜样激励
- 口头激励
- 动态股权激励

补充说明

动态股权激励是指在股份制企业中以企业经营者和经营、管理、销售以及技术等关键岗位的人员为主要对象，将企业当年新增（或减少）净资产部分按贡献分配股权为主要形式，实行按劳分配、按贡献分配、按资本分配"三位一体"的分配机制和竞争上岗的用工机制，从而在企业中形成强有力的激励、约束和竞争机制，从而实现企业资本（资产）和社会产业资本的保值和增值。

建立动态股权激励系统

建立动态
股权激励的方法

内部治理

基本要求

市场前景

建立强有力的
股权激励管理机构

企业有市场前景
广阔的业务

制定科学的
股权激励管理制度

成长型企业希望成功实施动态股权激励，其中很重要的一项任务就是建立强有力的股权激励管理机构。一般而言，董事会下设股权激励工作小组，其组成人员包括公司股东、董事、监事、总经理、董事会秘书、财务人员、人力资源人员及独立董事等，由董事长设置小组组长。

企业必须有一项市场前景广阔的主营业务，拥有自主知识产权产品研发、生产和销售的能力，对知识、技术和人才依赖性很大。首先，企业管理者有做强、做大企业的愿景，充分尊重知识和人才；其次，股权激励对象应具有较高的知识文化素质，高度认同企业文化，自愿与企业共担风险。

成长型企业应当制定科学、严谨且合理的股权激励管理制度体系。股权激励管理制度是全面规范公司股权激励各项规则的根本大法，起着统帅全局的作用。其主要内容包括：制定股权激励管制度的机构及其职责，制定股权激励管理制度的程序，设计股权激励管理制度的基本原则。

补充说明

股权激励管理制度的内容必然涉及《中华人民共和国公司法》《中华人民共和国证券法》及《中华人民共和国合同法》等相关的法律、法规，很有可能就会触碰到法律"红线"，例如，为了规避有限股东人数上限200人这一强制性规定，企业可能会采取股权代持的方式，这无疑就为企业的上市埋下了"定时炸弹"，造成不必要的股权纠纷。所以，企业管理者在制定企业股权激励管理制度体系过程中要高度关注相关法律、法规和政策。

◎ 股权激励方案的实施离不开管理监控

企业已经建立动态股权激励制度后，还需要严格贯彻和执行管理监控制度，确保股权激励计划始终处于正轨。

动态股权激励的监管核心点

员工实际绩效的监管

员工的绩效监管主要分为两个层面，一是公正、持续考核每位员工的业绩贡献，为实施动态股权激励提供精准的依据；二是防止员工为了获得更多的股权和福利而虚报业绩，严重地影响股权激励计划的开展。

企业依约兑现的监管分为两个步骤，第一步是根据《股权激励管理制度》和《员工股权激励合同》的约定，向完成业绩任务的激励对象发放股权或红利；第二步是企业及时地为获得股权的员工办理工商登记手续。

企业依约兑现的监管

加大对同股同权的监管

根据"同股同权、按股行权、人走股收"的原则来监管，同比例的股票享受同样的权利，股东应该按照持股比例来行使权力，一旦激励对象离开企业，股权就必须收回。这样才能够保证股权激励计划顺利开展。

普通员工获得股权后，其身份转变为企业的股东，员工也应当充分享受股东权利。股东不论大小，都应享有基本的权利，例如，分红权、投票权和监管权。企业应不断完善和规范内部治理，为企业发展提供一条康庄大道。

不断完善和规范公司治理

成熟稳定，企业应注重新老员工的激励

企业处于成熟期时，员工的工作怠慢，离职率居高不下，企业的发展速度缓慢。为此，企业可以充分借助股权激励机制来激励新老员工，成功地实现企业二次发展。

◎ 由浅入深式激励成就新员工

新员工是企业的"新鲜血液"，为企业发展提供了源源不断的动力。企业发展至成熟期，更是需要大量的"新鲜血液"。通过实施由浅入深式的激励来成就新员工，进而让其为企业发展做出更大的贡献。

由浅入深的激励计划的原理

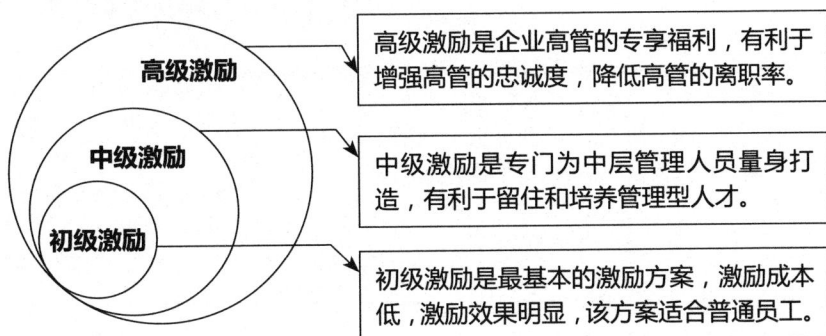

高级激励 → 高级激励是企业高管的专享福利，有利于增强高管的忠诚度，降低高管的离职率。

中级激励 → 中级激励是专门为中层管理人员量身打造，有利于留住和培养管理型人才。

初级激励 → 初级激励是最基本的激励方案，激励成本低，激励效果明显，该方案适合普通员工。

下面我们通过一个实例来了解一下，企业应如何制定由浅入深式的股权激励方案。

案例陈述

某医药销售企业在成立初期为了快速组建创业团队而实施了全员持股的激励模式，所有员工的持股比例平均分配。这样激发了一线员工的工作斗志，团队的凝聚力较强，很快地让企业发展了起来。

随着企业的发展，一部分创业员工离开公司，原来的全员持股模式被打破，少部分员工掌握了企业将近60%的股权。尽管招聘了大量优秀的新员工，但是所获得股权的很少，甚至是没有，严重地打击了新员工的工作积极性。

为了确保股权激励计划适应于当前企业发展趋势，企业进行了大刀阔斧的改革，首先回购了老员工手中的股权，解除了老员工控制企业的尴尬局面，然后针对新员工制定一套全新的激励方案，具体内容如表8-1所示。

表8-1　新员工股权激励表

在职时间（年）	新员工的个人考核指标	股权激励方案
1＜在职时间≤3	1. 在考核期内完成任务 2. 销售业绩增长率达到10% 3. 团队合作意识强 4. 工作态度积极向上	1. 授予100股股票 2. 年终奖1万元 3. 提名储备干部的候选人
3＜在职时间≤5	1. 在考核期内超额完成任务 2. 销售业绩增长率达到30% 3. 能够独立开展工作，处理工作中较为复杂的问题 4. 在工作中表现出很强的团队领导能力 5. 始终以企业发展大局为重	1. 授予1 000股股权 2. 年终奖5万元 3. 提名销售管培师的候选人 4. 提名中层管理组的候选人 5. 有小孩的员工可享受每年度2 000元的教育经费补贴

在职时间（年）	新员工的个人考核指标	股权激励方案
5 ＜在职时间 ≤ 7	1. 在考核期内团队连续多期超额完成任务 2. 销售业绩增长率达到 50% 3. 在上级的指示下带领团队开展工作 4. 能够协调和统筹团队与企业之间的关系 5. 能够稳定团队的核心员工 6. 高度认同企业文化	1. 授予 50 000 股股权 2. 年终奖 8 万元 3. 绩效奖励 5 万元 4. 提名销售经理的候选人（若能力特别优异者可提名竞选销售总监） 5. 有小孩的员工可享受每年度 5 000 元的教育经费补贴

企业实施了由浅入深式的股权激励后，新员工的工作热情被激发，完成规定业绩的员工享受到了股权激励的福利，能力突出的新员工则成为企业的重点培养对象，逐步向管理层迈进，这样极大地降低了企业的人力资源成本。

通过上述案例可以得出如下结论。

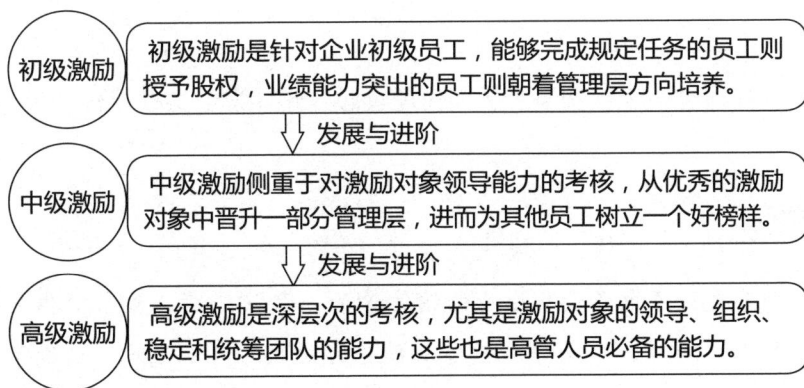

初级激励　初级激励是针对企业初级员工，能够完成规定任务的员工则授予股权，业绩能力突出的员工则朝着管理层方向培养。

发展与进阶

中级激励　中级激励侧重于对激励对象领导能力的考核，从优秀的激励对象中晋升一部分管理层，进而为其他员工树立一个好榜样。

发展与进阶

高级激励　高级激励是深层次的考核，尤其是激励对象的领导、组织、稳定和统筹团队的能力，这些也是高管人员必备的能力。

◎ 分给核心员工实权

核心员工是企业的"发动机"，为企业发展提供了不竭的动力。企业处于成熟期时，可以通过股权转让让核心人才自愿留下来，保证企业的正常化运营。

股权激励计划的股权转让

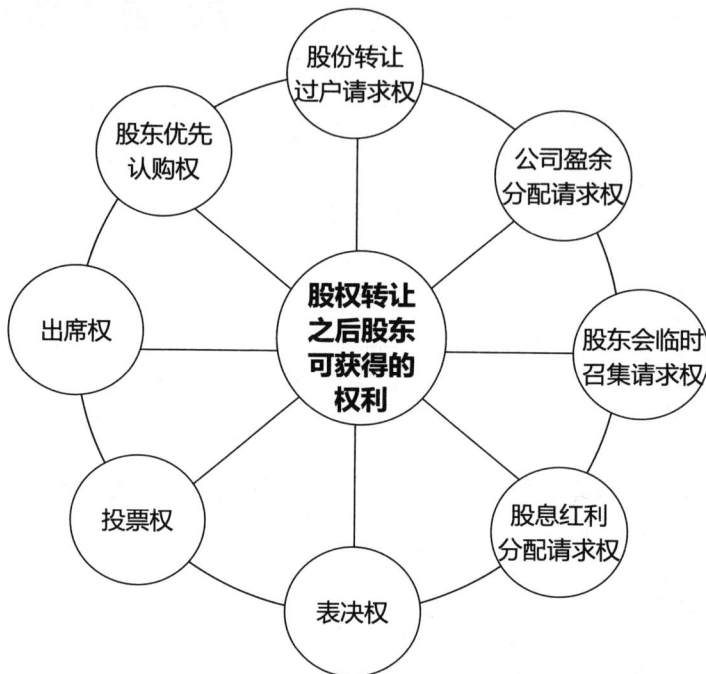

下面通过一个案例来了解如何通过股权转让发放实权给核心员工。

案例陈述

刘某是一家电子设备企业的销售骨干，于 2010 年入职。凭借多年积累的客户群体，刘某个人销售业绩累计达到 600 多万元，创造了最高的销售业绩，连续多次成为年度销售冠军。

刘某作为不可多得的核心人才，企业决定授予刘某一定的股权，并且让刘某参与到企业管理中来，但是股权该从何而来呢？

企业内部召开董事会，会议决定让 3 名大股东分别转让 1% 的股权给刘某，用这 3% 的股权作为股权激励。同时，企业也向刘某承诺："股权的收益从授予日开始生效，锁定期为一年，其考核期为一年，若在 2015 年超额完成了规定的业绩任务，提名竞选销售经理。"刘某面对企业开出的如此有诚意的条件，决定留在企业。

因为企业这种聘用人才的特殊机制感染了内部员工，工作热情重新被激发，整体的战斗力都得到了提升。

在 2015 年年底，刘某以 193 万元的销售业绩蝉联销售冠军，企业承诺，授予刘某 3 000 股股票，以股东的身份参与到企业管理中。刘某以绝对性的优势击败其他 3 位候选人，成为销售部门总经理，负责带领销售部门冲击更高的业绩。

刘某果然不负众望，销售部门 2016 年的销售额突破 500 万元大关，刷新了历史的销售成绩，更让企业倍感欣慰的是，销售部涌现了许多的销售人才，组建了一支稳定的销售团队。

从上述案例中可以看出：企业通过转让股权的方式让核心员工成为激励对象，降低了股权激励计划的门槛，留下了企业需要的核心员工，为企业发展提供了人才。另一方面，企业的任人唯贤的激励行为也影响到了企业其他员工，有利于营造良好的工作氛围。

◎ "金色降落伞"让老员工功成身退

在成熟期中，激励新员工和关键员工相对比较容易，但是在处理老员工的问题上却很麻烦。因为老员工一般都是企业中举足轻重的人物，在内部形成了比较稳定的人际关系网，一时难以"铲除"这些关系网，若不"狠心"改革，又会影响到企业的正常管理。通常情况下，企业可以实施"金色降落伞"激励让老员工心甘情愿地退居二线。

金色降落伞式股权激励

金色降落伞
式股权激励 —含义— 金色降落伞是指按照聘用合同中公司控制权变动条款对高层管理人员进行补偿。"金色"是指丰厚的补偿，"降落伞"则是指高管可规避公司控制权变动带来的冲击而实现平稳过渡。

特性

- 一次性现金补偿，是固定工资的几倍。
- 员工所持有的股权加速行权或归属。
- 员工可以获得额外的股权奖励。
- 员工可以获得高额退休金补偿。

小贴士

一般来说，老员工被迫离职时可得到一大笔离职金，这样能够促使老员工接受公司控制权变动，减少老员工与企业之间的矛盾冲突。但是"金色"意味着丰厚补偿，这种策略势必让企业"大出血"，因此，金色降落伞激励也是一把双刃剑，企业经常出现支付高额"降落费"的行为有可能会引发企业的财务危机。

第 9 章
差别比较，上市与非上市的股权激励

股权激励并不是上市企业的专利，非上市企业也可以利用股权达到激励员工的目的。因为企业存在上市与否的性质差别，所以其股权激励方案的设计也有所不同。

上市企业的股权激励计划

由于相关法律法规出台使股权激励制度越来越完善，股权激励也越来越受到上市企业的重视，股权激励成为当前上市企业吸引人才和保留人才的主流工具。

◎ 上市企业股权激励实施的现状

股权激励是上市企业普遍采用的激励工具，在西方国家得到了广泛运用，并且机制完善。在我国，虽然呈现逐渐增多的趋势，但股权激励起步较晚，发展相对缓慢，存在不少问题。

股权激励存在的问题

激励方案设计不合理

大部分的企业将绩效与股权激励的实施相结合，虽然它们之间存在着紧密的联系，但如果股权激励仅仅与企业绩效联系显然是不够的。设计一套完善的股权激励方案要从激励的对象、激励模式、资金来源、股票来源、行权价格以及行权条件等方面综合考虑。激励方案设计不合理是目前国内大部分上市企业股权激励的一大问题，不仅影响激励的效果，也给企业带来损失。

绩效考核不科学

绩效考核是股权激励实施的前提，只有绩效考核达标的员工才能成为股权激励的对象。但是从目前公布的激励方案来看，大部分的上市企业采用净利润增长率以及净资产收益率两项指标作为绩效考核的标准。虽然这两项指标对绩效考核具有重要影响，但是实施股权激励的企业类型众多，包括民营控股公司、高新技术公司以及非高新技术公司等。例如对一些高新技术上市企业而言，这两项指标不能完全体现高新技术企业的特点。因此，如果所有的企业都采用该类指标，并不能够体现激励的合理性，也失去了激励的目的。

长期激励效果不明显

股权激励实际上是为保留人才，促进企业长期发展的重要手段。但是目前大部分上市企业在股权激励实施的过程中却出现短期化问题，没有站在企业战略性长期发展的角度来进行设计，所以使得激励对象注重短期利益，提高了企业经营风险。

管理结构不合理

我国企业普遍存在大股东控权问题，大股东拥有绝对数量的股份，容易利用自身优势损害小股东的利益，另外企业对大股东的监管存在缺失，大股东可能为了自身利益而做出一些损害企业利益的短期行为。为了规避这类问题，在设计股权激励方案时，可适当降低股权集中度。

激励的力度不合理

我国上市企业高管的最高年薪排行前十的平均年薪是美国 CEO 最高年薪排行前十的 1/10。可以看出，目前我国高管的薪酬存在不合理性，如果高管付出了努力，却得不到相应的回报，激励的目的就不存在了。

◎ 上市企业股权激励实施的对策

针对当前上市企业实施股权激励存在的问题，可以从以下几个方面入手进行完善和改进。

股权激励实施的对策

完善会计准则
上市企业应该不断地完善业绩考核制度，加强对激励对象的业绩评价和考核。可以考虑引入经济增加值和平衡积分卡等考核方式，多方法，多维度的考核，可以更准确地反映激励对象的业绩。

健全企业治理结构
健全的企业治理结构是股权激励机制发挥作用的重要前提。完善的上市企业治理结构需要解决内部人控制问题，需要在企业内部构建有效的约束机制，通过建立独立董事制度牵制利益主体。

对中介机构的监管
上市企业还需要加强对会计事务所等中介机构的监管力度，加强对非审计服务的监督，有效发挥上市企业审计委员会的作用。还可以在有关规定中具体列举有可能影响审计独立性的非审计服务的类别。

完善经理人市场
股权激励的有效性在很大程度上取决于经理人市场的健全，但我国的职业经理人市场刚刚成形，还不成熟，不能形成对其有效的约束。

◎ 慧聪网股权激励案例分析

慧聪公司的股权激励特点非常明显，主要以"按资分配＋按知分配"的模式来设计股权激励，大大提高了创业团队的依附性，最大程度为公司保留了人才，真正起到了激励的作用。

案例陈述

慧聪企业是国内信息服务行业的开创者，也是曾经的领军企业。在创业初期，企业盈利之后，丰厚的利润使得公司内部一些人有了自立门户创业的心思。另外，当时的慧聪企业处于创业初期，企业内部缺乏完善的约束机制，就有一些员工离开企业自己成立了同类型的公司。这件事对慧聪董事长造成极大触动，于是设计一个 70% 的全员劳动股份制。

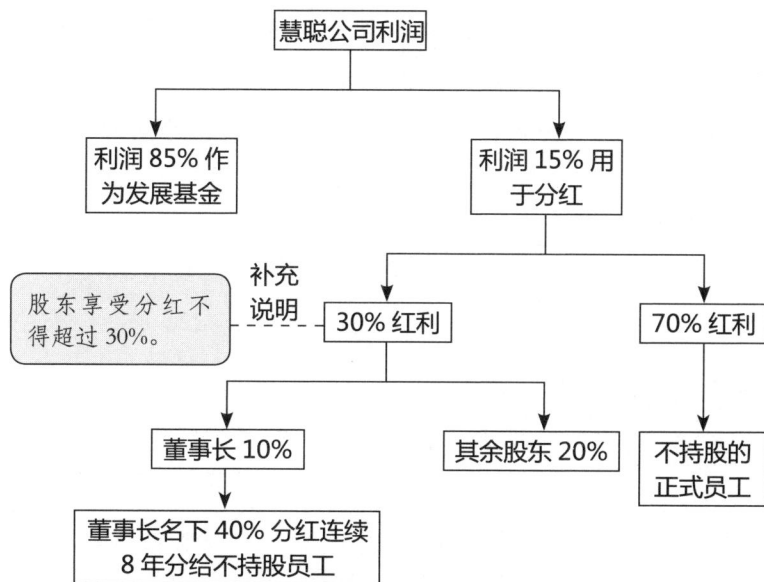

这样的利益分配表面上让公司股东和董事长大幅降低了利益收入，因为他们总共分红只占了 30%，且作为董事长占了 50% 的股份，却只享受了 10% 的分红。但是慧聪以 15% 的分红不仅为公司留住了人才，还为公司引进了人才。

不过仅仅依靠分红难以对高管和核心成员进行长期的利益捆绑，因此，慧聪董事长按照慧聪资产 2 000 万元针对慧聪 80 多名主管以上管理人员进行配股，实行"买一送二"的股权激励计划。

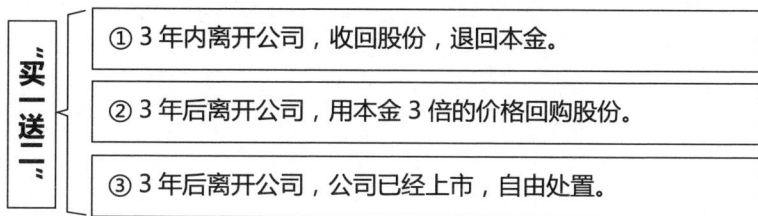

　　该计划于 1997 年正式实施，到 2003 年公司上市，共有 126 名内部原始股东，4000 多名员工，相当于 1 个股东管理 40 多名员工。这样的股权激励很好地留住了管理人才，为公司带来了显著的管理成效。

　　慧聪公司由之前的商情逐渐转型做 B2B、B2C。但这类行业对人力资本依附性强，资金门槛也较低，容易出现之前的人才流失情况，尤其是在这些行业的异地分支机构中更容易出现这个问题。为了避免这一情况出现，慧聪在设立子公司时设计了对应的分红制度。

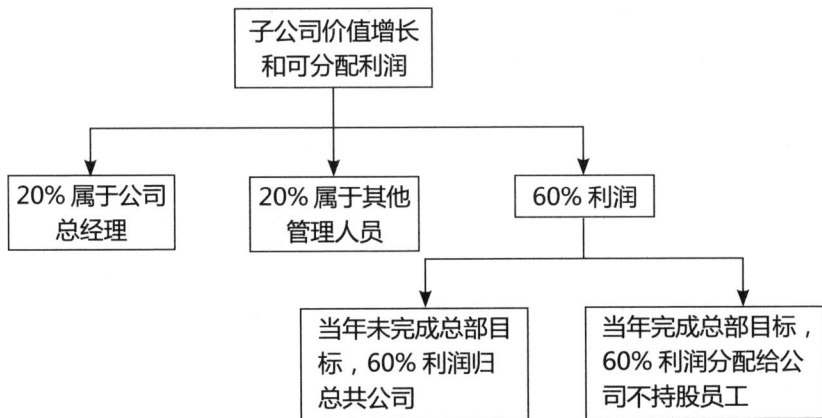

```
              ┌──────────────┐
              │ 子公司价值增长 │
              │ 和可分配利润  │
              └──────┬───────┘
      ┌──────────────┼──────────────┐
      ▼              ▼              ▼
┌──────────┐  ┌──────────┐  ┌──────────┐
│20% 属于公司│  │20% 属于其他│  │ 60% 利润  │
│总经理     │  │管理人员    │  │          │
└──────────┘  └──────────┘  └────┬─────┘
                          ┌───────┴────────┐
                          ▼                ▼
                 ┌──────────────┐  ┌──────────────┐
                 │当年未完成总部目 │  │当年完成总部目标，│
                 │标，60% 利润归  │  │60% 利润分配给公 │
                 │总共公司       │  │司不持股员工     │
                 └──────────────┘  └──────────────┘
```

　　这样的股权激励使员工的奖励来源于自身的努力，员工只有自己努力才能够享受 60% 的分红，不仅为公司很好的留住了员工，也起到了很好的激励作用。

　　慧聪网的模式适合人力资本依附性比较强，或者处于初创期和快速增长期的企业进行学习，它所表现出的"按资分配＋按知分配"的模式，把资本定量化，按照知识和能力去分配的方式恰恰是股权激励的核心思想。

新三板企业股权激励计划

　　新三板挂牌企业大多是以信息、技术类型见长的成长型企业，人才对于新三板企业非常重要，企业通过股权激励可以最大限度地留下人才。另外，股权激励为新三板企业的股权结构作出优化和规划，为之后的转板做铺垫。

◎ 新三板企业实施股权激励的必要性

　　新三板企业原指中关村高新技术园区内进入代办股份转让系统挂牌交易的非上市股份有限公司，现指全国性的非上市股份有限公司股权交易平台，主要针对中小微企业。这类的企业通常规模偏小，但经营运作良好，它们对人才的依赖度较高，在薪酬福利难以与大型竞争对手比拼的情况下，股权激励不失为一项留住人才的重要措施。下面来具体看看新三板企业实施股权激励的必要性的原因。

实施股权激励的原因

优化股权结构 → 新三板企业为中小型企业，股份比较集中，通常集合在一个人或少数几人身上。这样的股权结构是不合理的，容易对公司的治理产生不利影响，例如公司决策容易一刀切。股权激励的实施可以优化股权分布结构，为日后的转板上市做准备。

吸引更多人才	新三板企业中 80% 以上属于信息技术为主的高科技领域行业，这类企业竞争力较大，对人才需求量大，同时人才的流动也大。此时股权激励的实施弥补了薪酬福利的不足，无疑提高了企业的行业竞争力，能够为企业吸引大量人才。
提高凝聚力	新三板企业处于高速成长期，需要员工与企业高度配合共同进步，股权激励使员工利益与企业利益捆绑连接，从根本上改变了员工与企业的关系，即从被管理转变为共享有，最大限度地提高了企业员工的凝聚力。
提高管理效率	股权激励的实施抑制了部分短期行为，员工为了股利分红往往会以长远发展的眼光看待公司，不会频繁跳槽，浪费公司的培养，使公司人才得以稳定，这样有利于经营者高效管理企业。

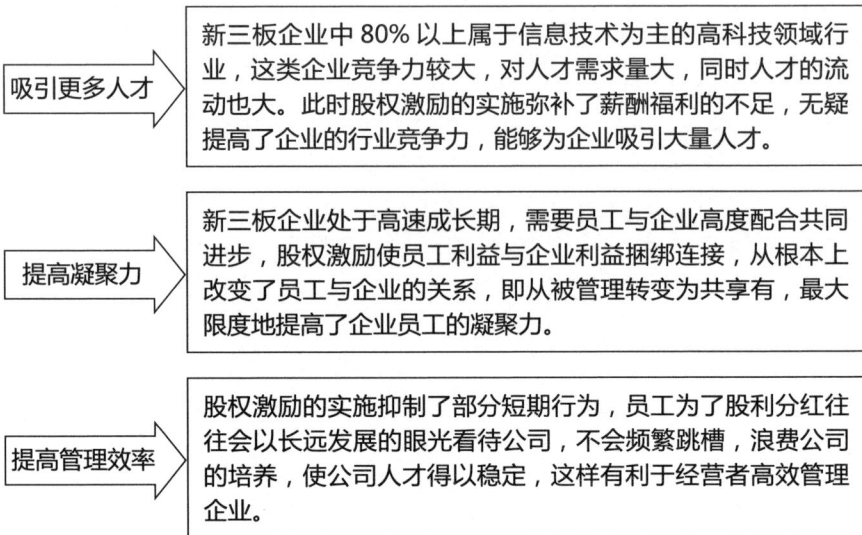

◎ 新三板中的定向增发规范

定向增发是股权融资中常见的方法，相比上市企业，新三板企业由于限定较少，使定向增发更加简单，操作更灵活，更利于股权激励的实际操作。

新三板企业新股定向增发概述

新三板企业新股定向增发

?

新三板定向增发，又称新三板定向发行，是指申请挂牌公司、挂牌公司向特定对象发行股票的行为，其作为新三板股权融资的主要功能。

补充说明

在上市公司规范股权激励计划中，新股的定向增发就被作为常用的股份来源之一。新三板中许多挂牌企业在新股发行的过程中除了向原股东进行配售或引入外部投资者外，还会向部分公司董事、高管以及核心员工发行新股，而且由于没有业绩考核的强制要求，操作简单，向公司内部员工定向发行新股已成为目前新三板公司采用频率最高的股权激励方式。

新三板定增条件

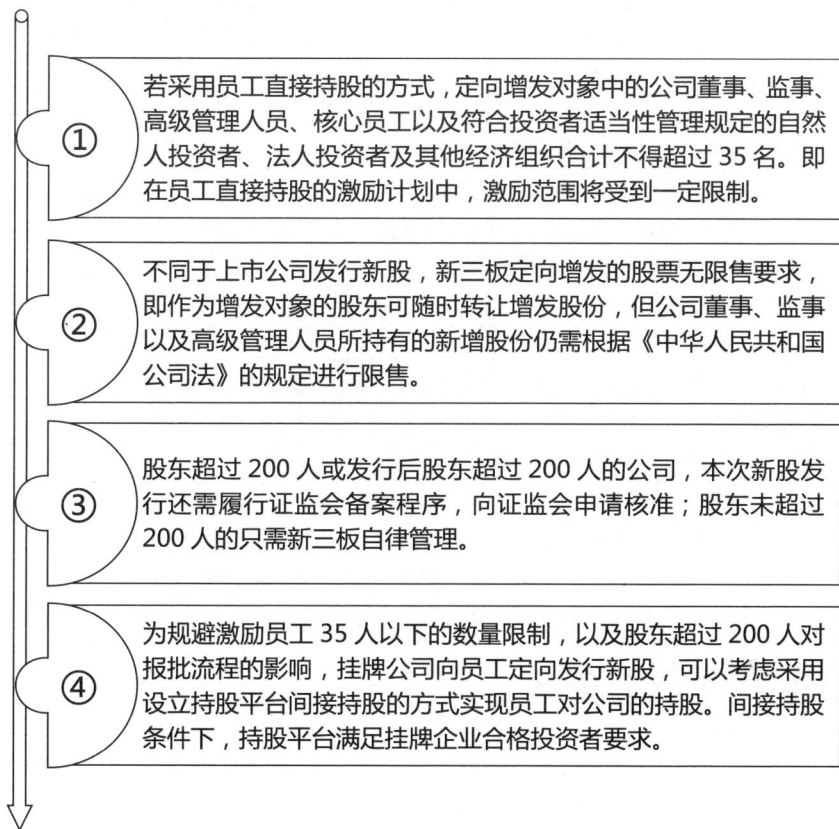

① 若采用员工直接持股的方式，定向增发对象中的公司董事、监事、高级管理人员、核心员工以及符合投资者适当性管理规定的自然人投资者、法人投资者及其他经济组织合计不得超过 35 名。即在员工直接持股的激励计划中，激励范围将受到一定限制。

② 不同于上市公司发行新股，新三板定向增发的股票无限售要求，即作为增发对象的股东可随时转让增发股份，但公司董事、监事以及高级管理人员所持有的新增股份仍需根据《中华人民共和国公司法》的规定进行限售。

③ 股东超过 200 人或发行后股东超过 200 人的公司，本次新股发行还需履行证监会备案程序，向证监会申请核准；股东未超过 200 人的只需新三板自律管理。

④ 为规避激励员工 35 人以下的数量限制，以及股东超过 200 人对报批流程的影响，挂牌公司向员工定向发行新股，可以考虑采用设立持股平台间接持股的方式实现员工对公司的持股。间接持股条件下，持股平台满足挂牌企业合格投资者要求。

◎ 购股资金与规范性问题

《中华人民共和国公司法》中明确规定，股份购买方式主要以货币出资的方式来实现。在新三板市场实务操作中，企业实施股权激励将公司股权授予激励对象，通常是由激励对象以购买的方式来获得股份，这在很大程度上给激励对象和公司带来了不同程度的负担，这是新三板股权激励中不可忽视的问题。

购股资金带来的问题

问题一

新三板企业中的员工大部分存在年龄偏低的现象，员工薪资不高，且没有能够动用的大额限制资金来支撑其购买股票的行为，使得股权激励不能够从根本上展开，也就无法起到激励的真正作用。

激励对象的资金水平有限，其购买股票的力度不能与企业进行股权激励筹集资本的需求向匹配，即无法承担起企业筹集资金的任务。

问题二

问题三

激励对象因为资金不足，而无法购买激励的股份，这将在一定程度上给其带来压力，产生顾虑，影响正常工作，也影响股权激励的顺利开展。

股权激励作为一种长期激励手段，其收益并不是短期可见的，资金的回笼周期较长且不是一次出资即可的，常常需要多次出资购买，这无疑给激励对象带来了压力。

问题四

筹集资金行为的规范

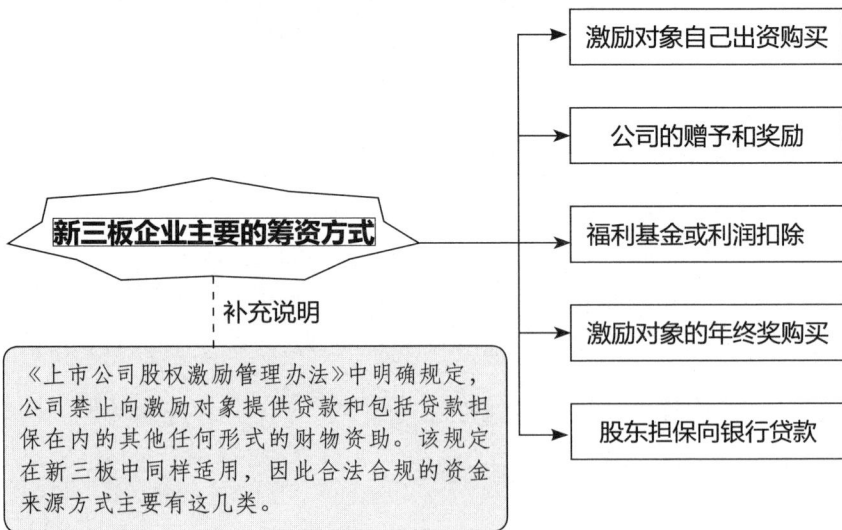

激励对象自己出资购买

公司的赠予和奖励

新三板企业主要的筹资方式

福利基金或利润扣除

补充说明

激励对象的年终奖购买

《上市公司股权激励管理办法》中明确规定，公司禁止向激励对象提供贷款和包括贷款担保在内的其他任何形式的财物资助。该规定在新三板中同样适用，因此合法合规的资金来源方式主要有这几类。

股东担保向银行贷款

| 公司的赠予和奖励 | 公司直接以赠予或奖励的形式将股份分配给激励对象，从根本上解决了激励对象资金短缺的问题，能够更好地起到激励作用。 |

| 福利基金或利润扣除 | 企业利用公司内部的员工福利基金或公司利润为激励对象购买相应股份作为激励，以解决激励对象购股的资金问题。 |

| 年终奖购买 | 员工的年终奖是员工的一项可自由支配的资金，企业可以与激励对象协商达成共识，以年终奖奖金作为购买股权激励股份的资金。 |

| 股东担保银行贷款 | 员工以个人的信誉直接向银行贷款难度较大，股东根据自身的财务状况为激励对象向银行贷款担保，更容易成功，股权激励也更容易展开。 |

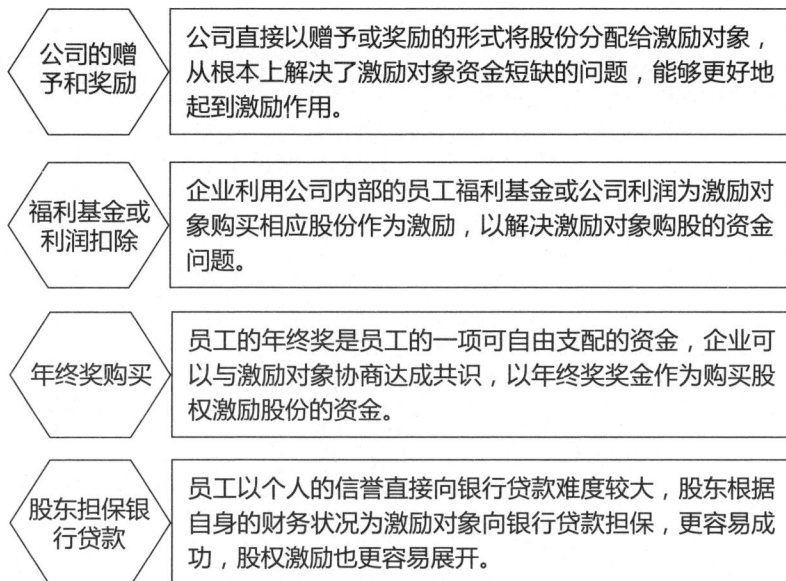

◎ 新三板企业与上市企业股权激励的比较

新三板挂牌公司实施股权激励受到的政策限制相对于上市企业来说较少，且允许存在股权激励未行权完毕的公司申请挂牌。根据《上市公司员工持股计划管理暂行办法》《上市公司证券发行管理办法》《国务院关于全国中小企业股份转让系统有关问题的决定》《非上市公众公司监督管理办法》规定，主板和新三板在股权激励方面主要存在如表 9-1 所示的差异。

表 9-1　主板和新三板的股权激励差异比较

项目	主板	新三板
监管及审批	证监会负责监管和审批，需向证监会报送关于激励计划的一系列要求文件	除非激励后公司股东超过 200 人，激励计划需报送证监会核准，原则上只履行信息披露义务

续表

项目	主板	新三板
股份数量	总量不能超过公司总股本的10%，授予激励对象个人股本不得超过总股本的1%	对于总量和个量没有限制
股票价格	期权行权价不应低于前一个交易日的收盘和前30个交易日内平均收盘价之间的较高者，限制性股票授予价格不得低于前20个交易日均价的50%	以协议定价或市场价格定价的方式确定价格，没有最低限制
激励对象	激励对象有明确的规定，不应当包括独立董事，监事不得成为股权激励对象。激励对象不能同时参加两个或以上上市公司的股权激励计划	无特别限制条件
金额限制	不高于现金薪酬的30%，不高于员工家庭金融资产的1/3	无特别限制条件
持股期限	不低于36个月	无特别限制条件
股票流通性	高	差

◎ 新三板仁会生物股权激励案例分析

仁会生物是以股票期权的模式进行股权激励计划的，公司赋予激励对象购买公司股票的选择权，员工可以在规定的时间内，以事先确定的价格和条件购买公司一定数量的股票，也可以放弃购买股票的权利，以达到股权激励的目的。下面来具体看看仁会生物是如何做的。

案例陈述

2014年2月8日，公司召开第一届第二次董事会，审议通过《公司第一期股票期权激励计划》；2014 年 2 月 24 日，公司召开第二次临时股东大会，审议通过《公司第一期股票期权激励计划》。

激励计划采用股票期权模式，有效期为自股票期权首次授予日起 10 年，公司分 4 次授予股票期权，股权期权总数为 317 万股，占当时股本总额的 3.52%，股票来源为公司向激励对象定向发行普通股股票。

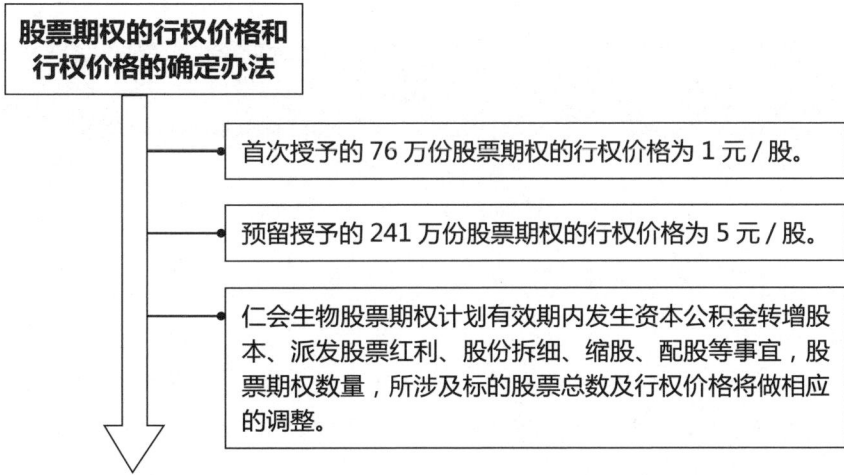

股票期权的行权价格和行权价格的确定办法

- 首次授予的 76 万份股票期权的行权价格为 1 元 / 股。

- 预留授予的 241 万份股票期权的行权价格为 5 元 / 股。

- 仁会生物股票期权计划有效期内发生资本公积金转增股本、派发股票红利、股份拆细、缩股、配股等事宜，股票期权数量，所涉及标的股票总数及行权价格将做相应的调整。

首次授予股票期权行权条件为公司在 2015 年 12 月 31 日前获得"谊生泰注射液"新药证书、"谊生泰注射液"生产批件和"谊生泰注射液"通过 GMP 认证并获得相关证书。如在 2015 年 12 月 31 日前达到上述"三证齐全"的目标，则首次授予的股票期权自授予日期满 24 个月后，激励对象在可行权日内 100% 一次行权。

如果在 2015 年 12 月 31 前未达到"三证齐全"的目标，首次期权激励对象所获授的期权数量按以下比例进行折扣后分期行权：

（1）2016 年 6 月 30 日前达到"三证齐全"的目标，所有激励对象按本计划所首次授予股票期权份数的 95% 分两次行权。

（2）2016 年 12 月 31 日前达到"三证齐全"的目标，所有激励对象按本计划所首次授予股票期权份数的 90% 分两次行权。

（3）若2016年12月31日前未能达到"三证齐全"目标的，所有激励对象按本计划所首次授予股票期权份数的80%分两次行权。

如公司未能在2015年12月31日前完成"三证齐全"的目标，激励对象可在取得授予股份后的下列行权期内将实际已获授的股票期权分两次等比例行权，如表9-2所示。

表9-2　股票行权期

项目	行权期	可行权数量占首次获授期权数量的比例（%）
首次授予期权的第一个行权期	自激励对象首次授予日24个月后的12个月内	50
首次授予期权的第二个行权期	自激励对象首次授予日36个月后的12个月内	50

预留股票期权行权的业绩考核目标由公司董事会根据当年公司经营状况及工作计划确定，并提交股东大会审议后通过。预留股票期权在首次授予股票期权首次授予日后分三次授予，应分别于2015年、2016年、2017年各年的4月30日前授予完成，自预留股票期权当年预留授予日起满24个月后，各激励对象可在等待期满后的行权期内分两次等比例行权。

仁会生物设计股权激励以"三证齐全"为行权条件，针对性较强，准确抓住公司战略发展的关键。激励对象均为产品研究的相关人员，将公司的战略发展计划与相关人员的未来利益紧密联系，形成了利益共同体，真正意义上起到了激励的作用，也推动了公司的发展。另外该股权激励方案简单明确、逻辑严密，值得新三板挂牌的中小企业借鉴。

非上市企业股权激励计划

股权激励从来都不是上市企业的专利，对于非上市企业而言，股权激励既是可行的，也是必要的。因为股权激励在非上市企业中同样可以捆绑员工和公司利益，促进公司的长远发展。

◎ 非上市企业股权构架设计

股权架构是公司管理的基础，也是股权激励的核心，具有重要意义，通常非上市企业的股权结构设计可以按照下面几点来进行。

非上市企业股权架构设计

股权架构设计

- 激励发起人股东必须控股 51% 以上，掌握企业的绝对控股权。
- 创始人股东数量不超过 7 人，避免出现股东意见不统一的情况。
- 战略股东数量不超过 5%，企业的经营者需要集中力量。
- 团队的股东数量不超过 10%，要求少而精。
- 投资股东数量不超过 10%，避免外部资金稀释企业管理权。

◎ 股权激励对象的选择

非上市公司性质与上市企业不同，所以选择激励对象的标准也不能完全按照上市企业的那套标准进行。非上市企业选择激励对象需要结合企业自身所处行业的特点，例如重视人力资源的科技类行业等。非上市企业选择激励对象可以从多方面衡量。

激励对象的甄选角度

激励的目的 ➤ 甄选激励对象时要明确自己激励的目的是什么？如果企业发展缓慢，员工动力不足，核心人员流失，此时股权激励的目的就应以提高员工积极性，提高业绩为主；如果企业激励的目的在于研发新品，提高竞争力，那么激励对象就应考虑研发团队，最大限度地提高其研发激情。

考虑总体性 ➤ 总体性即站在公司全局的角度来考虑激励对象，包括业务部门和非业务部门。业务部门的价值可以直接通过公司的业绩查看，但非业务部门同样重要，非业务部门的核心员工也同样需要激励，所以股权激励的对象不要过于局限，需要结合多个维度来全方面考察。

所处阶段性 ➤ 企业在不同的发展阶段激励的对象侧重也不同。当创业初期时，股权激励对象以业务团队为主。发展期以核心高管、业务团队为主。到了成熟期，激励的范围就要扩展到非业务团队以外的相关人员了。

注意公平 ➤ 在选择激励对象时，必须建立一个统一的标准，以表现其公平性，例如对工龄的限制，对学历的限制以及对业绩指标的限制等。只有注重公平地选择激励对象，才能使股权激励真正意义上起到激励员工的作用。

◎ 非上市企业股权激励的数量分配

非上市企业中的股权激励应该分配多少股权才能对员工起到激励作用呢？非上市企业与上市企业不同，上市企业股权激励的股权总量有明确的规定，即全部有效的股权激励计划所涉及的股票总数，累计不得超过公司股本总额的 10%。在非经股东大会特别决议批准的情况下，任何一名激励对象通过全部有效的股权激励计划获授的股票累计不得超过公司股本总额的 1%。但是非上市企业没有该项规定，也不必完全按照该标准进行设计。

非上市企业股权激励的股权数量需要结合企业的实际情况，综合多方面因素进行实际考虑。

考虑股权数量分配

企业基本情况

确定股权激励数量时要考虑下列基本因素：
①企业的规模大小情况；②企业的短期长期目标，再估算需要多大的激励额度；③股权分配之后对企业的影响和风险；④分配股权之后，确保大股东对企业的绝对控制权。

动态股权分配

股权的分配最好配不要一次性分配，可以按照公司的经营情况，设定不同阶段目标，结合未来人才需求和行业变化，逐年分次释放股权。这样可以避免过度激励，使公司股本被过度稀释。

激励对象的贡献程度

股权数量分配时，应该对激励对象进行评估，根据其对公司具体的贡献价值进行合理的数量分配。

◎ 阿里巴巴股权激励案例分析

阿里巴巴一直坚持"财散人聚"的观点，将公司的股权尽可能分配给员工，坚持员工持有股份来激励整个公司团队，充分调动团队的积极性，激发团队的创造力，才创下了今天的商业版图。

案例陈述

阿里巴巴在上市之前就设立了股权激励制度，授予员工及管理层的股权报酬包括了受限制股份单位计划、购股权计划和股份奖励计划3种，其中受限制股份单位计划是主要的股权激励措施。

在受限制股份计划中，员工一般都有受限制股份单位，每年随着奖金发放至少一份受限制股份单位奖励，每一份奖励的具体数量随职位、贡献的不同而存在差异。

阿里巴巴的受限制股份单位（简称RSU）计划的成熟期规定。阿里巴巴员工所获得的受限制股份单位，在员工入职后满一年方可行权。每一份RSU的发放，分4年逐步到位，每年授予25%，由于公司每年都会随着奖金新发放一份RSU，导致员工的手上始终会有尚未行权的RSU，从而留住员工。当然，如果员工离职时，尚未达到行权条件的股票期权会被重新放回到期权池。

阿里巴巴受限制股份单位的行权价格仅为0.01港元，对于持有受限制股份单位的员工而言，除非股价跌至0.01港元之下才会"亏损"，从而基本规避了股票期权激励模式下，因行权价格高于市价而导致激励失效的情形。

正是这一股权激励为阿里巴巴保留并吸引了大量人才，为其之后的企业发展奠定了人才基础。

第 10 章

风险控制，股权激励的调控与防御

股权激励计划的实施可能会受到各方面因素的影响，例如，企业绩效考核、内部治理结构及人事变动，这些看似不经意的细节都可能会成为影响股权激励计划开展的"地雷"。所以，企业必须树立风险防控意识，降低股权激励计划开展的风险。

正向激励与反向激励仅一步之遥

企业实行股权激励计划的初衷是将激励对象的利益与股东利益紧密联系，使其能站在股东的角度为公司的长远发展、持久性发展做贡献，但是股权激励在实施过程中会受到多方面因素的干扰，很有可能使正向激励变成反向激励，严重影响企业的正常化运营。

◎ 员工卖命工作，管理者坐享其成

一般而言，股权激励计划是由董事会、股东大会及高管联合制定的，他们既是主要的激励对象，又是激励计划的制定者。这种不公平的激励方案很可能会出现员工卖命工作，管理者坐享其成的局面。

这样的情况在企业中并不少见，其原因在于企业员工与直接领导人之间的信息不对等，管理者从中谋取私利，损害员工利益。可想而知，在这样的环境下制定的股权激励方案早已失去其激励的初始目的。管理坐享其成的行为主要有以下几个方面。

管理者"剽窃"员工成果的行为

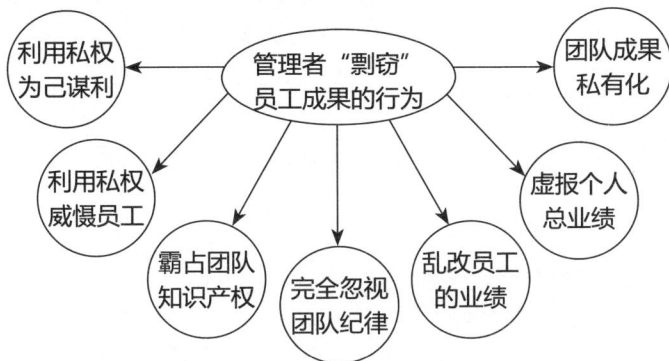

◎ 股票下跌带来的反向激励

我们知道企业实施股票期权激励机制的目的在于使激励对象的利益、股东以及企业的利益保持一致，以激发员工的积极性，从而起到激励和留住人才的作用。但是股票并不是一项稳定收益的产品，如果公司运营的好，公司盈利，那么激励对象获得收益自然得到激励。但如果公司经营不善，股价下跌，那么激励对象所持有的股票期权就发生贬值，使其财富缩水，那么此时可能会出现反向激励。

股票下跌的对策

①提前给员工说明股票的风险性，即股票有涨有跌，属于正常现象。

②股权激励的股票期权通常价格低廉，有的甚至是企业直接赠予或福利，不会给员工带来巨大的经济损失，打消员工的顾虑。

③对公司经营抱有信心，对后市股价抱有期望。

◎ 业绩指标过高 / 低导致出现负面激励

股权激励的兑现与否的依据是激励对象是否完成业绩，也就是股权激励计划的行权条件。在股权激励计划中，对激励对象的行权条件等都应严格地进行审核，尽量避免出现业绩指标过高或过低引起的负面激励。

行权条件过高 / 低导致的结局

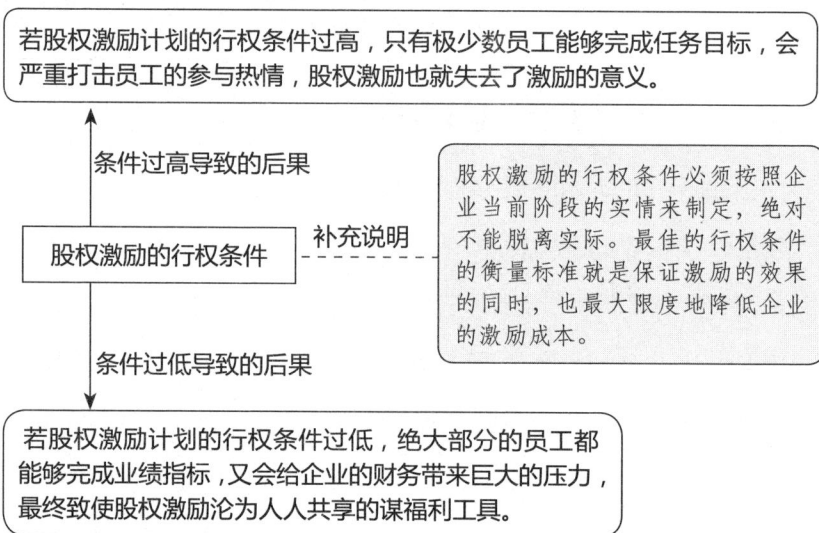

若股权激励计划的行权条件过高，只有极少数员工能够完成任务目标，会严重打击员工的参与热情，股权激励也就失去了激励的意义。

条件过高导致的后果

股权激励的行权条件 ----- 补充说明 ----- 股权激励的行权条件必须按照企业当前阶段的实情来制定，绝对不能脱离实际。最佳的行权条件的衡量标准就是保证激励的效果的同时，也最大限度地降低企业的激励成本。

条件过低导致的后果

若股权激励计划的行权条件过低，绝大部分的员工都能够完成业绩指标，又会给企业的财务带来巨大的压力，最终致使股权激励沦为人人共享的谋福利工具。

行权条件的制定标准

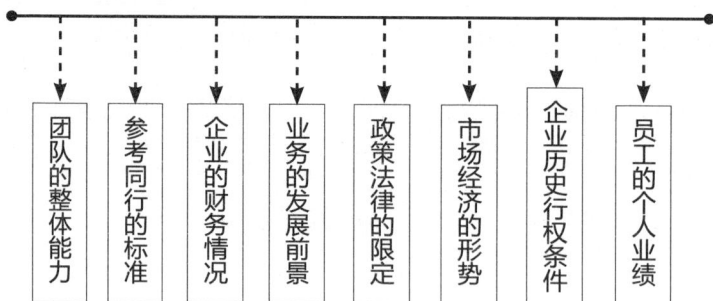

- 团队的整体能力
- 参考同行的标准
- 企业的财务情况
- 业务的发展前景
- 政策法律的限定
- 市场经济的形势
- 企业历史行权条件
- 员工的个人业绩

企业内部影响股权激励的负面因素

企业在实施股权激励计划之前应进行内部治理，例如，规范高管的权责、限制股权的授予条件和行权条件以及确定激励对象的范围等，进而为股权激励计划提供一个良好的实施环境。

◎ 高管利用职权暗箱操作

根据经济学原理可知，经济活动主体追求的终极目标就是自身经济利益最大化。同理，高管也会借助于股权激励计划这个"跳板"来实现自我收益最大化。

高管常采用的投机方法

投机方式一：设置较低的业绩条件

具体方式	高管通过自己的职权来设置较低的行权条件。
产生原因	公司的法人治理结构不完善，例如，薪酬委员会依附性太强、董事会权力膨胀以及内部人控制问题严重等。
导致后果	董事会、股东会和监事会形成利益共同体，缺失监督作用，损害了股东与企业的利益。

投机方式二：刻意压低授予价

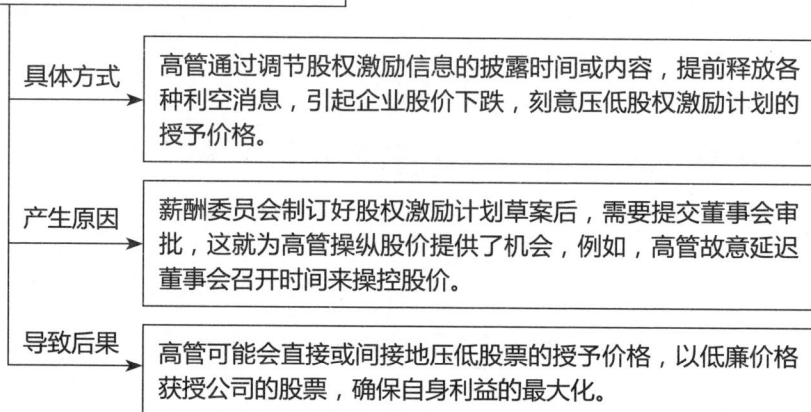

具体方式　高管通过调节股权激励信息的披露时间或内容，提前释放各种利空消息，引起企业股价下跌，刻意压低股权激励计划的授予价格。

产生原因　薪酬委员会制订好股权激励计划草案后，需要提交董事会审批，这就为高管操纵股价提供了机会，例如，高管故意延迟董事会召开时间来操控股价。

导致后果　高管可能会直接或间接地压低股票的授予价格，以低廉价格获授公司的股票，确保自身利益的最大化。

投机方式三：刻意抬高行权价

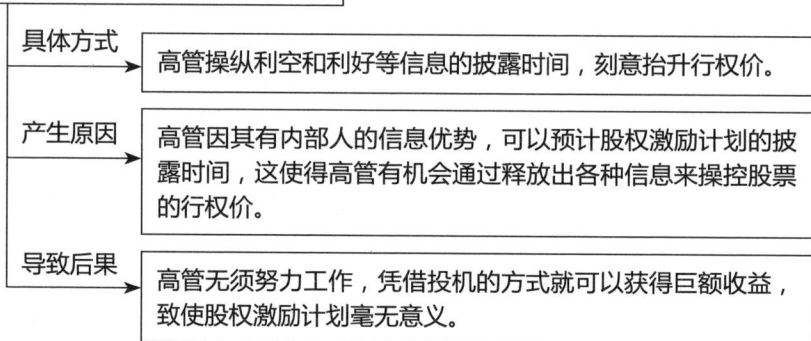

具体方式　高管操纵利空和利好等信息的披露时间，刻意抬升行权价。

产生原因　高管因其有内部人的信息优势，可以预计股权激励计划的披露时间，这使得高管有机会通过释放出各种信息来操控股票的行权价。

导致后果　高管无须努力工作，凭借投机的方式就可以获得巨额收益，致使股权激励计划毫无意义。

投机方式四：会计造假

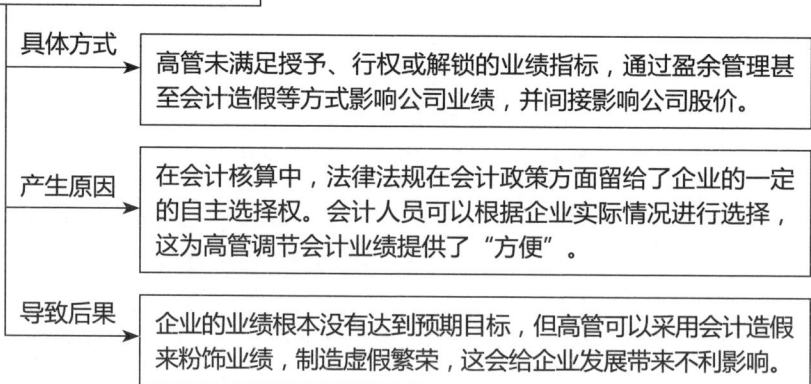

具体方式　高管未满足授予、行权或解锁的业绩指标，通过盈余管理甚至会计造假等方式影响公司业绩，并间接影响公司股价。

产生原因　在会计核算中，法律法规在会计政策方面留给了企业的一定的自主选择权。会计人员可以根据企业实际情况进行选择，这为高管调节会计业绩提供了"方便"。

导致后果　企业的业绩根本没有达到预期目标，但高管可以采用会计造假来粉饰业绩，制造虚假繁荣，这会给企业发展带来不利影响。

◎ 激励对象套现后离职

公司可以利用股权激励工具有效地激励员工，但与此同时，企业又可能会面临着激励对象套现离职的问题。下面通过一个实例来了解一下高管套现的"套路"，为广大企业管理者敲响警钟。

案例陈述

雪×× 是一家专业研发生产节能灯、车用氙气金卤灯、紫外线杀菌灯及其他特种光源的高新技术企业，公司产品远销美国、日本、欧洲等 50 多个国家和地区。

公司自 2006 年 10 月登陆中小板，是一家典型的由发起人绝对控股的公司。公司高管均是双重身份，既是高管又是大股东。其中，董事长柴某持股 8 762 万股，占总股本的 47.74%，掌握了企业的绝对控股；副总裁兼董事王某持股 715 万股，占总股本的 7.41%，是公司第二大股东；董事长秘书兼董事冼某持股 607 万股，为公司第三大股东。

2009 年 11 月，董事长所持股份 3 年禁售期刚满，就开始大手笔减持，短短两月时间就 12 次减持股份，总减持 374 万股，套现 3 751 万元。

2010 年 5 月 5 日 ~ 5 月 17 日，另 3 名高管冼某、王某和黄某也轮番减持所持股份。3 人前后共减持 167 万股，套现 2 038 万元。其中，副总裁王某连续 3 次减持公司股票，累计数量达 75 万股，套现金额 922.49 万元；董事长秘书冼某连续 3 次密集减持，套现 714.5 万元；监事会主席黄某两次减持 22 万股，套现 278.76 万元。

董事长秘书冼某表示："公司高层涨工资完全是公司管理上的需要，高层减持股票纯属正常。"应引起注意的是，高管套现走人的情况有可能会发生，因为雪×× 曾出现过这样的纠纷。

早在 2008 年 7 月，公司原董事兼总工程师张某因个人原因辞去公司董事职务，在辞职前，张某连续进行 8 次减持，套现 314 万元，约其出资额的 1.74 倍。同年 5 月，李某也辞去公司监事职务，辞职前后进行了 11 次减持，累计套现资金 883 万元，约其出资额的 8.8 倍。

追溯至 2007 年 7 月，公司原副总李某以身体不适为由向公司提出辞呈。由于公司上市前，李某接受董事长柴某股份赠予，承诺至少要为公司服务 5 年，柴某向法院提交诉状，诉称李某未服务满约定年限，违反此前两人订立的两份股权赠与协议，请求李某返还他所赠予的股份和赔偿损失。柴、李二人对簿公堂，直至 2009 年 8 月案件才告终，被业内称为国内首例股权激励纠纷案。

通过上述案例可以得出如下结论。

公司为何出现高管套现离职

?

该公司的股权主要分布在自然人股东手中，而企业难以约束自然人股东的行为。尽管董事长柴某掌握了绝对控股权，但是股权分布零散，很难控制高管的股权减持套现行为。

补充说明

企业应严格限制激励对象抛售股票行为，例如，降低抛售股票的比例，规定一次性抛售股票不得超过持股总数 5%；在规定期限内达到抛售上限，则不能抛售股票；延长股票锁定期。

◎ 股权回购难上加难

企业通过发放股权给员工，让普通员工成为企业股东，进而捆绑员工与企业的利益，但是在激励过程中也可能出现股权易放难收的尴尬局面，给企业管理徒增纠纷。

企业回购股权的情况

在行权期内回购股权

激励对象选择将已确认的期权回转给公司。

激励对象将已持有的股权回转给原转让方或其指定的第三方。

在行权期回购股权的特殊情况

激励对象在固定服务期届满后辞职的。

激励对象因达到国家和公司规定的退休年龄退休而离职。

激励对象因丧失劳动能力而离职的。

激励对象死亡、被宣告死亡或被宣告失踪的。

激励对象不能胜任所聘工作岗位，经公司执行董事批准注销。

其他因激励对象过错而终止劳动合同的。

考核未及格的当年期权。

强制回购的情况

违反公司的竞业限制约定的。

泄露公司商业秘密、知识产权相关的保密事项及激励计划的保密事项。

其他失职或渎职造成严重损害公司利益的情形。

企业回购股权的依据

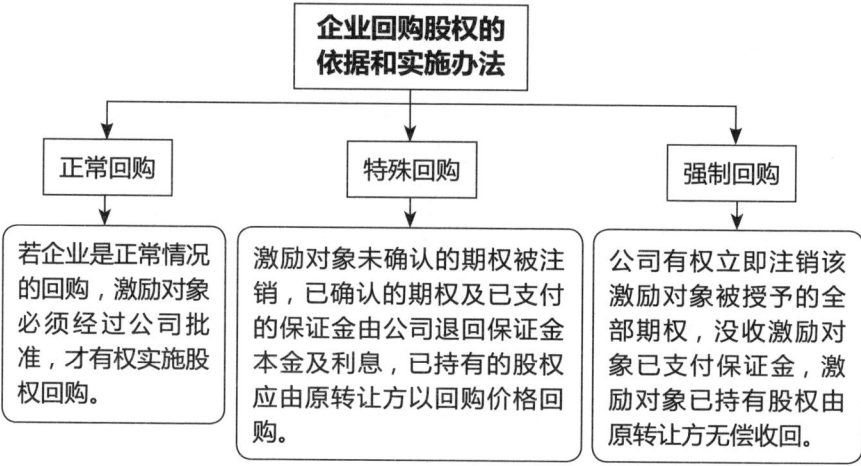

企业回购股权的
依据和实施办法

正常回购

若企业是正常情况
的回购，激励对象
必须经过公司批
准，才有权实施股
权回购。

特殊回购

激励对象未确认的期权被注
销，已确认的期权及已支付
的保证金由公司退回保证金
本金及利息，已持有的股权
应由原转让方以回购价格回
购。

强制回购

公司有权立即注销该
激励对象被授予的全
部期权，没收激励对
象已支付保证金，激
励对象已持有股权由
原转让方无偿收回。

◎ 创始股东只享受权利而不履行义务

在股权激励过程中，公司的创始股东可能存在只享受权利但是却
不履行出资义务的行为。这种行为可能会导致公司经营缺乏资金，致
使其他股东承担过大的运营风险。

创始股东违反出资义务的情形

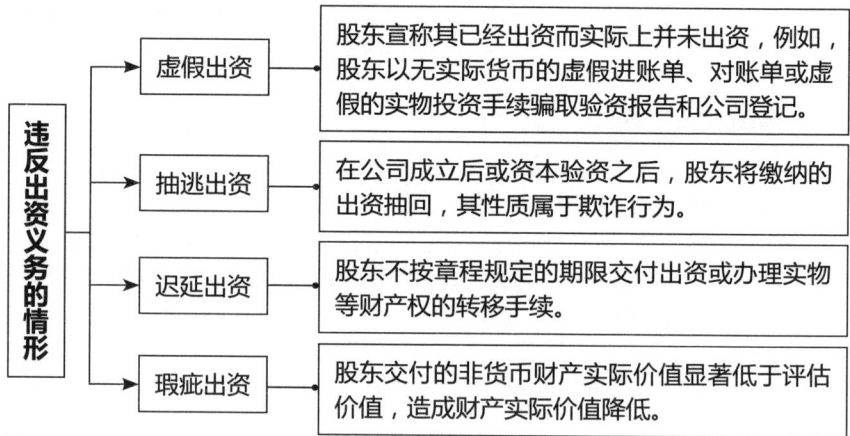

违反出资义务的情形

虚假出资 —— 股东宣称其已经出资而实际上并未出资，例如，
股东以无实际货币的虚假进账单、对账单或虚
假的实物投资手续骗取验资报告和公司登记。

抽逃出资 —— 在公司成立后或资本验资之后，股东将缴纳的
出资抽回，其性质属于欺诈行为。

迟延出资 —— 股东不按章程规定的期限交付出资或办理实物
等财产权的转移手续。

瑕疵出资 —— 股东交付的非货币财产实际价值显著低于评估
价值，造成财产实际价值降低。

创始股东违反出资义务需承担的法律责任

违反出资义务的法律责任

对公司应承担的出资义务

《中华人民共和国公司法》第二十八条规定："股东应当按期足额缴纳公司章程中规定的各自所认缴的出资额。"企业股东必须遵守相关的法律法规。

对出资股东承担违约赔偿责任

出资义务有双重性质，出资既是法定义务，也是股东之间的合同义务。作为合同一方当事人，应当履行对其他当事人的承诺，按约向公司缴纳出资。

股东对公司债权人的责任

公司股东虚报注册资本致使公司实际资本达不到注册资本，如企业资产不足以清偿债务的，由出资未到位的股东在出资不足的范围内向债权人承担清偿责任。

企业和股东维权的方法

限制创始股东的权利

企业召开股东大会，股东大会的表决半数通过，即可对该位未履行出资义务的股东的表决权、利润分配请求权、新股优先认购权、剩余财产分配请求权等股东自益权进行限制。

追究创始股东的违约责任

为了公司及所有股东的利益，已出资股东依据章程及《中华人民共和国公司法》的规定，以自己名义代表公司，向法院起诉创始股东，要求创始股东履行出资义务，支付相应的违约金。

转让创始股东的股权

已出资的股东可以与创始股东协商，要求创始股东将未出资部分的股权内部转让，并且由受让股权的股东履行出资义务。

公司对创始股东减资

公司召开股东会，2/3 以上表决权的股东通过则可以执行减资处理。未出资到位的股东按减资后的注册资本计算其应缴纳的出资额，则应缴纳的出资金额相应减少。

解除创始股东的资格

若创始股东未履行出资义务或者抽逃全部出资的，经公司催告要求该股东在合理期间内缴纳或催告返还，仍未缴纳或返还的，经股东会决议解除其股东资格。

人事风险是股权激励的头号杀手

如果企业在设计股权激励方案过程中不注重人事管理，很容易出现人事纠纷，例如，合同纠纷、投资者与股东之间的矛盾、离职纠纷等，这些人事纠纷都是股权激励的"头号杀手"。

◎ 合同纠纷是人事纠纷中的"重头戏"

合同纠纷是股权激励纠纷率最高的。在现实中，一部分公司并没有重视股权激励的合同管理，为以后的合同纠纷埋下了伏笔。下面通过一个案例来了解一下合同纠纷的危害性。

案例陈述

中关村在线成立于 1999 年，是中国领先的 IT 信息与商务门户，包括新闻、商城、硬件下载、游戏和手机评测等 40 个大型频道，每天发布大量各类产品促销信息及专题文章。

2004 年 10 月，美国网络公司 CNET 以 1 500 万美元收购中关村在线，这成为此次股权纠纷的导火线。事情要追溯到 2000 年中关村在线与员工签订的具有争议性的合同。

中关村在线处于初创期，刚完成资金注册后就有大批核心员工离职，公司陷入了困境中。为尽快摆脱窘境，中关村在线与员工签订了一份劳动合同，其中一条款备受争议。"乙方工作满12个月后，可以获得甲方分配的股权8万股，自乙方获得第一笔股权之日起，乙方每工作满一年可以获得甲方分配的股权8万股。如果甲方在乙方获得第一笔股权期满之前上市，乙方可以提前获得第一笔甲方分配的股权"。

劳动合同的效果非常显著，签订了合同的核心员工都选择了继续留在公司，帮助企业渡过难关，中关村平稳地进入了高速成长期。2001年开始，部分核心员工先后离开了公司，公司为离职员工开具了股权分配证明。

离职员工得知 CNET 要收购中关村在线的消息后，要求中关村在线兑现其合同承诺，但是公司却始终回避。2004年12月，7名前员工向北京海淀区仲裁委员会提出劳动仲裁请求。

根据《中华人民共和国劳动法》第八十二条规定，"提出仲裁要求的一方应当自劳动争议发生之日起60日内向劳动争议仲裁委员会提出书面申请"。所以，法院认为，原告与中关村在线发生劳动争议后，应该在争议发生60天内向海淀区劳动仲裁委申请劳动仲裁，而原告的仲裁超出了劳动争议仲裁时效。因此，法院判决该案原告败诉。

通过上述案例可以得出如下结论。

中关村前员工败诉的原因 ？

公司没有和员工签订股权激励合同，所以法院将该起纠纷定义为劳动纠纷，但是该起劳动纠纷已经超过为期60天的仲裁期，因此，最后是原告败诉。

补充说明

2007年12月颁布《劳动争议调解仲裁法》第27条规定："劳动争议申请仲裁的时效期间为一年。仲裁时效期间从当事人知道或者应当知道其权利被侵害之日起计算。"这样有利于保护劳动者权益。

◎ 投资者与股权激励方案产生冲突

若企业发展遇到了瓶颈可能会采取引入风投的方式来解决，尽管风投能解决资金周转困难的问题，但是风投也可能会和股权激励方案产生冲突，严重的情况下会稀释企业的绝对控股权。

风投获得企业股票的方式和原理

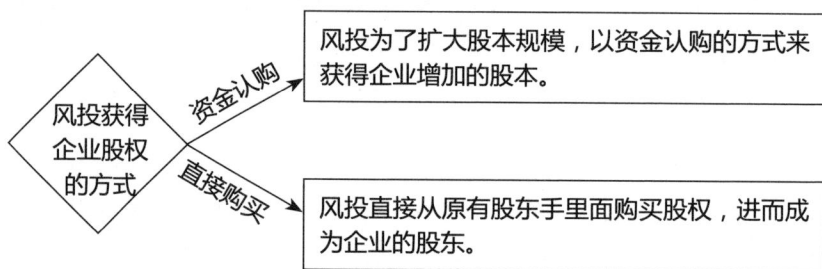

风投获得
企业股权
的方式
—— 资金认购 —— 风投为了扩大股本规模，以资金认购的方式来获得企业增加的股本。

—— 直接购买 —— 风投直接从原有股东手里面购买股权，进而成为企业的股东。

下面我们通过一个实例来了解一下，风投是如何通过控股来稀释企业管理权的。

案例陈述

A公司的总股本100万元，创始人赵某和白某分别控股70%和30%，原始出资按1：1持股，此时公司的股权结构为7：3。

现有天使轮投资者进行投资，经过评估认为企业总价值300万元，投资者愿意增资100万元，并且要求入股前，公司必须先拿出20%的股份建立期权池，那么赵某和白某的控股比例将发生变化。

赵某控股比例：70%×（1-20%）= 56%

白某控股比例：30%×（1-20%）= 24%

公司的股权结构已经发生改变，具体如表10-1所示。

表 10-1　企业建立期权池后的股权结构表

控股人	控股比例
赵某	56%
白某	24%
期权池	20%

投资者入股后，所持有股份比例：$100 \div (100 + 300) \times 100\% = 25\%$

赵某控股比例：$56\% \times (1 - 25\%) = 42\%$

白某控股比例：$24\% \times (1 - 25\%) = 18\%$

期权池：$20\% \times (1 - 25\%) = 15\%$

公司的股权结构再次发生改变，具体如表 10-2 所示。

表 10-2　企业引入风投后的股权结构表

控股人	控股比例
赵某	42%
白某	18%
期权池	15%
天使投资人	25%

从上述案例中可以看出：企业引入风投后，风投的控股比例已经超过创始人白某，且赵某的控股比例也急剧降低，严重地稀释了企业的控股权。由此可见，每一次的外部融资，随着期权池的调整和新投资者控股，都会使老员工和原有投资者手里的股份被稀释。

◎ 员工离职最容易引发股权纠纷

股权激励计划在实施过程中可能会出现员工离职的情况，为避免股权纠纷，企业必须在股权激励计划中明确地限定退出机制，防止激励对象的短期行为。

员工离职后股权的处理办法

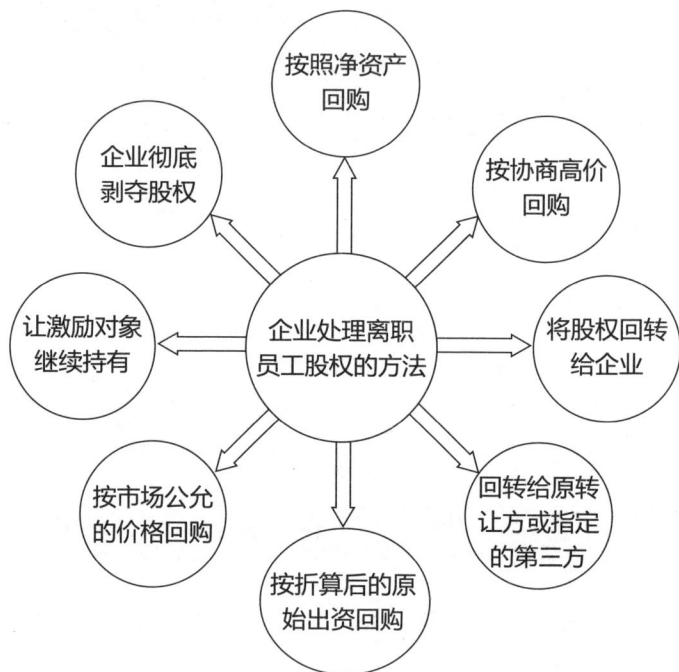

企业彻底剥夺股权

按照净资产回购

按协商高价回购

让激励对象继续持有

企业处理离职员工股权的方法

将股权回转给企业

按市场公允的价格回购

回转给原转让方或指定的第三方

按折算后的原始出资回购

小贴士

企业彻底剥夺激励对象的股权，也就是常说的"净身出户"，一般是针对有重大过错、过失而离职的员工，属于惩罚性措施，例如，激励对象收受贿赂、激励对象将被授予的期权抵押、担保、偿还债务或是激励对象存在提供虚假报表或文件、窃取他人商业秘密等违反法律法规及规章的行为。

第 11 章

防范地雷，股权激励涉及的法律风险

股权激励也会涉及一系列的法律问题，例如，股权激励涉及的法律文件、创始股东的股份被稀释、股权激励的税务问题及股权激励的法律环境等。企业必须对这些法律问题引起重视，否则很容易踏进法律的"雷区"，严重情况下甚至会产生股权纠纷，影响企业的正常化运营和管理。

股权激励必知的法律法规

股权激励计划的设计与实施都会涉及许多法律文件，包括证券市场的综合管理制度、反不正当竞争及市场监督法等，这就要求企业管理者必须在法律的指导下开展工作，避免陷入股权激励的陷阱中。

◎ 证券市场的综合管理制度

证券市场监管是指证券管理机关运用法律手段、经济手段及行政手段，对证券的募集、发行和交易等行为以及证券投资中介机构的行为进行监督与管理，以维护证券市场的交易秩序。

证券市场监管的模式

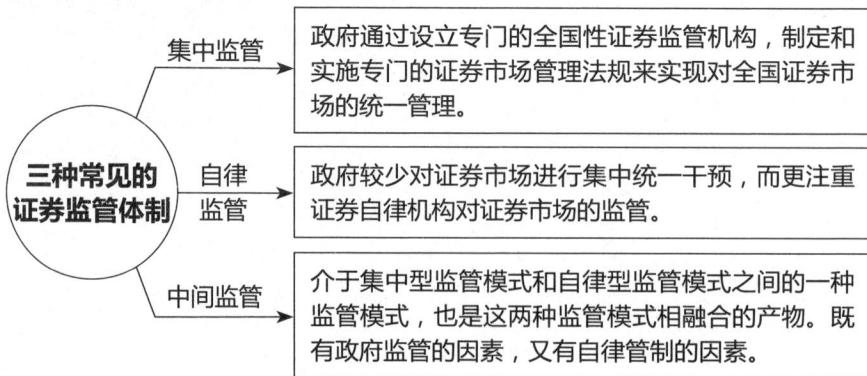

三种常见的证券监管体制

集中监管：政府通过设立专门的全国性证券监管机构，制定和实施专门的证券市场管理法规来实现对全国证券市场的统一管理。

自律监管：政府较少对证券市场进行集中统一干预，而更注重证券自律机构对证券市场的监管。

中间监管：介于集中型监管模式和自律型监管模式之间的一种监管模式，也是这两种监管模式相融合的产物。既有政府监管的因素，又有自律管制的因素。

证券市场的法律监管体系

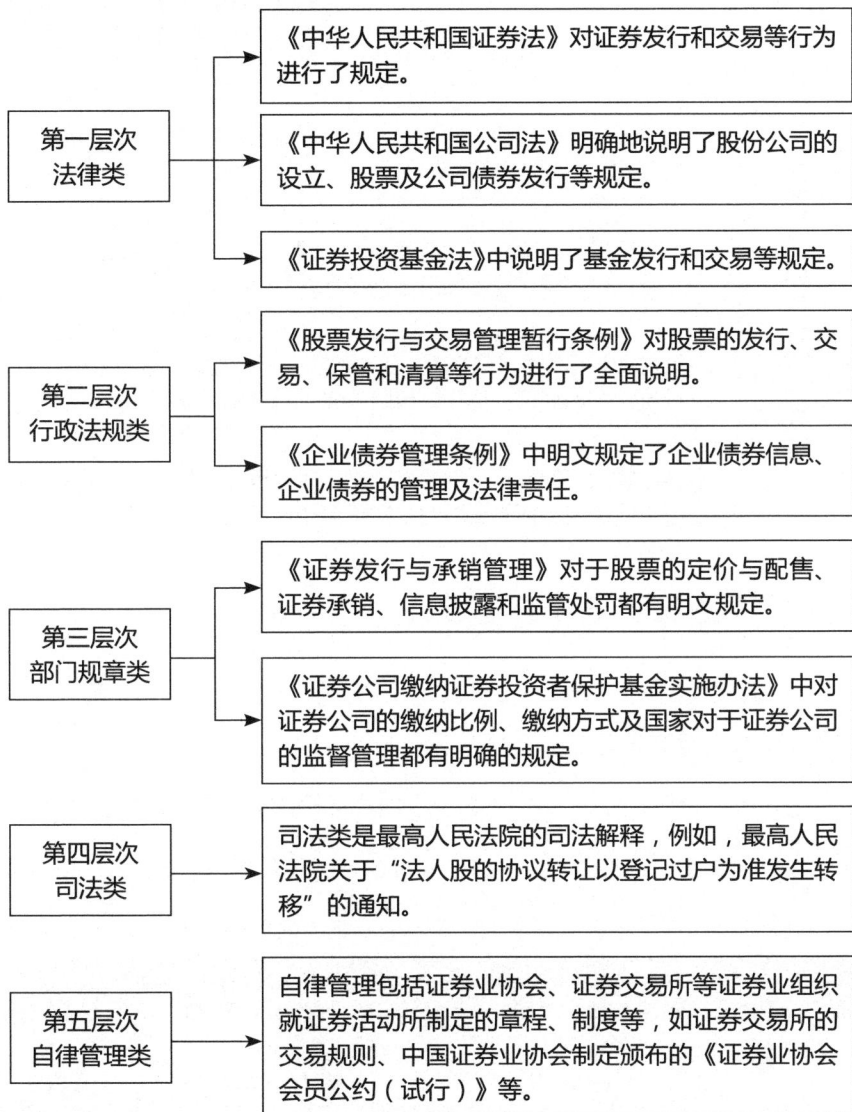

第一层次 法律类	《中华人民共和国证券法》对证券发行和交易等行为进行了规定。
	《中华人民共和国公司法》明确地说明了股份公司的设立、股票及公司债券发行等规定。
	《证券投资基金法》中说明了基金发行和交易等规定。
第二层次 行政法规类	《股票发行与交易管理暂行条例》对股票的发行、交易、保管和清算等行为进行了全面说明。
	《企业债券管理条例》中明文规定了企业债券信息、企业债券的管理及法律责任。
第三层次 部门规章类	《证券发行与承销管理》对于股票的定价与配售、证券承销、信息披露和监管处罚都有明文规定。
	《证券公司缴纳证券投资者保护基金实施办法》中对证券公司的缴纳比例、缴纳方式及国家对于证券公司的监督管理都有明确的规定。
第四层次 司法类	司法类是最高人民法院的司法解释，例如，最高人民法院关于"法人股的协议转让以登记过户为准发生转移"的通知。
第五层次 自律管理类	自律管理包括证券业协会、证券交易所等证券业组织就证券活动所制定的章程、制度等，如证券交易所的交易规则、中国证券业协会制定颁布的《证券业协会会员公约（试行）》等。

小贴士

监管体系还包括国务院证券监督管理委员会、证监会各地派出机构、证券交易所、行业协会和证券投资者保护基金公司为一体的监管体系和自律体系。另外，托管银行和证券结算机构也会协助证监会履行监督职责。

证券市场监管的原则

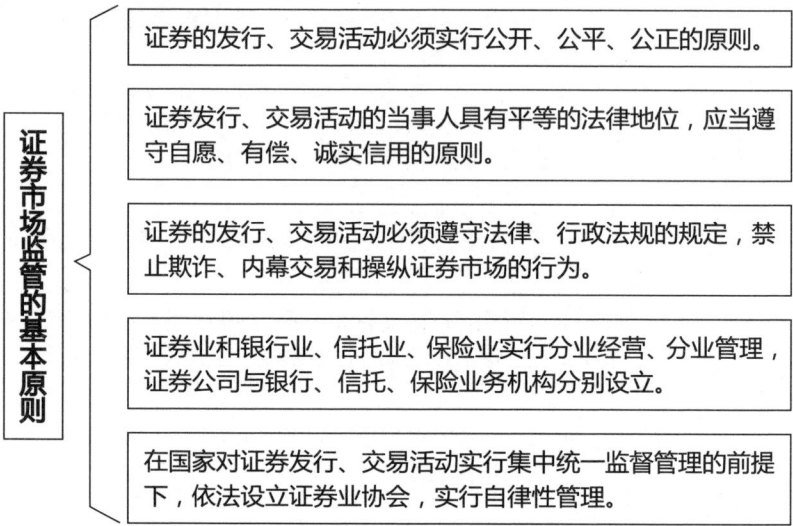

证券市场监管的基本原则

- 证券的发行、交易活动必须实行公开、公平、公正的原则。

- 证券发行、交易活动的当事人具有平等的法律地位，应当遵守自愿、有偿、诚实信用的原则。

- 证券的发行、交易活动必须遵守法律、行政法规的规定，禁止欺诈、内幕交易和操纵证券市场的行为。

- 证券业和银行业、信托业、保险业实行分业经营、分业管理，证券公司与银行、信托、保险业务机构分别设立。

- 在国家对证券发行、交易活动实行集中统一监督管理的前提下，依法设立证券业协会，实行自律性管理。

◎ 《中华人民共和国反不正当竞争法》

《中华人民共和国反不正当竞争法》（简称"《反不正当竞争法》"）是为保障市场经济健康发展，制止不正当竞争行为，保护经营者和消费者的合法权益。企业始终处于一个竞争激烈的环境中，切忌为了提升自身的竞争力而采取不正当的手段。表11-1所示为法律定义的不正当竞争行为。

表 11-1　《反不正当竞争法》规定的不正当的竞争行为（摘选）

法律条款	律文规定
第六条	公用企业或者其他依法具有独占地位的经营者，不得限定他人购买其指定的经营者的商品，以排挤其他经营者的公平竞争
第八条	经营者不得采用财物或者其他手段进行贿赂以销售或者购买商品。在账外暗中给予对方单位或者个人回扣的，以行贿论处；对方单位或者个人在账外暗中收受回扣的，以受贿论处
第十条第三款	经营者违反约定或者违反权利人有关保守商业秘密的要求，披露、使用或者允许他人使用其所掌握的商业秘密

续表

法律编号	律文规定
第十条第三款	第三人明知或者应知前款所列违法行为，获取、使用或者披露他人的商业秘密，视为侵犯商业秘密
第十三条	经营者不得采用谎称有奖或者故意让内定人员中奖的欺骗方式进行有奖销售
第十五条	投标者不得串通投标，抬高标价或者压低标价。投标者和招标者不得相互勾结，以排挤竞争对手的公平竞争

法律如何处理不正当的竞争手段

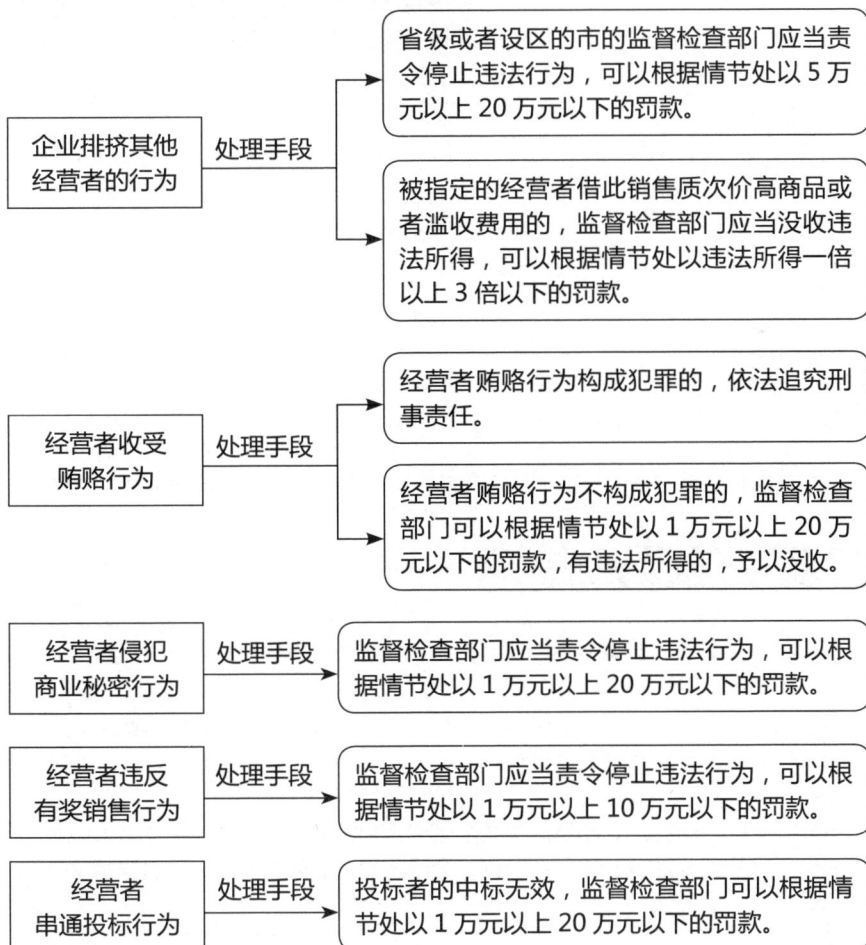

企业排挤其他经营者的行为 —— 处理手段

- 省级或者设区的市的监督检查部门应当责令停止违法行为，可以根据情节处以 5 万元以上 20 万元以下的罚款。
- 被指定的经营者借此销售质次价高商品或者滥收费用的，监督检查部门应当没收违法所得，可以根据情节处以违法所得一倍以上 3 倍以下的罚款。

经营者收受贿赂行为 —— 处理手段

- 经营者贿赂行为构成犯罪的，依法追究刑事责任。
- 经营者贿赂行为不构成犯罪的，监督检查部门可以根据情节处以 1 万元以上 20 万元以下的罚款，有违法所得的，予以没收。

经营者侵犯商业秘密行为 —— 处理手段

监督检查部门应当责令停止违法行为，可以根据情节处以 1 万元以上 20 万元以下的罚款。

经营者违反有奖销售行为 —— 处理手段

监督检查部门应当责令停止违法行为，可以根据情节处以 1 万元以上 10 万元以下的罚款。

经营者串通投标行为 —— 处理手段

投标者的中标无效，监督检查部门可以根据情节处以 1 万元以上 20 万元以下的罚款。

◎ 《中华人民共和国反垄断法》

《中华人民共和国反垄断法》（简称"《反垄断法》"）是一部为了预防和制止垄断行为，保护市场公平竞争，维护社会公共利益而制定的法律。企业在实施股权激励计划之前应该仔细审核其中的条文，避免违反《反垄断法》的规定。

《反垄断法》限制的垄断行为

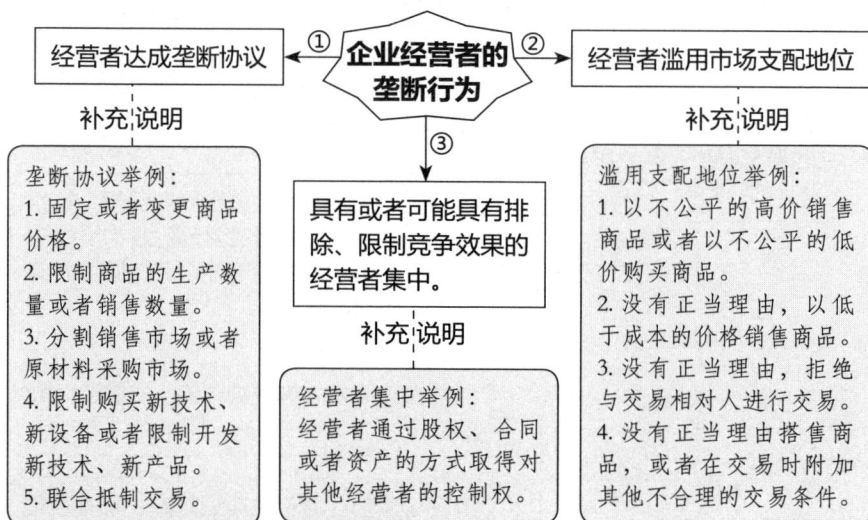

```
经营者达成垄断协议  ← ①  企业经营者的  ② →  经营者滥用市场支配地位
                         垄断行为
    补充说明                  ③↓           补充说明

垄断协议举例：        具有或者可能具有排     滥用支配地位举例：
1. 固定或者变更商品    除、限制竞争效果的     1. 以不公平的高价销售
价格。               经营者集中。          商品或者以不公平的低
2. 限制商品的生产数                         价购买商品。
量或者销售数量。         补充说明            2. 没有正当理由，以低
3. 分割销售市场或者                         于成本的价格销售商品。
原材料采购市场。      经营者集中举例：        3. 没有正当理由，拒绝
4. 限制购买新技术、    经营者通过股权、合同    与交易相对人进行交易。
新设备或者限制开发    或者资产的方式取得对    4. 没有正当理由搭售商
新技术、新产品。      其他经营者的控制权。    品，或者在交易时附加
5. 联合抵制交易。                          其他不合理的交易条件。
```

国家对涉嫌垄断行为的调查

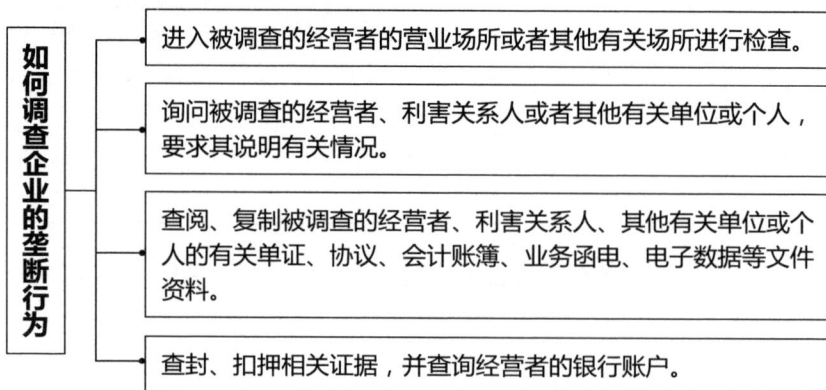

```
如何调查企业的垄断行为
    ├─ 进入被调查的经营者的营业场所或者其他有关场所进行检查。
    ├─ 询问被调查的经营者、利害关系人或者其他有关单位或个人，
    │   要求其说明有关情况。
    ├─ 查阅、复制被调查的经营者、利害关系人、其他有关单位或个
    │   人的有关单证、协议、会计账簿、业务函电、电子数据等文件
    │   资料。
    └─ 查封、扣押相关证据，并查询经营者的银行账户。
```

◎ 市场监管法

市场监管法是指调整在国家进行监督管理过程中发生的经济关系的法律规范总称，包括了《中华人民共和国公司法》（简称"《公司法》"）、《中华人民共和国证券法》（简称"《证券法》"）和《股权激励有关事项备忘录》等法律。所以，企业要以此为总指导设计股权激励计划。

市场监管法的原则

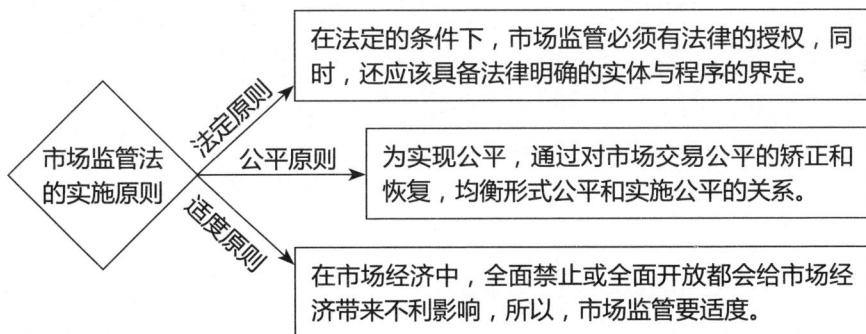

市场监管法的实施原则

法定原则 → 在法定的条件下，市场监管必须有法律的授权，同时，还应该具备法律明确的实体与程序的界定。

公平原则 → 为实现公平，通过对市场交易公平的矫正和恢复，均衡形式公平和实施公平的关系。

适度原则 → 在市场经济中，全面禁止或全面开放都会给市场经济带来不利影响，所以，市场监管要适度。

市场监管涉及的法律责任

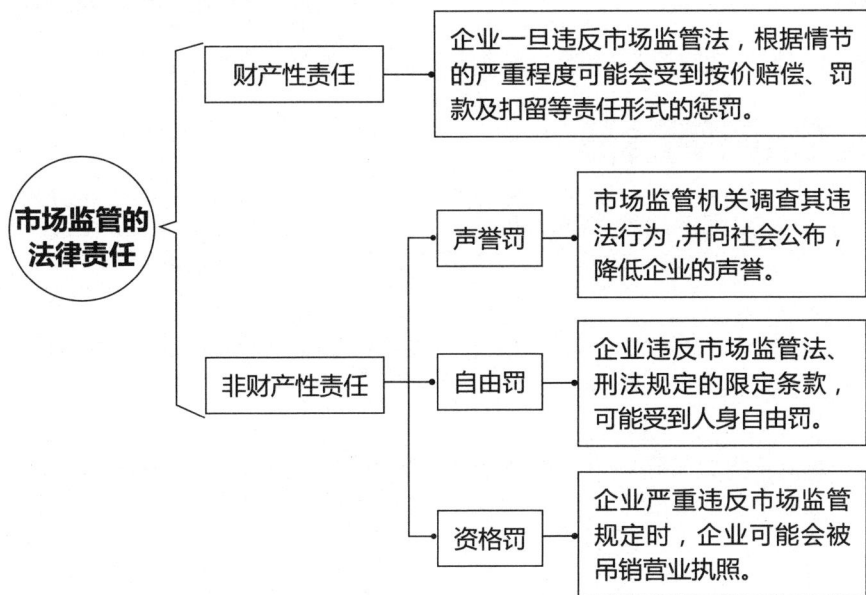

市场监管的法律责任

财产性责任 → 企业一旦违反市场监管法，根据情节的严重程度可能会受到按价赔偿、罚款及扣留等责任形式的惩罚。

非财产性责任

声誉罚 → 市场监管机关调查其违法行为，并向社会公布，降低企业的声誉。

自由罚 → 企业违反市场监管法、刑法规定的限定条款，可能受到人身自由罚。

资格罚 → 企业严重违反市场监管规定时，企业可能会被吊销营业执照。

股权激励容易涉及的法律风险

股权激励计划的设计和实施都是以相关法律为指导的，尽管企业非常谨慎，但难免会遇到各种法律问题，例如激励引发财务危机及商业机密泄露。所以，企业需要掌握不同风险的应对方法。

◎ 创始股东的股权被稀释

创始股东是指公司成立前期投入启动资本并承担了巨大失败风险的投资者，创始股东会在公司经营中持续投入大量的资金与人力资本。若创始股东的股权被稀释，创业成果很可能被他人所"窃取"。

公司的控制权的层面

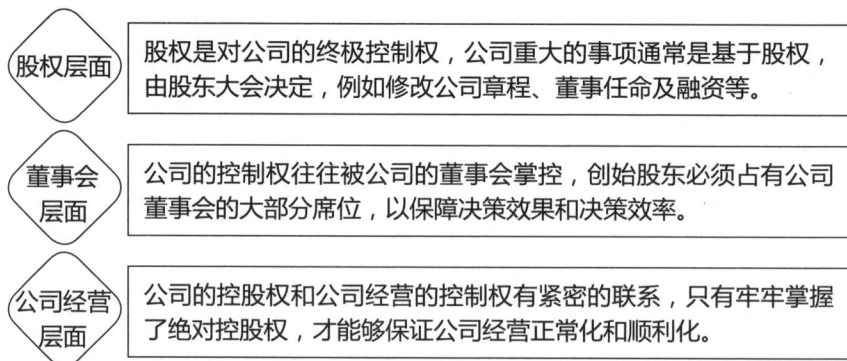

股权层面	股权是对公司的终极控制权，公司重大的事项通常是基于股权，由股东大会决定，例如修改公司章程、董事任命及融资等。
董事会层面	公司的控制权往往被公司的董事会掌控，创始股东必须占有公司董事会的大部分席位，以保障决策效果和决策效率。
公司经营层面	公司的控股权和公司经营的控制权有紧密的联系，只有牢牢掌握了绝对控股权，才能够保证公司经营正常化和顺利化。

股东保持控股权的方法

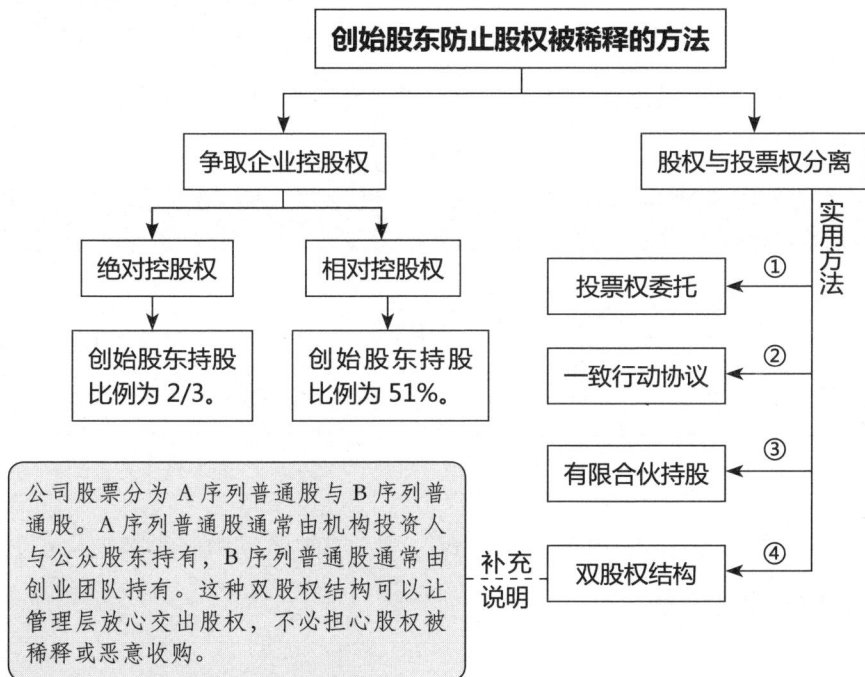

创始股东防止股权被稀释的方法

争取企业控股权

- 绝对控股权 → 创始股东持股比例为 2/3。
- 相对控股权 → 创始股东持股比例为 51%。

股权与投票权分离 ┐ 实用方法

- ① 投票权委托
- ② 一致行动协议
- ③ 有限合伙持股
- ④ 双股权结构

补充说明：公司股票分为 A 序列普通股与 B 序列普通股。A 序列普通股通常由机构投资人与公众股东持有，B 序列普通股通常由创业团队持有。这种双股权结构可以让管理层放心交出股权，不必担心股权被稀释或恶意收购。

掌握公司实际控股权的技巧

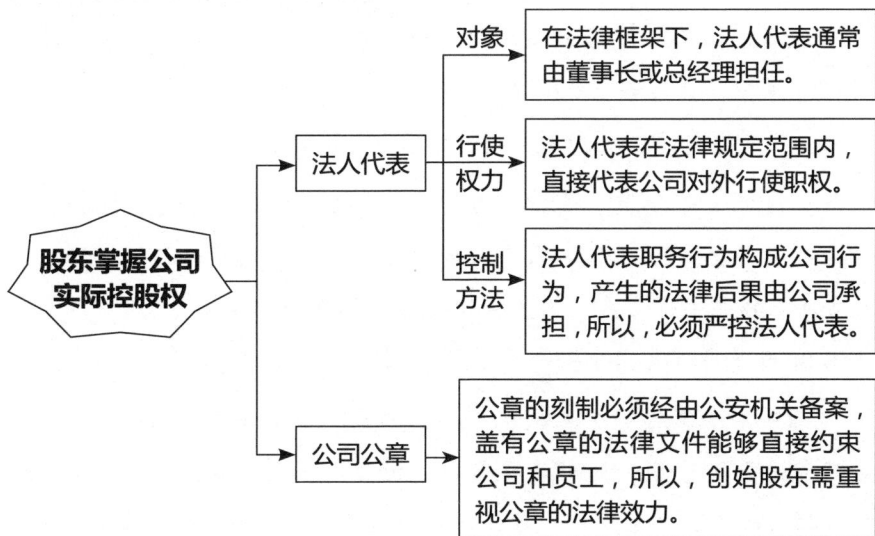

股东掌握公司实际控股权

法人代表
- 对象：在法律框架下，法人代表通常由董事长或总经理担任。
- 行使权力：法人代表在法律规定范围内，直接代表公司对外行使职权。
- 控制方法：法人代表职务行为构成公司行为，产生的法律后果由公司承担，所以，必须严控法人代表。

公司公章：公章的刻制必须经由公安机关备案，盖有公章的法律文件能够直接约束公司和员工，所以，创始股东需重视公章的法律效力。

◎ 股权支付导致财务危机

股权支付是指企业为获取员工和其他方提供服务而授予权益工具或者承担以权益工具为基础的负债交易，表11-2所示为股权支付分类。

表11-2　股权支付的分类

股权支付的分类	定义	例子
以权益性结算的股权支付	企业为获取服务以股权或其他权益工具作为对价进行结算的交易	限制性股票
		股票期权
以现金结算的股权支付	企业为获取服务承担以股权或其他权益工具作为基础计算确定的交付现金或其他资产义务的交易	模拟股票
		现金股票增值权

下面我们通过一个实例来了解一下，股权激励中的股权支付是如何影响企业财务的。

案例陈述

2009年7月24日，瑞和有限公司股东大会通过决议，同意瑞展实业将所持20%股权以2 400万元价格转让给邓某等47位公司管理层及员工，将所持有的10%股权以2 000万元价格转让给嘉裕房地产。

2009年7月26日，瑞展实业与股权受让方签订《股权转让协议》，2009年7月28日，深圳市公证处对《股权转让协议》进行了公证。瑞展实业在招股书中称："由于实施股权激励增加管理费用1 600万元，导致2009年管理费用大幅高于2008年水平。"

2009年度瑞展实业归属于母公司的净利润只有1 461万元，根据非经常损益表来看，1 600万元股权支付费用是经常性费用，扣除非经常性损益后，该公司归属于母公司的净利润是1 400万元。所以，2009

年股权激励费用确认的依据是同期市盈率入股价格和股权激励价格的差，即 2 000 ÷ 10% × 20% − 2 400=1 600（万元）。这导致 2009 年度盈利水平较 2008 年出现大幅下滑。

通过上述案例可以得出如下结论。

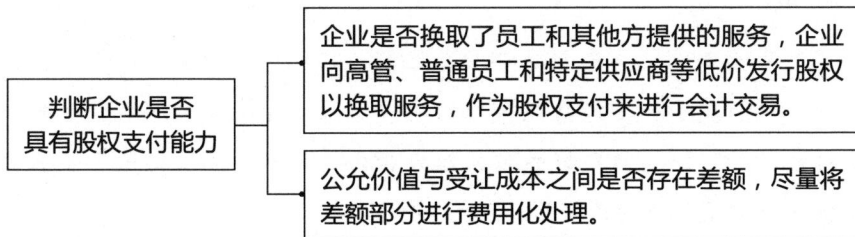

◎ 激励对象泄露商业机密

股权激励让普通员工成为股东，参与到企业的管理中。尽管这样能够增强员工的主人翁意识，但也潜伏着一定的危机，例如，激励对象泄露商业机密，给企业带来巨大的损失。所以，企业必须约束激励对象的行为，保护企业的基本利益。

企业商业机密的内容

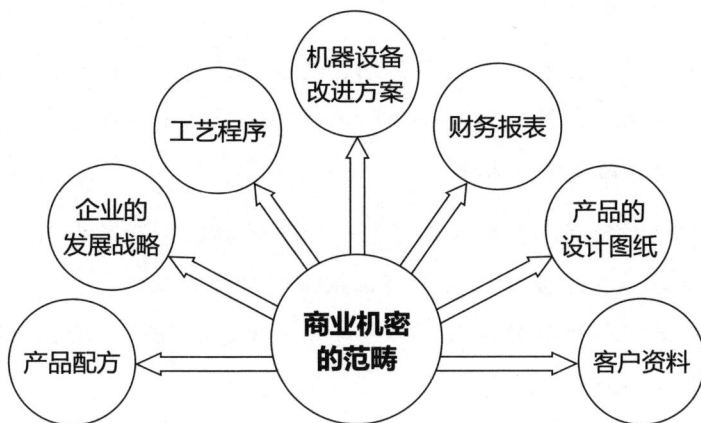

下面我们通过一个实例来了解一下，激励对象泄露商业机密对企业带来的负面影响。

案例陈述

夏某是 A 企业家电事业部的总经理，任职期间的业绩非常突出，对内，他组建了一支极具战斗力的销售团队，连续多次刷新企业的销售额；对外，他凭借良好的沟通能力和公关能力，多次化解了企业的危机，维护了企业的良好形象。

2011 年 3 月，A 企业召开董事会，董事会决定授予夏某等 20 名员工股权，夏某顺理成章地以股东身份参与到企业管理中，包括年度销售目标的制定、企业章程的修改及企业战略规划的设计等方面。

2014 年 6 月，夏某向 A 企业提交辞呈，按照约定，A 企业回购了夏某所持有的股权，本以为一切进展顺利，但是事情的发展却出乎意料。

2014 年 7 月，夏某跳槽到同行 B 企业，他担任西南地区的区域经理。但是夏某的前东家不以为意，认为夏某不会对企业造成威胁，而 2014 年第 4 季度，A 企业惊讶地发现，西南地区第 4 季度的销售额大幅缩水，净盈利增长环比下降 2.6%，同比下降 3.9%。

原来，夏某在 B 企业任职期间，为了稳定自身的地位而泄露了 A 企业的商业机密，夏某将 A 企业的客户全部带到了 B 企业，直接导致 A 企业的销售额大幅下降。

面对这种情况，A 企业无可奈何，一纸诉状将夏某告上法庭，但是法院却认为 A 企业缺乏足够的证据证明夏某窃取其商业机密，且 A 企业在开展股权激励的时候，并没有与夏某签订《竞业禁止协议》，故宣判 A 企业败诉。

通过上述案例可以得出如下结论。

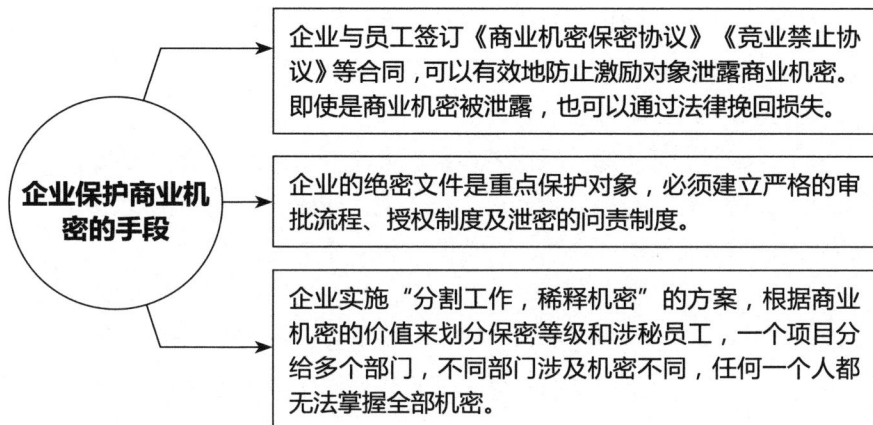

```
                    ┌─────────────────────────────────────────┐
                    │ 企业与员工签订《商业机密保密协议》《竞业禁止协 │
                    │ 议》等合同，可以有效地防止激励对象泄露商业机密。│
                    │ 即使是商业机密被泄露，也可以通过法律挽回损失。  │
                    └─────────────────────────────────────────┘
  ┌──────────┐      ┌─────────────────────────────────────────┐
  │ 企业保护商业机 │      │ 企业的绝密文件是重点保护对象，必须建立严格的审 │
  │ 密的手段    │─────→│ 批流程、授权制度及泄密的问责制度。            │
  └──────────┘      └─────────────────────────────────────────┘
                    ┌─────────────────────────────────────────┐
                    │ 企业实施"分割工作，稀释机密"的方案，根据商业 │
                    │ 机密的价值来划分保密等级和涉秘员工，一个项目分 │
                    │ 给多个部门，不同部门涉及机密不同，任何一个人都 │
                    │ 无法掌握全部机密。                         │
                    └─────────────────────────────────────────┘
```

◎ 股权激励也会涉及法律税务

股权激励是留住核心员工、激励新员工、提升企业战斗力和凝聚力的有效工具，但是也会遇到一定的法律风险，尤其是税收风险。所以，企业务必要熟悉国家税务总局颁布的最新的税收行政法规。

不同股权激励工具的税务问题

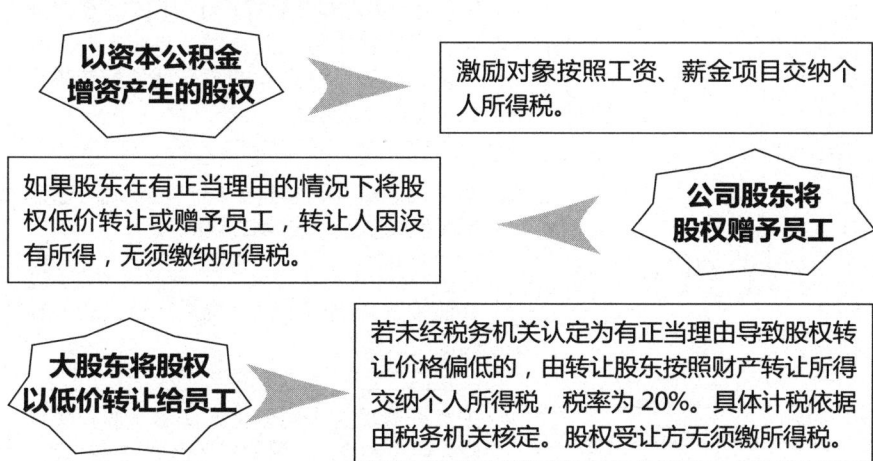

以资本公积金增资产生的股权 → 激励对象按照工资、薪金项目交纳个人所得税。

如果股东在有正当理由的情况下将股权低价转让或赠予员工，转让人因没有所得，无须缴纳所得税。 ← **公司股东将股权赠予员工**

大股东将股权以低价转让给员工 → 若未经税务机关认定为有正当理由导致股权转让价格偏低的，由转让股东按照财产转让所得交纳个人所得税，税率为 20%。具体计税依据由税务机关核定。股权受让方无须缴所得税。

小贴士

股权转让收入明显偏低，符合下列条件之一的，视为有正当理由。

1.能出具有效文件，证明被投资企业因国家政策调整，生产经营受到重大影响，导致低价转让股权。

2.继承或将股权转让给其能提供具有法律效力身份关系证明的配偶、父母、子女、祖父母、外祖父母、孙子女、外孙子女、兄弟姐妹及对转让人承担直接抚养或者赡养义务的抚养人或者赡养人。

3.相关法律、政府文件或企业章程规定，并有相关资料充分证明转让价格合理且真实的，本企业员工持有的不能对外转让股权的内部转让。

4.股权转让双方能够提供有效证据证明其合理性的其他合理情形。

税务机关核定税率的方法

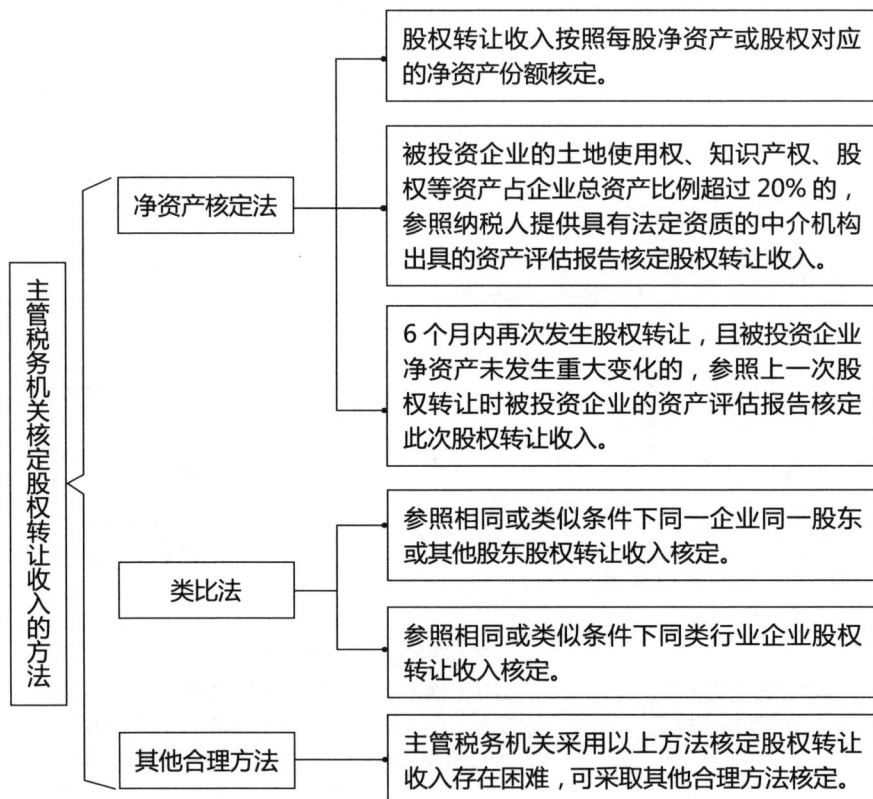

主管税务机关核定股权转让收入的方法

- **净资产核定法**
  - 股权转让收入按照每股净资产或股权对应的净资产份额核定。
  - 被投资企业的土地使用权、知识产权、股权等资产占企业总资产比例超过20%的，参照纳税人提供具有法定资质的中介机构出具的资产评估报告核定股权转让收入。
  - 6个月内再次发生股权转让，且被投资企业净资产未发生重大变化的，参照上一次股权转让时被投资企业的资产评估报告核定此次股权转让收入。

- **类比法**
  - 参照相同或类似条件下同一企业同一股东或其他股东股权转让收入核定。
  - 参照相同或类似条件下同类行业企业股权转让收入核定。

- **其他合理方法**
  - 主管税务机关采用以上方法核定股权转让收入存在困难，可采取其他合理方法核定。

股权激励实施的法律环境

股权激励的实施离不开一个完善的法律环境，这需要从中国现行法律约束和空缺、股东对管理层的监控及法人治理层面的激励与约束机制等方面来分析，进而为实施股权激励计划提供强有力的法律支撑。

◎ 中国现行的法律约束和空缺

股权激励源于西方，在中国的发展时间还相对较短，现行的法律也存在着一定的"漏洞"，给企业实施股权激励带来了一定困难。所以，企业必须掌握不同"漏洞"的应付方法。

法律约束力的集中体现

资本股份化	企业要实施股权激励方案，首先要将公司的资本划分为若干个虚拟股份，利用公司内部对公司资产的评估与核算，对公司的资本进行股份化，并由公司签发股东持股证明。
股东人数	《公司法》规定："有限责任公司由 50 人以下股东出资设立"。所以有限责任公司股权激励计划的股东人数不得超过 50 人。
股票定价	有限责任公司的股票不能上市流通，因此，股票价格只能依据内部价格来确定。一般而言，由公司或公司委托的专业中介机构根据公司的各项财务指标进行确定。

法律务实的具体运用

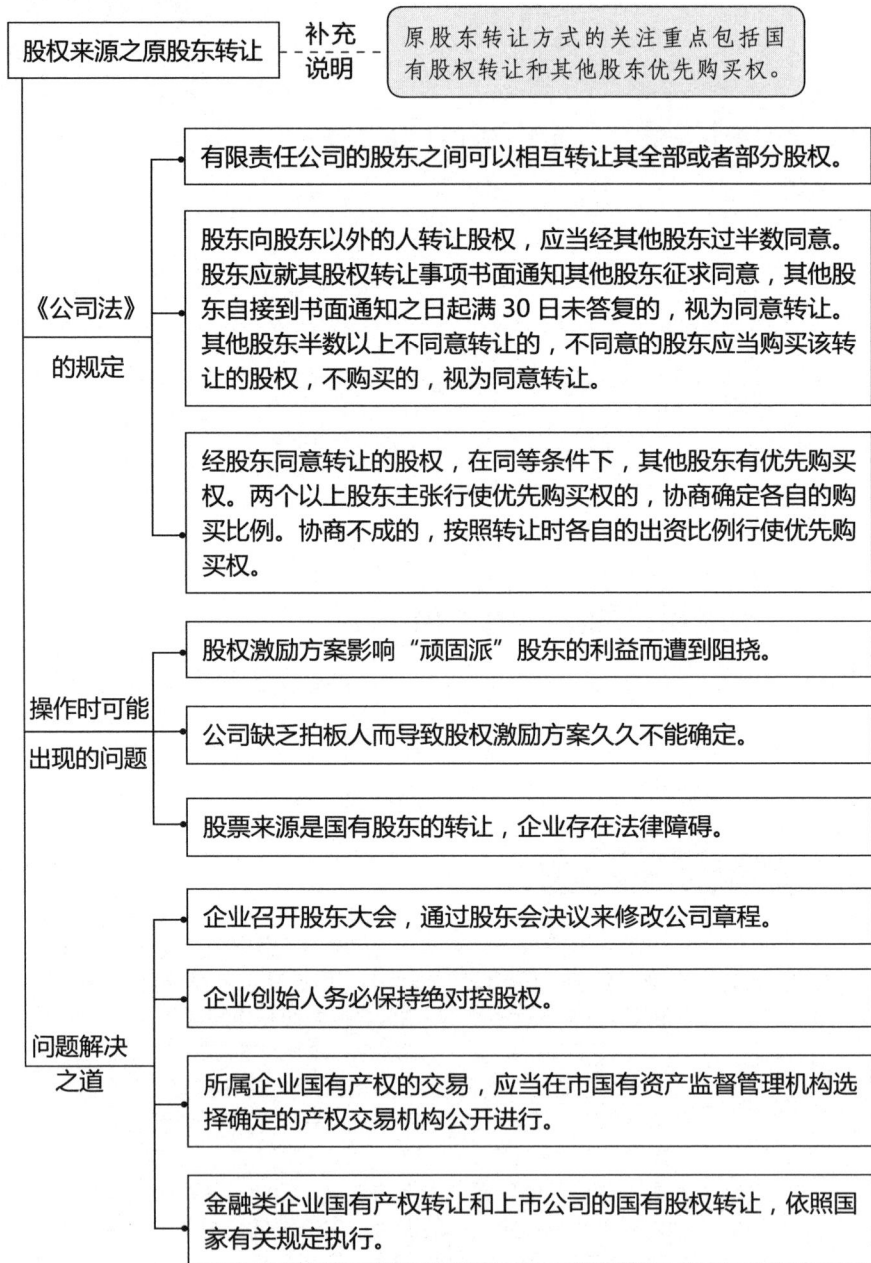

股权来源之原股东转让 ---补充说明---

> 原股东转让方式的关注重点包括国有股权转让和其他股东优先购买权。

《公司法》的规定

- 有限责任公司的股东之间可以相互转让其全部或者部分股权。

- 股东向股东以外的人转让股权，应当经其他股东过半数同意。股东应就其股权转让事项书面通知其他股东征求同意，其他股东自接到书面通知之日起满 30 日未答复的，视为同意转让。其他股东半数以上不同意转让的，不同意的股东应当购买该转让的股权，不购买的，视为同意转让。

- 经股东同意转让的股权，在同等条件下，其他股东有优先购买权。两个以上股东主张行使优先购买权的，协商确定各自的购买比例。协商不成的，按照转让时各自的出资比例行使优先购买权。

操作时可能出现的问题

- 股权激励方案影响"顽固派"股东的利益而遭到阻挠。

- 公司缺乏拍板人而导致股权激励方案久久不能确定。

- 股票来源是国有股东的转让，企业存在法律障碍。

问题解决之道

- 企业召开股东大会，通过股东会决议来修改公司章程。

- 企业创始人务必保持绝对控股权。

- 所属企业国有产权的交易，应当在市国有资产监督管理机构选择确定的产权交易机构公开进行。

- 金融类企业国有产权转让和上市公司的国有股权转让，依照国家有关规定执行。

◎ 股东对于管理层的监控

《中华人民共和国公司法》赋予股东以选举权、审批权、表决权及监督权，但是在部分企业中，管理层如脱缰野马，根本不受股东的监管，导致管理层的个人行为给企业带来损失。下面通过一则案例来说明缺失监督的管理层给企业管理带来的危害。

案例陈述

某钢铁企业的董事长在没有经过董事会和股东大会同意的情况下，私自签订了一笔高达 500 多万元的订单，双方约定在 60 天内交货，并签订了具有法律效益的《逾期交货违约金》。

但是由于企业内部的生产力有限，无法在约定的期限内交货，影响了客户的正常生产计划，所以，该企业被客户告上法庭，要求赔偿工期延误赔偿金和违约金。

由于这笔赔款让企业财务吃紧，生产计划被迫中止，大量的客户纷纷撤销合作，部分员工开始离职，同行企业也"趁火打劫"，从企业中挖走不少优秀的高管……该董事长的一个私自决定给企业带来了巨大的负面影响，致使企业面临前所未有的窘境。

尽管董事长签订单的出发点是为了企业的发展，但是从公司治理的层面来看，董事长的行为脱离了股东大会的监管，已经违反了《中华人民共和国公司法》相关规定和公司章程。

这种事情竟然发生在一个公司治理结构完善的企业中，这无疑是给企业管理者敲响了警钟，董事长为何可以私自签下订单？公司股东大会和监事会为何没有起到监督作用？企业该如何才能避免这样的情况再次发生呢？

从上述案例可以看出：该企业的权责划分不明确，致使董事长掌握了最高权力，一人决定企业所有事务；其次，该企业的股东大会已经丧失权力，无法决定公司的经营计划和投资方案；最后，监事会根本没有发挥任何监督作用。

股东如何监督企业经营

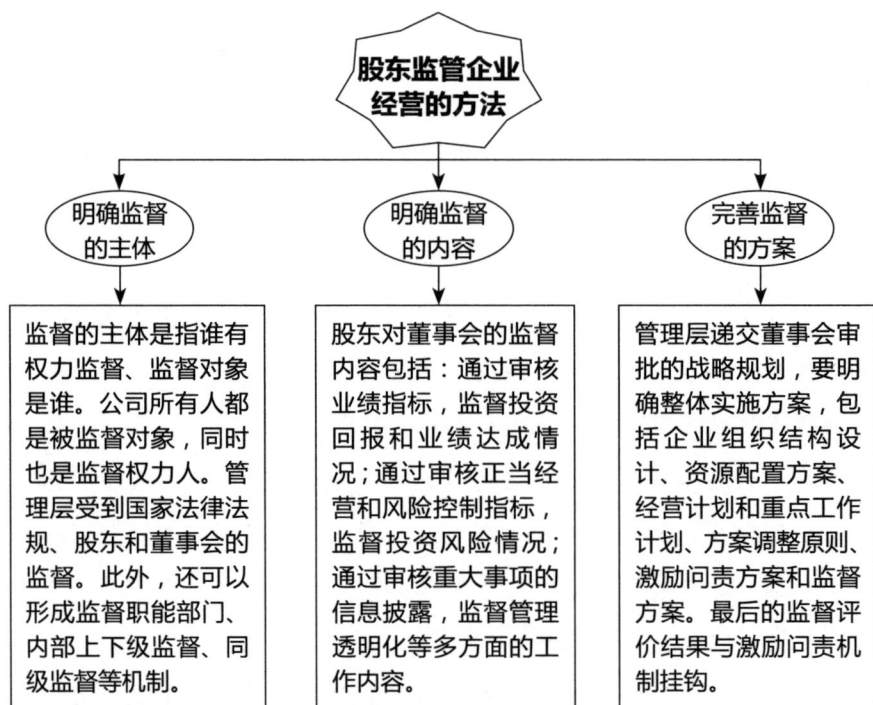

◎ 法人治理的激励机制和约束机制

公司治理是指以保护股东合法利益为核心理念，在此基础之上规范股东、董事和员工等各方的权利和义务，使公司机构各司其职、协调运转、有效制衡，实现股东的长期投资价值。

法人治理的结构

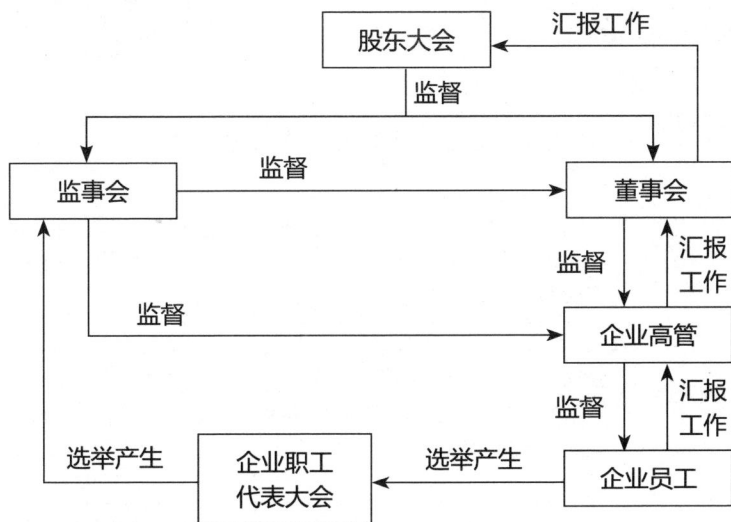

```
                    股东大会  ◄──汇报工作──┐
                       │ 监督            │
          ┌────────────┼─────────────┐   │
          ▼            │             ▼   │
        监事会 ──监督──────────────► 董事会
          │                          │ ▲
          │                       监督│ │汇报
          │                          │ │工作
          │ 监督                     ▼ │
          └──────────────────────► 企业高管
          ▲                          │ ▲
          │                       监督│ │汇报
     选举产生                        │ │工作
          │   企业职工              ▼ │
          └── 代表大会 ◄─选举产生─ 企业员工
```

法人治理的激励机制

法人治理的激励原则

企业管理者依据契约向剩余利益的所有者并承担经营风险的股东赋予一定的企业支配权，使企业在股东的治理下运营。

法人治理公司的目标仅为股东利益服务，其财务目标是单一的，即实现股东利益最大化。

法人治理结构模式下，股东作为物质资本的投入者，掌握企业的绝对控股权，可以通过建立对经营者行为进行激励和约束的机制，使其为实现股东利益最大化而努力工作。

中国的法人治理制度在企业的经营中提倡集体主义，注重劳资协调，更容易调动股权激励对象的工作积极性。

中国的法人治理制度正由单一的激励治理模式朝着共同治理模式方向发展。在企业内部的监督机制中，要形成以股东以外的利益相关者为代表，旨在发挥利益相关者的作用。

法人治理的约束机制

法人治理的约束层面

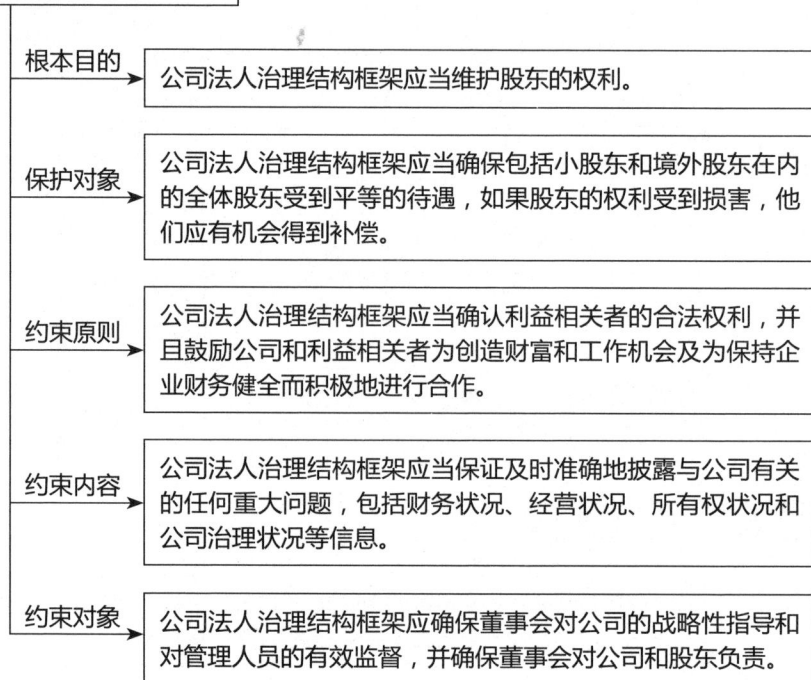

根本目的 ▶ 公司法人治理结构框架应当维护股东的权利。

保护对象 ▶ 公司法人治理结构框架应当确保包括小股东和境外股东在内的全体股东受到平等的待遇，如果股东的权利受到损害，他们应有机会得到补偿。

约束原则 ▶ 公司法人治理结构框架应当确认利益相关者的合法权利，并且鼓励公司和利益相关者为创造财富和工作机会及为保持企业财务健全而积极地进行合作。

约束内容 ▶ 公司法人治理结构框架应当保证及时准确地披露与公司有关的任何重大问题，包括财务状况、经营状况、所有权状况和公司治理状况等信息。

约束对象 ▶ 公司法人治理结构框架应确保董事会对公司的战略性指导和对管理人员的有效监督，并确保董事会对公司和股东负责。

第 12 章

化险为夷，股权激励纠纷的解决方案

若企业在实施股权激励计划过程中遇到了问题，最重要的是要使用一定的方法来化险为夷。概括而言，企业需要合理解决激励前、激励期间和激励后 3 个阶段所遇到的问题，并实施可行性较高的策略，帮助企业顺利地渡过难关。

股权激励之前可能出现的问题

股权激励计划在实施前必须处理好各种问题，否则就会为股权激励计划纠纷埋"雷"。一般而言，企业需要处理好股权授予期、绩效考核方案和行权的价格这 3 个方面的问题。

◎ 股权激励考核期的不明确

很多公司对进行股权激励前的考核期往往不明确，部分公司甚至没有考核期。

不同对象考核期的确定

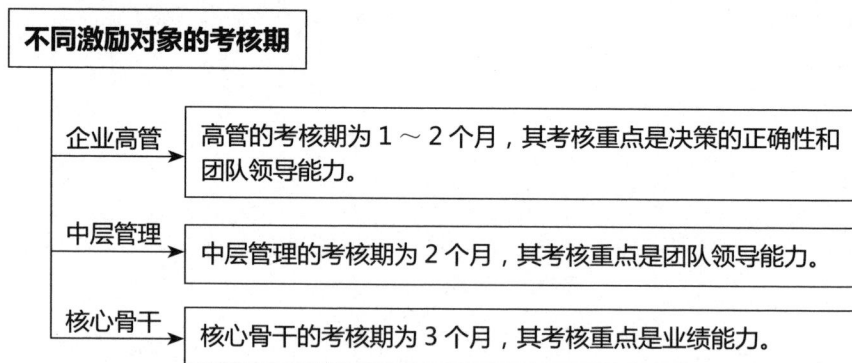

不同激励对象的考核期

企业高管	高管的考核期为 1～2 个月，其考核重点是决策的正确性和团队领导能力。
中层管理	中层管理的考核期为 2 个月，其考核重点是团队领导能力。
核心骨干	核心骨干的考核期为 3 个月，其考核重点是业绩能力。

考核方案包括的内容

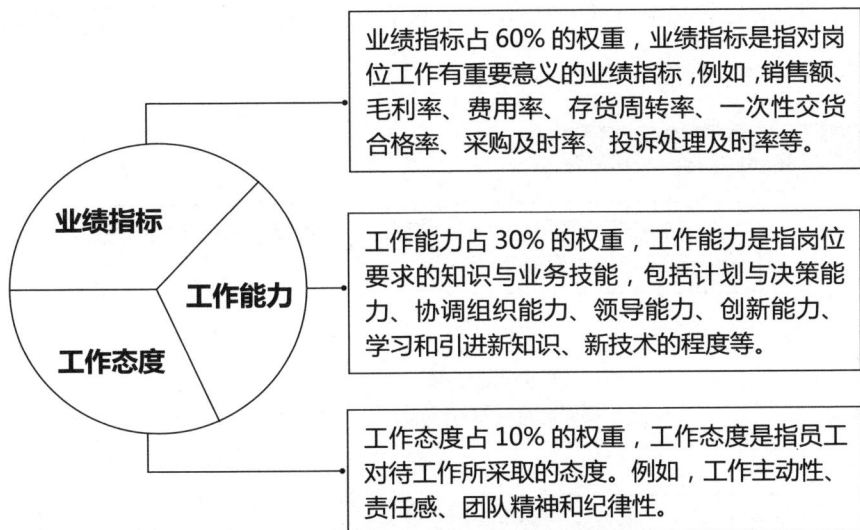

业绩指标占 60% 的权重，业绩指标是指对岗位工作有重要意义的业绩指标，例如，销售额、毛利率、费用率、存货周转率、一次性交货合格率、采购及时率、投诉处理及时率等。

业绩指标 工作能力 工作态度

工作能力占 30% 的权重，工作能力是指岗位要求的知识与业务技能，包括计划与决策能力、协调组织能力、领导能力、创新能力、学习和引进新知识、新技术的程度等。

工作态度占 10% 的权重，工作态度是指员工对待工作所采取的态度。例如，工作主动性、责任感、团队精神和纪律性。

**激励对象的考核结果等级
划分如表 12-1 所示**

表 12-1　激励对象的考核等级划分

激励对象得分	考核等级
90 分（含）以上的	A
85 ～ 89 分	B
80 ～ 84 分	C
70 ～ 79 分	D

小贴士

若激励对象在考核期间工作有创新或超额完成工作，经董事会薪酬委员会确认后，获得额外加分，数值一般不超过 5 分。若激励对象在工作期间发生重大差错、失误或未能尽职给公司造成重大损失及出现收受贿赂、非法侵占等重大违纪行为应予减分，直至取消业绩分数。

◎ 企业缺乏科学的考核流程

股权激励的绩效考核方案也必须有科学的考核流程，否则难以精准地评估激励对象的实际业绩。

考核方案的实施流程

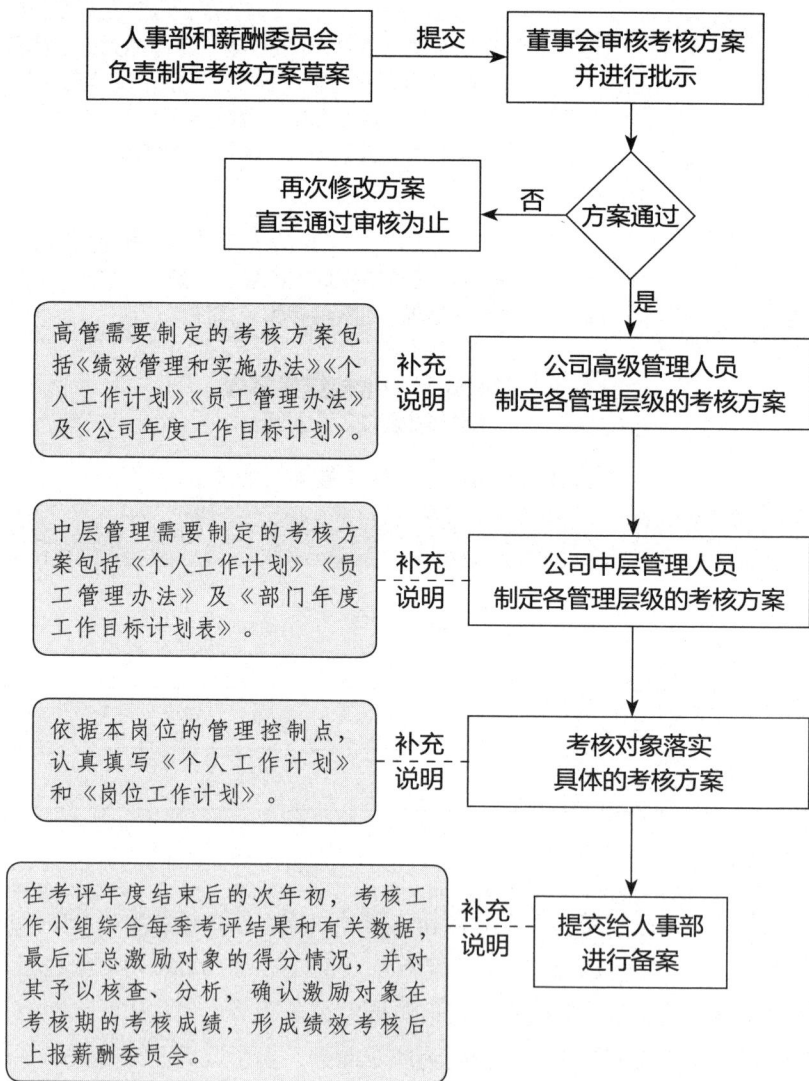

```
┌──────────────────┐          ┌──────────────────┐
│ 人事部和薪酬委员会 │   提交    │ 董事会审核考核方案 │
│ 负责制定考核方案草案 │ ───────▶ │    并进行批示     │
└──────────────────┘          └──────────────────┘
                                        │
                                        ▼
┌──────────────────┐          ◇──────────────◇
│   再次修改方案     │    否    │              │
│ 直至通过审核为止   │ ◀────── │   方案通过    │
└──────────────────┘          ◇──────────────◇
                                        │ 是
                                        ▼
┌────────────────────┐       ┌──────────────────┐
│ 高管需要制定的考核方案包 │  补充 │  公司高级管理人员   │
│ 括《绩效管理和实施办法》《个 │─ 说明 │ 制定各管理层级的考核方案 │
│ 人工作计划》《员工管理办法》 │       └──────────────────┘
│ 及《公司年度工作目标计划》。 │                │
└────────────────────┘                ▼
┌────────────────────┐       ┌──────────────────┐
│ 中层管理需要制定的考核方 │  补充 │  公司中层管理人员   │
│ 案包括《个人工作计划》《员 │─ 说明 │ 制定各管理层级的考核方案 │
│ 工管理办法》及《部门年度 │       └──────────────────┘
│ 工作目标计划表》。        │                │
└────────────────────┘                ▼
┌────────────────────┐       ┌──────────────────┐
│ 依据本岗位的管理控制点， │  补充 │   考核对象落实      │
│ 认真填写《个人工作计划》 │─ 说明 │  具体的考核方案     │
│ 和《岗位工作计划》。     │       └──────────────────┘
└────────────────────┘                │
┌────────────────────┐                ▼
│ 在考评年度结束后的次年初，考核工 │ 补充 ┌──────────────────┐
│ 作小组综合每季考评结果和有关数据，│─ 说明 │   提交给人事部      │
│ 最后汇总激励对象的得分情况，并对 │       │    进行备案        │
│ 其予以核查、分析，确认激励对象在 │       └──────────────────┘
│ 考核期的考核成绩，形成绩效考核后 │
│ 上报薪酬委员会。                │
└────────────────────┘
```

◎ 股权激励的行权价格缺乏科学依据

行权价格是公司与被激励对象重点关心的问题。在实务中，很多公司的股权激励的行权价格的设置缺乏科学依据。

股权激励的定价模式

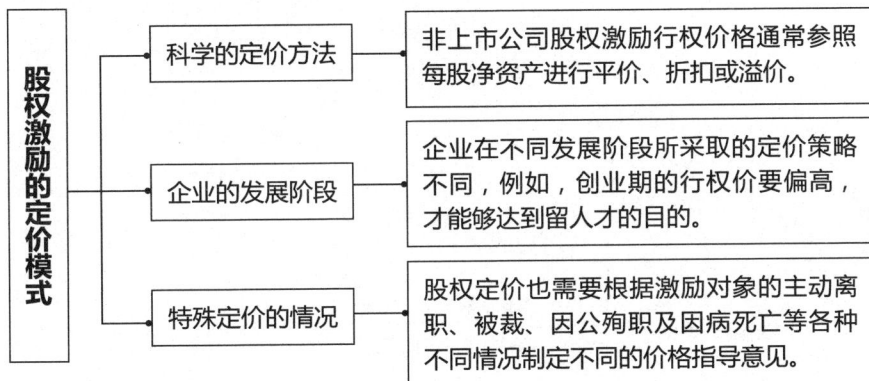

股权激励的定价模式
- 科学的定价方法 → 非上市公司股权激励行权价格通常参照每股净资产进行平价、折扣或溢价。
- 企业的发展阶段 → 企业在不同发展阶段所采取的定价策略不同，例如，创业期的行权价要偏高，才能够达到留人才的目的。
- 特殊定价的情况 → 股权定价也需要根据激励对象的主动离职、被裁、因公殉职及因病死亡等各种不同情况制定不同的价格指导意见。

增资扩股的定价原则

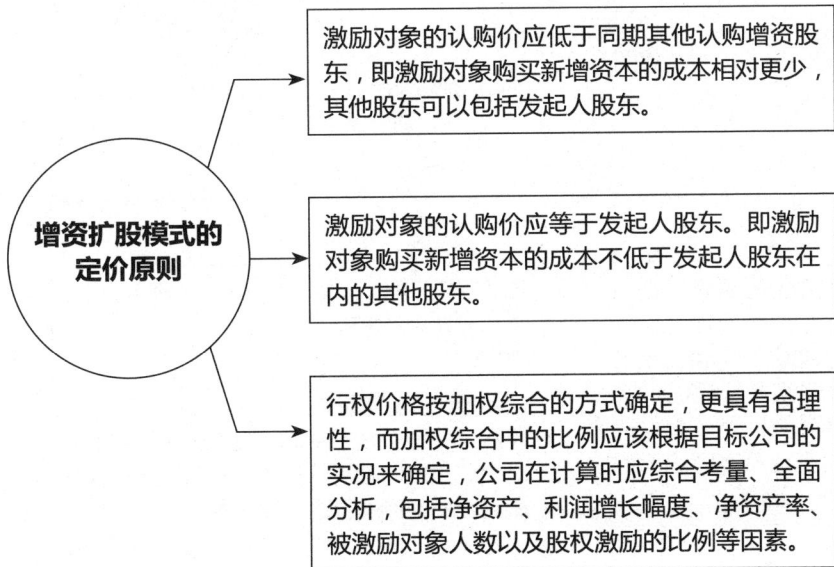

增资扩股模式的定价原则
- 激励对象的认购价应低于同期其他认购增资股东，即激励对象购买新增资本的成本相对更少，其他股东可以包括发起人股东。
- 激励对象的认购价应等于发起人股东。即激励对象购买新增资本的成本不低于发起人股东在内的其他股东。
- 行权价格按加权综合的方式确定，更具有合理性，而加权综合中的比例应该根据目标公司的实况来确定，公司在计算时应综合考量、全面分析，包括净资产、利润增长幅度、净资产率、被激励对象人数以及股权激励的比例等因素。

◎ 行权条件模糊导致激励对象失去信心

行权条件相当于是一道"门槛"，只有当激励对象完成了规定的条件后才能够行权，所以，行权条件的设置应该参考一定的数据指标。

行权条件应参考的指标

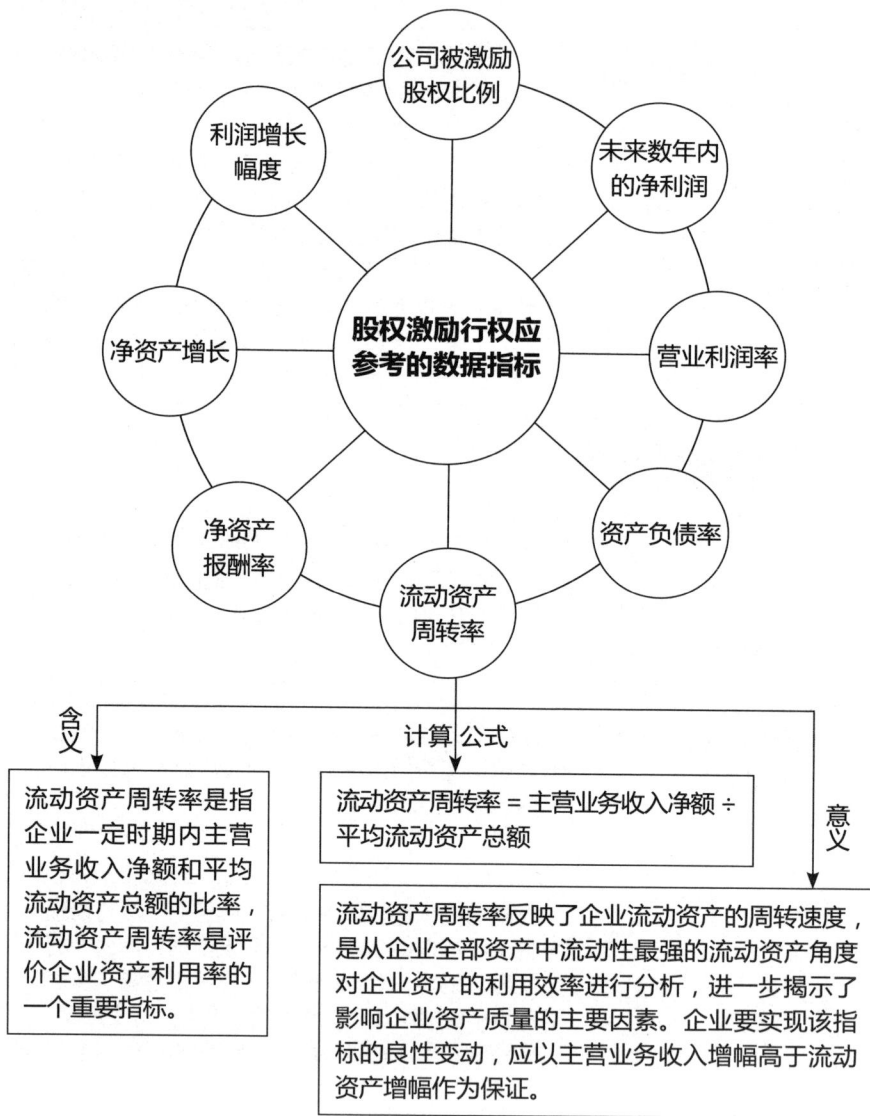

含义

计算公式

意义

流动资产周转率是指企业一定时期内主营业务收入净额和平均流动资产总额的比率，流动资产周转率是评价企业资产利用率的一个重要指标。

流动资产周转率 = 主营业务收入净额 ÷ 平均流动资产总额

流动资产周转率反映了企业流动资产的周转速度，是从企业全部资产中流动性最强的流动资产角度对企业资产的利用效率进行分析，进一步揭示了影响企业资产质量的主要因素。企业要实现该指标的良性变动，应以主营业务收入增幅高于流动资产增幅作为保证。

股权激励行权之时可能出现的纠纷

　　行权是激励对象转化为正式股东的关键步骤，在被激励对象行权过程中极容易出现纠纷，例如，提前行权有失公平、延期行权引发纠纷及行权价值支付致使效果大打折扣等。所以，企业必须掌握相应的解决方法。

◎ 提前行权致使股权激励失去公平性

　　企业在实施股权激励计划的过程中可能遇到提前行权的情况，这样很容易导致激励失去公平性。

非正常的提前行权情形

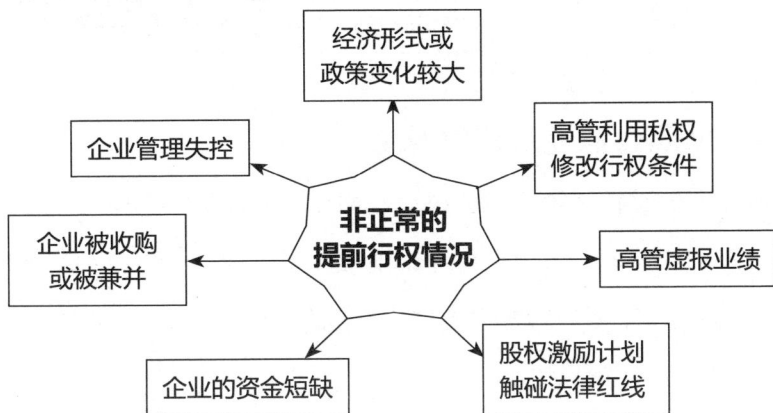

提前行权的处理方法

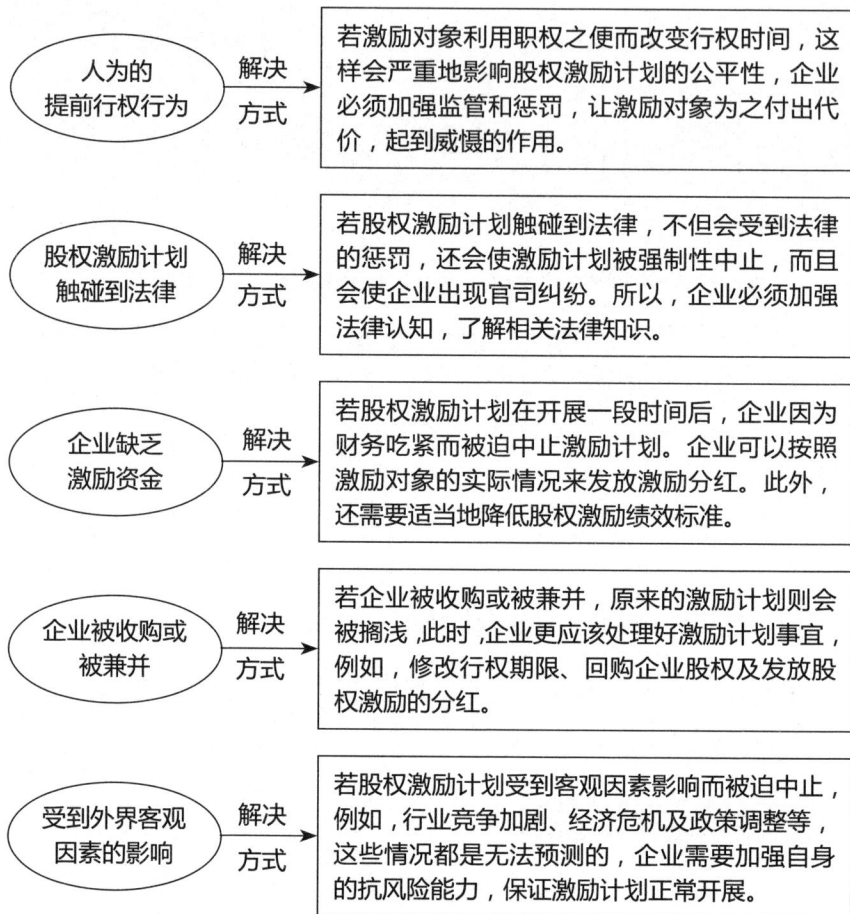

人为的提前行权行为 解决方式 → 若激励对象利用职权之便而改变行权时间，这样会严重地影响股权激励计划的公平性，企业必须加强监管和惩罚，让激励对象为之付出代价，起到威慑的作用。

股权激励计划触碰到法律 解决方式 → 若股权激励计划触碰到法律，不但会受到法律的惩罚，还会使激励计划被强制性中止，而且会使企业出现官司纠纷。所以，企业必须加强法律认知，了解相关法律知识。

企业缺乏激励资金 解决方式 → 若股权激励计划在开展一段时间后，企业因为财务吃紧而被迫中止激励计划。企业可以按照激励对象的实际情况来发放激励分红。此外，还需要适当地降低股权激励绩效标准。

企业被收购或被兼并 解决方式 → 若企业被收购或被兼并，原来的激励计划则会被搁浅，此时，企业更应该处理好激励计划事宜，例如，修改行权期限、回购企业股权及发放股权激励的分红。

受到外界客观因素的影响 解决方式 → 若股权激励计划受到客观因素影响而被迫中止，例如，行业竞争加剧、经济危机及政策调整等，这些情况都是无法预测的，企业需要加强自身的抗风险能力，保证激励计划正常开展。

◎ 延期行权导致纠纷发生

股权激励过程中也可能会出现延期行权的情况，企业一定要处理好这一特殊的情况，否则很可能出现股权激励纠纷，给企业管理带来麻烦。一般而言，延期行权主要是从股权的发放这一源头来解决问题，从根本上防范纠纷的发生。

延期行权的情形

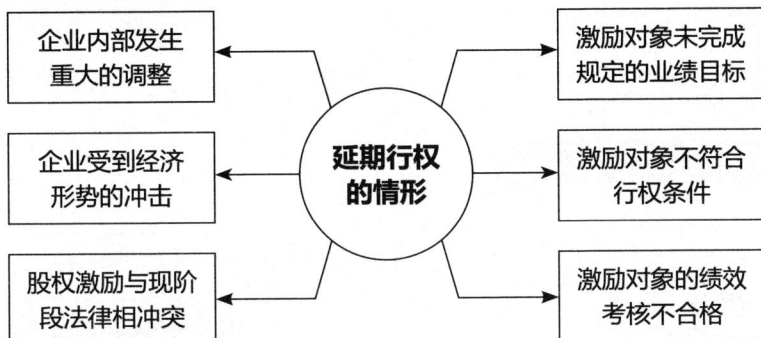

企业内部发生
重大的调整

企业受到经济
形势的冲击

股权激励与现阶
段法律相冲突

**延期行权
的情形**

激励对象未完成
规定的业绩目标

激励对象不符合
行权条件

激励对象的绩效
考核不合格

延期行权的处理措施

企业如何处理延期行权

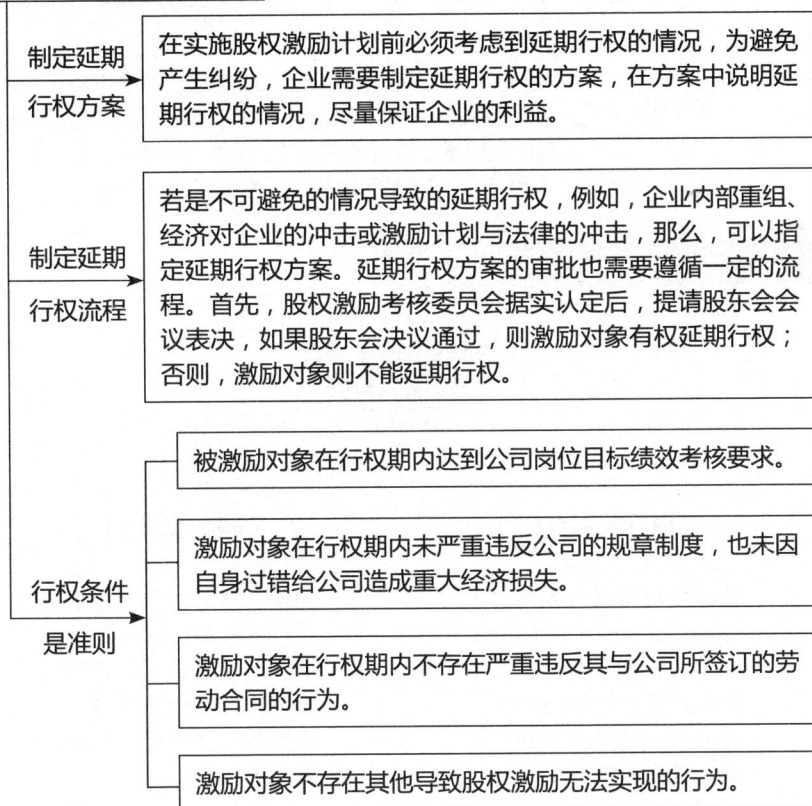

制定延期
行权方案

在实施股权激励计划前必须考虑到延期行权的情况，为避免产生纠纷，企业需要制定延期行权的方案，在方案中说明延期行权的情况，尽量保证企业的利益。

制定延期
行权流程

若是不可避免的情况导致的延期行权，例如，企业内部重组、经济对企业的冲击或激励计划与法律的冲击，那么，可以指定延期行权方案。延期行权方案的审批也需要遵循一定的流程。首先，股权激励考核委员会据实认定后，提请股东会会议表决，如果股东会决议通过，则激励对象有权延期行权；否则，激励对象则不能延期行权。

行权条件
是准则

被激励对象在行权期内达到公司岗位目标绩效考核要求。

激励对象在行权期内未严重违反公司的规章制度，也未因自身过错给公司造成重大经济损失。

激励对象在行权期内不存在严重违反其与公司所签订的劳动合同的行为。

激励对象不存在其他导致股权激励无法实现的行为。

◎ 支付方式潜在的风险

股权激励的支付方式一直是激励计划的难点问题，若支付方式不合理，激励对象无力承担行权价格，股权激励的效果将大打折扣。

可行性较高的支付方式

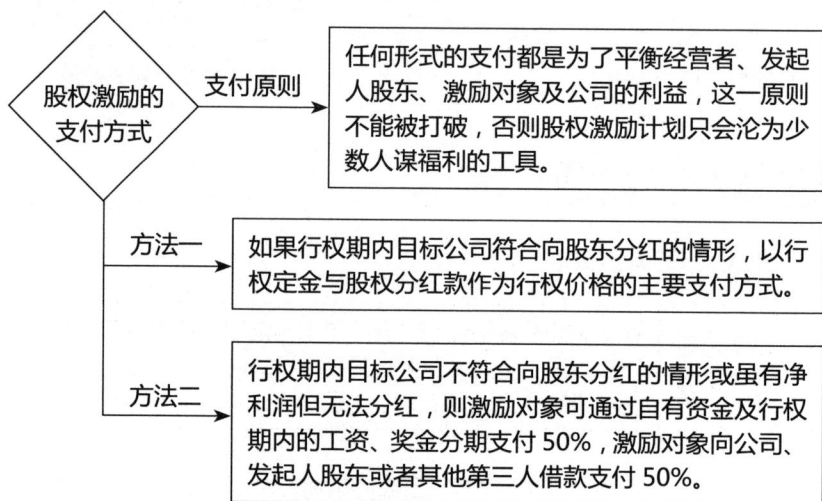

股权激励的支付方式

支付原则 →　任何形式的支付都是为了平衡经营者、发起人股东、激励对象及公司的利益，这一原则不能被打破，否则股权激励计划只会沦为少数人谋福利的工具。

方法一 →　如果行权期内目标公司符合向股东分红的情形，以行权定金与股权分红款作为行权价格的主要支付方式。

方法二 →　行权期内目标公司不符合向股东分红的情形或虽有净利润但无法分红，则激励对象可通过自有资金及行权期内的工资、奖金分期支付 50%，激励对象向公司、发起人股东或者其他第三人借款支付 50%。

行权价格未按期付清的处理办法

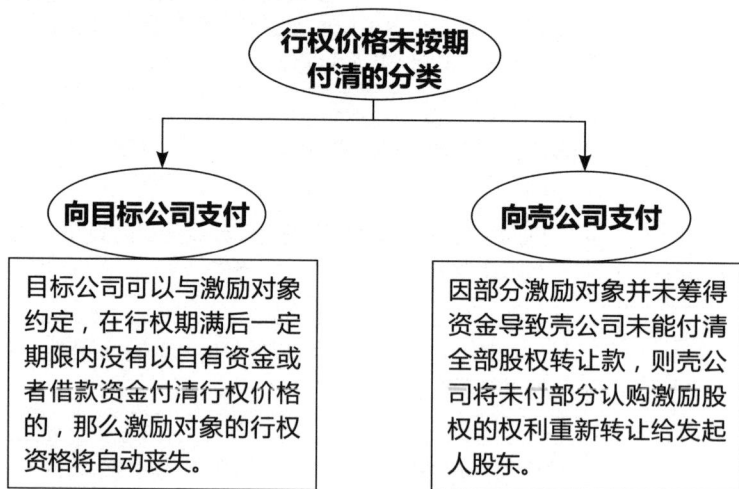

行权价格未按期付清的分类

向目标公司支付

目标公司可以与激励对象约定，在行权期满后一定期限内没有以自有资金或者借款资金付清行权价格的，那么激励对象的行权资格将自动丧失。

向壳公司支付

因部分激励对象并未筹得资金导致壳公司未能付清全部股权转让款，则壳公司将未付部分认购激励股权的权利重新转让给发起人股东。

股权激励实施中的补充性法律文件

企业在实施股权激励计划过程中会涉及一些专业的法律问题，例如，股权激励专项法律服务、股权激励律师意见书及股权激励项目的禁止调查指引等，企业管理者必须熟悉这一部分法律知识。

◎ 股权激励专项法律的综合服务

为了降低股权激励计划的法律纠纷率，企业可以聘请专业的律师协助，但在与律师正式合作前，企业需完善股权激励的法律服务方案。

股权激励的专项法律服务

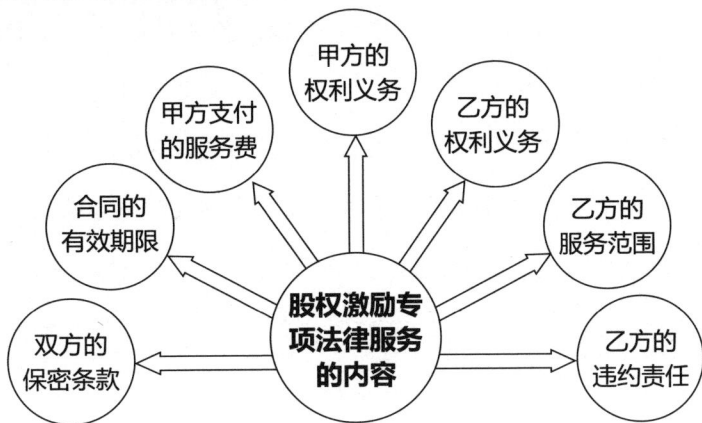

下面我们通过一个实例来了解一下，在股权激励的专项法律服务合同中，企业是如何运用法律来"自我保护"的。

案例陈述

A企业为了保证股权激励计划顺利开展，聘请了某律师事务所的高某作为法律顾问，为清晰双方的权益，A企业和高某签订了《股权激励专项法律服务协议书》，如下所示是部分内容。

《××企业股权激励专项法律服务协议书》

甲方（公司）：_____   乙方（律师）：_____

电话：_____   电话：_____

地址：_____   地址：_____

甲方因业务发展和维护自身利益的需要，根据《中华人民共和国合同法》《中华人民共和国律师法》等法律，委托乙方_____提供股权期权专项法律顾问服务，乙方接受甲方委托为甲方提供该专项服务，经双方协商达成如下协议，以资共同遵守。

第一条 服务内容

1. 乙方为创业公司提供包括法律咨询、设计股权架构方案以及审写股权类协议在内的服务。

2. 乙方以其专业团队接受甲方的委托，为甲方提供专业服务。

3. 乙方为甲方提供各项服务需按照本协议约定的内容来进行。

第二条 甲方的权利和义务

1. 甲方有义务向乙方提供因甲方服务所需的真实、完整的资料及相关信息。

2. 为保证乙方能更好地为甲方提供服务，甲方及其工作人员应配合乙方开展相关的工作。

3. 甲方指定_____为联系人，甲方向乙方提出的具体服务需求，均应由联系人向乙方提出。

……

第三条　乙方的权利和义务

1. 乙方在向甲方服务过程中，应遵守国家法律、法规等规范性文件，不得违背国家的法律法规。

2. 乙方指定_____律师（电话：_____）为联系人。乙方应严格按照甲方的需求提供服务，并对其提供的服务结果负责。

3. 乙方应当按照甲方的需求保质保量地按时完成服务事项。

……

第四条　服务范围

1. 法律咨询：为甲方讲解股权期权基础法律知识和常见法律问题。

2. 股权架构设计：包括确定公司的股东、综合评估合伙人的作用和优势，并确定各自的股权比例以及约定合伙人的退出机制等。

3. 起草股权期权相关协议：包括股权的分配、股权代持、股权激励的设计与实施以及制度安排等。

……

第五条　服务费用

1. 收费标准：甲方向乙方支付服务费_____元人民币。

2. 乙方受甲方委托或协助甲方办理相关法律事务，其公证费、交通费、住宿费等合理费用（如发生）应由甲方负担。

第六条 保密条款

1.在本协议履行期间及本协议终止后，乙方未经甲方许可，不得将其披露给第三方。乙方如果因此给甲方造成经济损失的，产生的法律后果均应由乙方承担。

2.本保密条款的约定不因本合同的解除、终止、撤销而失效。

第七条 违约责任

1.甲乙双方任何一方违反本协议，经对方书面催告后，另一方仍不改正的，自催告5个工作日后，催告方有权单方解除本协议。

2.甲方如果违反本协议，不能按时向乙方支付服务费的，乙方有权终止本协议。

......

甲方（盖章）：_____   乙方（盖章）：_____

20××年××月××日

小贴士

股权激励的专项法律服务的实施也应该考虑不可抗拒的因素，任何一方因不可抗力（包括并不限于因政府行为、政策变化及经济形势等）导致协议无法履行的，企业可以向乙方提供相关证明，协议的违约惩罚可适当地减轻或免除，这样才能够全方位地保护企业。

◎ 律师专业的意见指导书

股权激励计划的实施应该有律师专业的意见指导书，按照有关法律、法规的规定对公司股权激励计划的各个方面进行全方位的考核，以确保股权激励计划在法律允许范围内开展，最大限度地降低股权纠纷率。

律师意见指导书的考核

**律师意见指导书
的考核内容有哪些**

股权激励计划合法性、是否符合《公司章程》规定；股权激励计划是否已经履行了法定程序和信息披露义务；股权激励计划是否存在明显损害公司、全体股东利益及法律法规等情形。

下面我们通过一个实例来了解一下如何撰写股权激励计划的法律意见书。

案例陈述

B 公司为了适应现代化发展需求，激发员工的工作动力，留住核心员工，引进优秀人才而实施股权激励计划。为降低股权激励的法律纠纷，B 公司委托 ×× 律师团队对于股权激励计划出具了意见书，下面是意见书的部分内容。

《×× 事务所关于 B 公司股权激励计划的法律意见书》

B 股份有限公司董事会关于发布公司股权激励计划法律意见书的公告特别提示，本公司及董事会全体成员保证公告内容的真实、准确和完整，对公告的虚假记载、误导性陈述或者重大遗漏负连带责任。

根据有关法律、法规的规定，公司委托 ×× 律师集团事务所就公司股权激励计划及相关事项出具了法律意见书，现予以公告。

致：B 股份有限公司

根据《中华人民共和国公司法》（以下简称"《公司法》"）、《中华人民共和国证券法》（以下简称"《证券法》"）和《B 股份有限公司章程》（以下简称"《公司章程》"）等有关规定，×× 律师集团（上海）事务所（以下简称"本所"）接受 B 股份有限公司（以下简称"B公司"）的委托，就公司股权激励计划（以下简称"本次股权激励计划"）及相关事项出具本法律意见书。

为出具本法律意见书，本所律师作如下声明：

1. 本所律师仅针对本法律意见书出具日之前已经发生或存在的事实，根据中国现行有效的法律、法规和规范性文件发表法律意见。

2. 本所律师已经严格履行法定职责，遵循勤勉尽责和诚实信用原则，对B公司本次股权激励计划的合法、合规性进行了充分的核查验证，保证本法律意见书不存在虚假记载、误导性陈述及重大遗漏。

3. 本所律师同意B公司在本次股权激励计划相关文件中引用本法律意见书的部分或全部内容，但B公司作上述引用时，不得因引用而导致法律上的歧义或曲解。

……

一、B公司具备实施本次股权激励计划的主体资格

1. B公司依法设立并合法存续

B公司现持有统一社会信用代码为××××的《营业执照》，法定代表人为张某，注册资本为100万元，注册地址为上海市××区××路××号。公司类型为股份有限公司（上市、自然人投资或控股），经营范围：智能温室食用菌等农副产品技术研发、种植，销售本公司自产产品。经本所律师核查，B公司依法有效存续，不存在经营异常信息，不存在根据法律法规及公司章程需要终止的情形。

2. B公司不存在不得实行股权激励计划的情形

根据公司2015年审计报告、公司声明和公司最近3年的利润分配方案，并经本所律师核查，B公司不存在《管理办法》第七条规定的不得实施股权激励计划的下列情形：

（1）最近一个会计年度财务会计报告被注册会计师出具否定意见或者无法表示意见的审计报告；

（2）最近一年内因重大违法行为被证监会予以行政处罚；

（3）上市后最近 36 个月内出现过未按法律、法规、公司章程、公开承诺进行利润分配的情形；

……

综上所述，本所律师认为，B公司为依法设立并合法存续的股份有限公司，截至本法律意见书出具之日，B公司不存在根据法律、法规及《公司章程》需要终止的情形，具备实施本次股权激励计划的主体资格。

二、《限制性股票激励计划》的主要内容

2016 年 5 月 16 日，B公司召开董事会，审议并通过了《限制性股票激励计划》，主要内容包括：

1. 实施股权激励计划的目的

为了进一步建立、健全公司长效激励机制，吸引和留住优秀人才，充分调动B公司员工的积极性，有效地将股东利益、公司利益和经营者个人利益结合在一起，共同关注公司的长远发展，制订本激励计划。

本所律师认为，B公司本次《限制性股票激励计划》中明确规定了本次股权激励的目的，符合《管理办法》第九条第一项的规定。

2. 激励对象的确定依据和范围

本次限制性股票激励计划的激励对象为 29 人，包括董事、高级管理人员、中层管理人员、核心技术人员及公司董事会认为需要进行激励的其他员工（不包括独立董事、监事）。

……

通过上述案例可以得出如下结论。

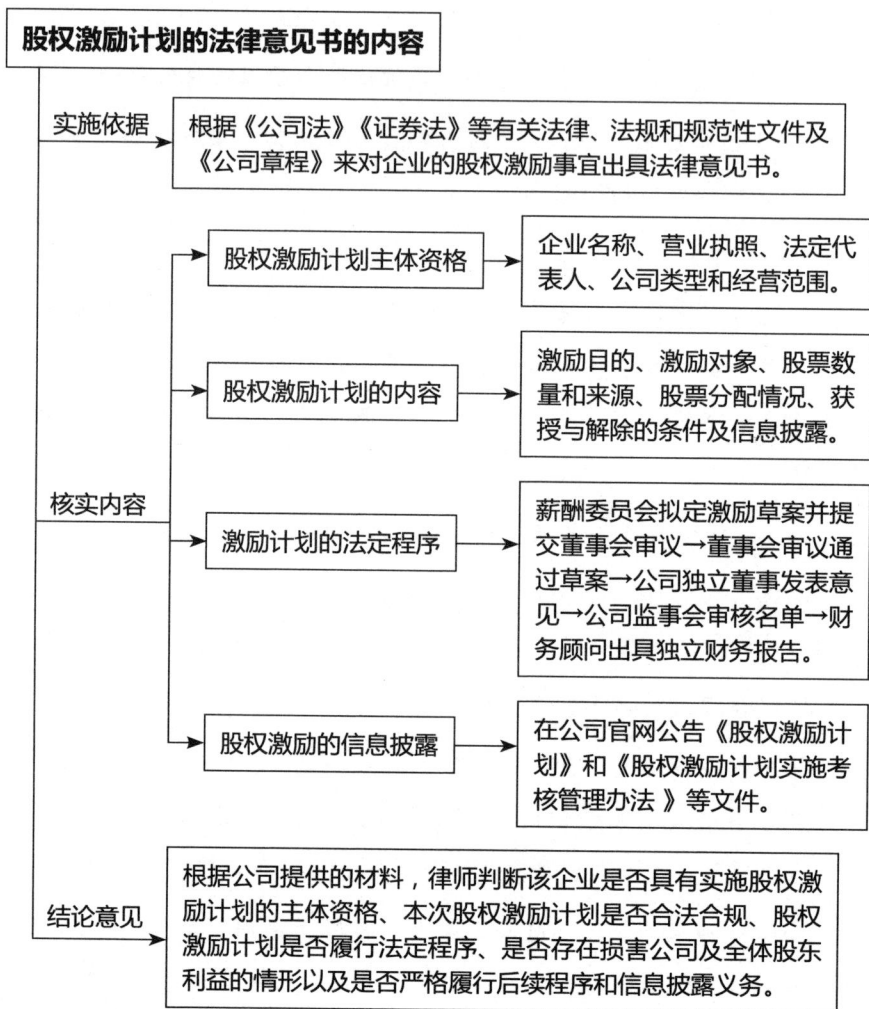

股权激励计划的法律意见书的内容

实施依据 → 根据《公司法》《证券法》等有关法律、法规和规范性文件及《公司章程》来对企业的股权激励事宜出具法律意见书。

核实内容

股权激励计划主体资格 → 企业名称、营业执照、法定代表人、公司类型和经营范围。

股权激励计划的内容 → 激励目的、激励对象、股票数量和来源、股票分配情况、获授与解除的条件及信息披露。

激励计划的法定程序 → 薪酬委员会拟定激励草案并提交董事会审议→董事会审议通过草案→公司独立董事发表意见→公司监事会审核名单→财务顾问出具独立财务报告。

股权激励的信息披露 → 在公司官网公告《股权激励计划》和《股权激励计划实施考核管理办法》等文件。

结论意见 → 根据公司提供的材料，律师判断该企业是否具有实施股权激励计划的主体资格、本次股权激励计划是否合法合规、股权激励计划是否履行法定程序、是否存在损害公司及全体股东利益的情形以及是否严格履行后续程序和信息披露义务。

◎ 股权激励的律师项目尽职调查

股权激励前期与律师的接洽工作是必不可少的，律师对于企业的实况进行全方位的了解，初步明确公司实施股权激励的真正意图，确定下一步的操作方向，可最大限度地降低股权激励的股权纠纷。

股权激励尽职调查收集的信息

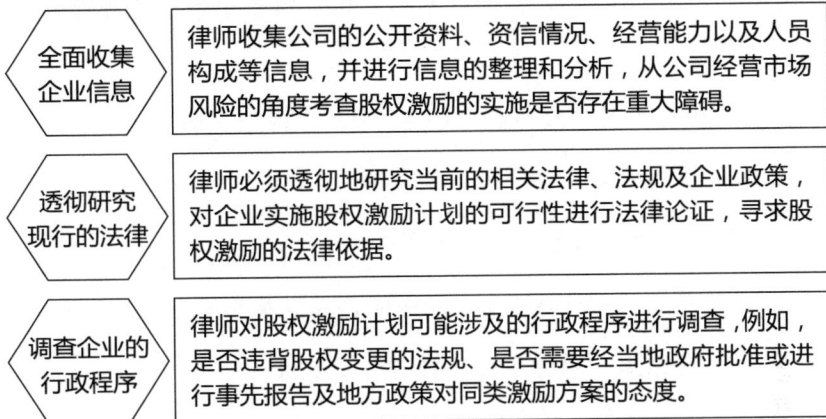

全面收集企业信息	律师收集公司的公开资料、资信情况、经营能力以及人员构成等信息，并进行信息的整理和分析，从公司经营市场风险的角度考查股权激励的实施是否存在重大障碍。
透彻研究现行的法律	律师必须透彻地研究当前的相关法律、法规及企业政策，对企业实施股权激励计划的可行性进行法律论证，寻求股权激励的法律依据。
调查企业的行政程序	律师对股权激励计划可能涉及的行政程序进行调查，例如，是否违背股权变更的法规、是否需要经当地政府批准或进行事先报告及地方政策对同类激励方案的态度。

下面我们通过一个实例来了解一下律师在开展股权激励的尽职调查时会涉及哪些具体的内容。

案例陈述

C 企业是一家小型的互联网科技企业，在 2010 年进行过一次股权激励，但是由于股权激励计划涉及一系列的法律纠纷而被迫中止。C 企业借鉴了上次的失败教训，此次实施股权激励计划时，聘请了专业的律师进行了尽职调查，全面核查股权激励的潜在风险，下面是尽职调查的部分内容。

《律师代理 ×× 企业股权激励项目尽职调查》

第一条 股权激励尽职调查总则

1. 指导实施企业做好股权激励计划的尽职调查工作。

2. 股权激励计划律师遵循勤勉、尽责、诚实和信用的原则，通过实地考察等方法对拟激励公司进行全面调查。

第二条　律师股权激励尽职调查基本要求

1. 企业应设立专门的股权激励尽职调查项目小组，负责律师尽职调查等工作。

2. 项目小组由企业内部人员和律师组成，至少3人。

第三条　律师股权激励尽职调查方法

律师尽职调查方法包括但不限于：

（1）律师与公司管理层(包括董事、监事及高级人员)交谈；

（2）律师列席公司董事会、股东大会会议；

（3）律师查阅公司营业执照、公司章程、重要会议记录、重要合同、账簿及凭证等；

……

第四条　建立尽职调查工作的底稿制度

1. 工作底稿应当真实、准确且完整地反映所实施的尽职调查工作。

2. 工作底稿应当内容完整、格式规范、记录清晰、结论明确，其内容至少应包括公司名称、调查事项的时点或期间、计划安排、调查人员、调查日期、调查地点、调查过程、调查内容、方法和结论及其他应说明的事项。

3. 工作底稿还应包括从公司或第三方取得并经确认的相关资料，除注明资料来源外，调查人员还应实施必要的调查程序，形成相应的调查记录和必要的签字。

……

第五条　股权激励尽职调查的主要内容

1. 拟实施股权激励公司设立及变更的有关文件，包括工商登记材料及相关主管机关的批件。

2. 拟实施股权激励公司的公司章程、议事规则及规章制度。

3. 拟实施股权激励公司的股权结构和组织机构。

4. 拟实施股权激励公司最近两年经审计的财务报告。

······

第六条　尽职调查公司的业务发展目标

1. 调查公司业务发展目标是否与现有主营业务一致。

2. 是否符合国家产业政策及法律、法规和规范性文件的规定。

3. 评价业务发展目标对公司持续经营的影响。

第七条　律师对公司内部控制尽职调查

1. 律师通过考察控制环境、风险识别与评估、控制活动与措施、信息沟通与反馈、监督与评价等基本要素，评价公司内部控制制度是否充分、合理并且有效。

2. 尽职调查律师采用以下方法调查公司内部控制制度：

（1）律师通过与公司管理层及员工交谈，查阅董事会、总经理办公会等会议记录、查阅公司规章制度、人事制度等方法，评价公司是否有积极的控制环境；

（2）律师与公司管理层交谈、查阅公司相关规章制度和风险评估报告等，考察对公司实现整体目标有负面影响的风险因素，评价公司风险识别与评估体系的有效性；

（3）律师查阅业务流程相关文件，并与公司管理层及主要业务流程（如采购、销售、现金等业务流程）所涉及部门的负责人交谈，了解业务循环流程和其中的控制措施；

（4）律师与公司管理层和员工交谈，查阅公司相关规章制度等，评价信息沟通与反馈是否有效；

（5）律师与公司管理层及内部审计部门交谈，了解公司对内部控制活动与措施的监督和评价制度；

......

通过上述案例可以得出如下结论。

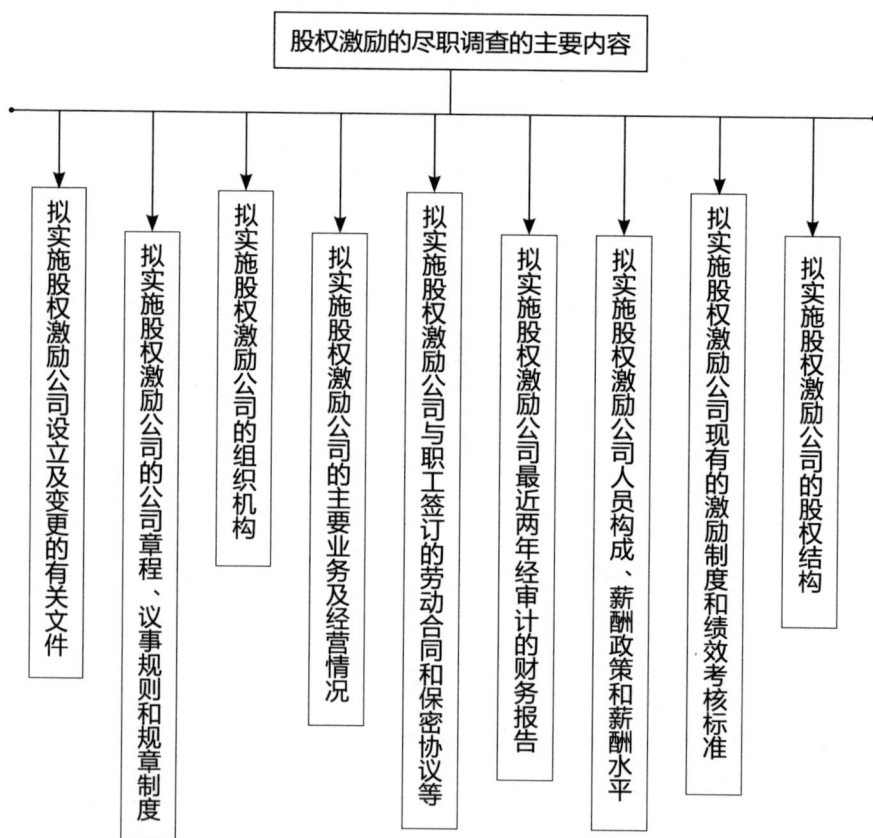

股权激励的尽职调查的主要内容

- 拟实施股权激励公司设立及变更的有关文件
- 拟实施股权激励公司的公司章程、议事规则和规章制度
- 拟实施股权激励公司的组织机构
- 拟实施股权激励公司的主要业务及经营情况
- 拟实施股权激励公司与职工签订的劳动合同和保密协议等
- 拟实施股权激励公司最近两年经审计的财务报告
- 拟实施股权激励公司人员构成、薪酬政策和薪酬水平
- 拟实施股权激励公司现有的激励制度和绩效考核标准
- 拟实施股权激励公司的股权结构